Lunlixing Lingdao
Fazhan jiqi
Yingxiang Jizhi Yanjiu

伦理型领导发展及其影响机制研究

潘清泉 著

中国财经出版传媒集团
经济科学出版社
Economic Science Press

图书在版编目（CIP）数据

伦理型领导发展及其影响机制研究/潘清泉著.
—北京：经济科学出版社，2016.12
ISBN 978-7-5141-7593-6

Ⅰ.①伦… Ⅱ.①潘… Ⅲ.①领导学－研究
Ⅳ.①C933

中国版本图书馆 CIP 数据核字（2016）第 306712 号

责任编辑：周国强
责任校对：刘　昕
责任印制：邱　天

伦理型领导发展及其影响机制研究
潘清泉　著

经济科学出版社出版、发行　新华书店经销
社址：北京市海淀区阜成路甲 28 号　邮编：100142
总编部电话：010-88191217　发行部电话：010-88191522
网址：www.esp.com.cn
电子邮件：esp@esp.com.cn
天猫网店：经济科学出版社旗舰店
网址：http://jjkxcbs.tmall.com
北京密兴印刷有限公司印装
710×1000　16 开　19.5 印张　395000 字
2016 年 12 月第 1 版　2016 年 12 月第 1 次印刷
ISBN 978-7-5141-7593-6　定价：78.00 元
(图书出现印装问题，本社负责调换。电话：010-88191510)
(版权所有　侵权必究　举报电话：010-88191586
电子邮箱：dbts@esp.com.cn)

序 言

　　伦理型领导的双支柱模型强调了伦理型领导同时具备"道德的人"与"道德的管理者"双重特征。伦理型领导一方面强调自身对伦理规范的遵循与行为实践，另一方面通过沟通、奖励与惩罚等强化措施促进下属的规范行为。伦理型领导正是通过"道德的人"的榜样示范作用，以及"道德的管理者"的管理强化效应，发挥着伦理型领导对于员工和组织所特有的管理价值。众多研究表明，伦理型领导可以有效地增加员工的积极态度和行为反应，如工作满意度、领导信任、组织公民行为以及主动性行为等；同时伦理型领导还可以有效地抑制员工的消极态度及行为反应，如工作不安全感、人际冲突、工作场所偏差以及反生产性行为等。正是有鉴于此，组织需要重视伦理型领导的价值，通过伦理型领导行为提升组织管理效能。但是，组织如何推进伦理型领导在组织中的应用，伦理型领导影响效应发挥的内在机制是什么等等问题，将是实现上述伦理型领导价值目标的关键所在。基于此，本书聚焦于组织内的伦理型领导这一主题，探讨伦理型领导发展及其影响机制。期望通过本专著相关内容的探究，推进伦理型领导的理论研究，同时对伦理型领导管理实践提供借鉴。

　　本书共包括15章。第1章概括性介绍伦理型领导在组织背景下的价值及其发展。第2章基于道德脱离视角的组织内非道德行为探析，主要介绍了组织内非道德行为在组织中存在的普遍性及其诱发机制，呼吁组织管理者要重视组织内的非道德行为。第3章伦理型领导及其影响机制的理论述评，旨在引出伦理型领导这一概念，同时综合分析伦理型领导的影响因素及其作用机制。通过这一理论综合分析，为组织管理者提供一个解决组织内非道德行为的切入视角，同时提供一个综合性的参照框架。第4章和第5章通过实证分析探讨伦理型领导发展的驱动因素。其中，第4章组织伦理氛围对伦理型领导的影响，探讨了组织伦理氛围在伦理型领导发展中的重要促进作用，同时检验了道德认同在其中的中介路径机制；第5章组织公平知觉和角色预期对伦理型领导的影响，检验了组织公平知觉和角色预期在伦理型领导发展中的主效应及交互效应。第6章实证检验伦理型领导对员工心理安全感的影响及其边界条件，主要关注的是伦理型领导对员工态度的影响机制。第7章、第8章和第9章检验了伦理型领导对员工角色内与角色外行为影响的内在机制。其中，第7章检验了认同内化与组织公平的中介效应；第8章探讨了领导认同和领导—下属交换关系的中介作用；第9章探究了下属的领导认知信任与情感信任的中介作用。上述中介机制的探讨，有助于深入理解伦理型领导影响不同类型员工行为（包括角色内行为与角色外行为）的中介路径，可以更全面地把握伦理型领导作用于不同类型员工行为的内在路径。第11章和第12章具体探讨了伦理型领导对特定的某一类员工行为的影响路径。其中，第11章研究了伦理型领导对员工建言行为的影响，具体引入了心理安全感与情感承诺的中介作用；第12章检验了伦理型领导对组织公民行为的影响机制，聚集于员工角色模糊的边界条件影响。第13章和第14章则是关注于伦理型领导对某一类特定的员工负面行为的作用机制。其中，第13章探讨伦理型领导对员工非伦理行为的影响，引入了道德脱离的中介作用；第14章则检验了伦理型领导对员工反生产行为的影响，以及组织政治知觉的中介效应。最后，第15章伦理型领导对团队绩效的影响效应模型构建，超越了个体层面的视角，聚焦于团队层面，探讨伦理型领导对于团队绩效的作用机制。基于关系与身份观揭示了团队层面背景下，关系水平以及身份认知在伦理型领导影响团队绩效中的可能作用机制。

  本书在剖析组织内非伦理行为普遍存在及其负面影响的基础之上，引入了伦理型领导这一概念，阐述伦理型领导对于抑制非伦理行为和推进伦理行为中的重要作用，然后从理论上分析伦理型领导的特征及其影响机制的综合模型框架，之后从实证角度检验伦理型领导的发展机制及其效应机制，最后超越个体层面的关注，从团队层面视角，构建了伦理型领导影响团队绩效的效应模型。本书的重点在于伦理型领导的驱动和效应机制，旨在相关理论探析的基础之上，厘清伦理型领导从何而来，伦理型如何有效发挥其最大管理价值，从而促进相关理论研究，并更好地指导领导实践。

目录

1　导言 / 1

2　基于道德脱离视角的组织内非道德行为探析 / 5
 2.1　道德脱离界定及其影响作用 / 6
 2.2　道德脱离的个体与组织影响因素 / 9
 2.3　基于道德脱离视角的组织内非道德行为关系模型 / 12
 2.4　基于道德脱离视角的组织内非道德行为管理与控制策略 / 13
 2.5　结论与展望 / 16

3　伦理型领导及其影响机制研究评介与启示 / 19
 3.1　引言 / 20
 3.2　伦理型领导的双支柱模型及其内涵的深层剖析 / 21
 3.3　伦理型领导的影响因素 / 25
 3.4　伦理型领导的影响效应及作用机制 / 28
 3.5　管理启示及未来研究展望 / 33

4 组织伦理氛围对伦理型领导的影响：以道德认同为中介 / 39

4.1 引言 / 40

4.2 研究假设与模型构建 / 41

4.3 研究方法 / 47

4.4 数据分析与结果 / 51

4.5 讨论与管理启示 / 55

4.6 研究局限及未来研究展望 / 58

5 组织公平知觉和角色预期对伦理型领导的影响机制研究 / 61

5.1 引言 / 62

5.2 文献基础与研究假设 / 63

5.3 研究方法 / 67

5.4 数据分析与结果 / 69

5.5 讨论与管理启示 / 71

5.6 研究局限及未来研究展望 / 73

6 伦理型领导影响员工心理安全感的机制：基于调节作用的评介 / 75

6.1 引言 / 76

6.2 伦理型领导的内涵及其对员工心理安全感的影响 / 76

6.3 传统性及 LMX 的调节作用分析 / 79

6.4 结论 / 88

7 伦理型领导对员工行为的影响
——认同内化与组织公平的中介效应检验 / 91

7.1 引言 / 92

7.2 研究假设提出与理论模型构建 / 93

7.3 研究样本和程序 / 100

7.4 研究结果 / 105

7.5 讨论与展望 / 114

8 伦理型领导对员工行为的影响：领导认同和领导—下属交换关系的中介作用 / 121

8.1 引言 / 122

8.2 文献基础与研究假设 / 123

8.3 研究方法 / 129

8.4 数据分析与结果 / 130

8.5 讨论与管理启示 / 134

8.6 研究局限及未来研究展望 / 136

9 伦理型领导、下属的领导信任及员工行为的关系机制研究 / 137

9.1 引言 / 138

9.2 文献基础与研究假设 / 140

9.3 研究方法 / 145

9.4 数据分析与结果 / 147

9.5 结果讨论与管理启示 / 152

9.6 研究局限及未来研究展望 / 155

9.7 小结 / 156

10 伦理型领导对员工建言行为的影响机制：组织心理所有权和组织自尊的作用 / 159

10.1 引言 / 160

10.2 文献回顾与研究假设 / 161

10.3 研究方法 / 168

10.4 分析结果 / 170

10.5 结论与讨论 / 177

11 伦理型领导对员工建言行为的影响：心理安全感与情感承诺的中介作用 / 181

11.1 引言 / 182

11.2 文献基础与研究假设 / 184

11.3 研究方法 / 190

11.4 数据分析与结果 / 192

11.5 讨论与管理启示 / 197

11.6 研究局限及未来研究展望 / 201

12 伦理型领导对组织公民行为的影响：角色模糊的调节作用 / 203

12.1 引言 / 204

12.2 文献基础与研究假设 / 205

| 目 录

12.3 研究方法 / 210

12.4 数据分析与结果 / 212

12.5 讨论与管理启示 / 215

13 伦理型领导对员工非伦理行为的影响：道德脱离的中介作用分析 / 219

13.1 引言 / 220

13.2 文献基础与研究假设 / 221

13.3 研究方法 / 226

13.4 数据分析与结果 / 227

13.5 讨论与管理启示 / 230

13.6 研究局限及未来研究展望 / 234

13.7 结论 / 235

14 伦理型领导对员工反生产行为的影响：组织政治知觉的中介作用 / 237

14.1 引言 / 238

14.2 文献基础与研究假设 / 239

14.3 研究方法 / 247

14.4 数据分析与结果 / 249

14.5 讨论与管理启示 / 251

14.6 研究局限及未来研究展望 / 255

14.7 小结 / 256

V

15	伦理型领导对团队绩效影响的理论模型构建：基于关系与身份观的分析 / 257
	15.1　引言 / 258
	15.2　伦理型领导与团队绩效 / 261
	15.3　结论、展望及管理启示 / 267

参考文献 / 272

后记 / 298

伦理型领导发展及其
影响机制研究

Chapter 1

1 导 言

在中国转型社会背景下，伦理道德问题成了组织成长与发展的一个关键因素。社会的变迁、经济的发展、竞争的加剧，使得传统的道德观念受到了前所未有的巨大冲击。组织非伦理行为频繁出现，时见报道，如"毒大米""毒奶粉"等。道德危机已经成了众人关注的一个重要问题。如何有效解决组织内的伦理问题成了组织成长过程中继资本、技术与制度之后又一个受到关注的焦点。研究表明，伦理道德是当代企业核心竞争力的重要来源，是企业实现可持续发展的优势之源。所谓"有责乃远"，企业家只有勇于承担责任，恪守社会伦理道德，才可能保证企业更长远的发展。为此，促进企业伦理道德的发展成为企业的一个重要目标追求。

由于企业的伦理水平在很大程度上由企业各层级管理者的伦理道德所决定。基于此，从道德视角研究领导成了组织研究的新焦点。正是在这样的背景下，伦理型领导这一概念得到了越来越多的重视。所谓伦理型领导是指领导者在个人的行动以及与他人的人际关系互动过程中示范那些符合规范而且恰当的行为，同时采用双向沟通方式、伦理管理决策等强化和积极推进下属的伦理规范行为表现。可见，伦理型领导不仅注重自身的积极伦理行为展现，如诚实、可信、公正以及关心他人等。同时，伦理型领导还注意发挥管理效用，提升下属的伦理行为标准，包括奖励伦理行为和惩罚非伦理行为。这是伦理型领导作为一个"道德的人"和"道德的管理者"的综合价值反映。基于"道德的人"与"道德的管理者"这一双支柱模型去理解伦理型领导有助于更准确地把握伦理型领导的内涵，同时更有效地发挥伦理型领导对于组织的效用。

实际上，长期以来，领导者的德行一直受到领导学研究者的关注。如凌文辁等（1987）就指出，评价领导行为需要纳入领导的个人品德考量，即强调领导者的"德行"。郑伯壎等（2000）就明确强调，家长式领导中的德行领导维度具有重要的作用。除了中国学者之外，西方学者也同样强调领导的"德"。例如，Bass 和 Avolio（1993）就指出，变革型领导作为一个多维度的构念，其中的理想化影响维度包括了伦理成分，在激发下属的时候注重引导下属的价值观与重要的社会伦理原则相一致。Walumbwa 和 Avolio（2008）提出，真实型领导包含了内化的道德观点这一维度。他们认为，领导者通过自身内化的道德标准与规范，自愿投入的道德行为表现，可以有效提高下属对自己的尊重与信任，从而发挥对下属的积极影响作用。

不过，虽然早前的领导风格，如家长式领导、变革型领导、真实型领导等，涉及了伦理维度。但是，伦理型领导还是一个与上述领导风格不同的独立概念。具体来说，如家长式领导中的德行领导，真实型领导中的内化的道德观点，均是强调了领导者以身作则，通过自身良好的道德品质对下属产生积极影响。但伦理型领导与其不同在于突出强调了"道德管理"，即不仅自身成为道德的人，还要将下属的伦理道德作为一个明确的管理目标。另外，伦理型领导也不同于变革型领导。例如，变革型领导不恰当的使用权力时也可能是非伦理的；伦理型领导可以通过各种领导方式，包括变革型领导或交易型领导行为，借助标准确立，绩效评价，奖励与惩罚等措施，影响和控制下属对伦理负责。

总之，伦理型领导作为一种独特的领导方式，更加强调伦理标准与伦理道德管理，而不仅仅是突出领导者自身的伦理道德标准与行为。在当前组织伦理问题日益突出的背景下，组织如何发挥伦理型领导这一独特领导风格，促进组织伦理发展，进而支持组织的可持续成长，成了一个重要的研究议题。探讨伦理型领导从何而来，伦理型领导如何发挥其积极效应，不仅对于领导理论研究有着重要意义，同时也可以有效指导组织管理实践。

伦理型领导发展及其
影响机制研究

Chapter 2

2　基于道德脱离视角的组织内非道德行为探析*

---

* 本章部分参见：韦慧民，潘清泉.组织内非道德行为探析［J］.人民论坛，2011（36）.

转型期的中国社会，道德问题已成为组织生长的又一关键影响要素。从道德脱离视角出发，分析道德脱离对非道德行为的影响作用，并探讨道德脱离产生的个体与组织影响因素；进而在基于道德脱离视角的组织内非道德行为关系模型基础上，从个体和组织两个角度阐述组织内非道德行为的管理与控制策略，对于在当代组织背景中理解与控制非道德行为有着重要意义。

中国社会正处于转型时期，社会变迁和改革开放不断加剧，传统的道德观念受到了巨大的冲击。社会不同领域中的各类非道德现象时见报端，非道德行为频繁出现，道德危机令人关注。有关道德问题这一传统的研究主题，其研究的重要性与紧迫性变得更为突出。对于组织而言，组织中的道德与伦理问题已经成为组织成长中继资本、技术与制度之后又一个受到关注的焦点（王雁飞和朱瑜，2006）。最近有关组织的道德问题频繁发生，如"问题奶粉"、"毒大米"、腐败等。上述种种现象导致了各种不良甚至是严重的后果。这些现象引起了研究者和普通大众对非道德行为的关注。探讨组织道德问题发生的根源，对于深入理解道德问题有着一定的理论价值，同时对于采取有效措施尽力避免组织非道德行为的发生也有着极强的管理实践意义。

道德脱离使个体可以逃脱内在的道德自我调节机制的控制，从而更可能产生非道德行为。对于道德摆脱的探讨有助于理解非道德决策和行为为何发生，以及理解如何更有效地发挥个体内在的自我调节与控制作用，尽力减少非道德行为的发生。本研究在介绍道德脱离的内涵及其影响作用的基础上，结合文献梳理影响道德脱离的个体和组织因素，提出了道德脱离与组织非道德行为的关系模型，并分析了基于道德脱离视角的组织非道德行为的控制与管理策略。期望借此深入理解组织非道德行为发生的内在机制，为组织有效解决非道德行为频繁发生问题提供启示，以促进组织长期可持续地发展。

2.1　道德脱离界定及其影响作用

2.1.1　道德脱离的内涵

Bandura 等（1996，1999）在社会认知理论基础上发展了道德脱离的概念。道德脱离（moral disengagement）是一套相互联系的认知策略或者机制，用于分离个体行为与其内在的价值观，以避免价值标准可能导致的对于行为的自我制裁（self-sanctions）。Moore（2008）在 Bandura 等人所提出的道德脱离概念基础上，提出道德脱离是个体唤起认知的一种倾向，即重新理解自己的行为，使得行为看起来更少伤害性，最小化个体对于行为应负的责任，或者降低自己行为可能引起他人痛苦的知觉，从而可以免除自我制裁。

道德脱离使得个体免于行为违背内在标准而产生的自我制裁及伴随的罪恶感。这可能使得个体更多地做出非道德决策或者非道德行为。高道德脱离的个体习惯于使用一种认知机制，即用忽视他们自己行为中的道德内容或者意义的方式来重新构念对自己行为的理解，因而可以使得社会认知理论中所强调的能够支配个体道德行为的道德自我调节过程（moral self-regulatory processes）暂时失去效用。道德脱离作为一套相互关联的认知机制，包含有 8 个成分，即道德合理化（moral justification）、委婉化表达（euphemistic labeling）、有利对比（advantageous comparison）、责任转移（displacement of responsibility）、责任扩散（diffusion of responsibility）、结果曲解（distortion of consequences）、非人化（dehumanization）和过失归因（attribution of blame）（Bandura et al.，2001）。这些道德脱离机制都可以使道德自我调节过程失去调节和控制作用，从而可能使得个体更自在地表现出非道德行为，而没有伴随着内疚感。例如，在采用道德合理化这种道德脱离机制时，个体会告诉自己只将有利的产品信息选择性地透露给顾客对于保护公司的公众形象是非常重要的，而没有想到未透露产品的潜在有害信息给客户是对客户利益的侵害。而在组织中常采用的群体决策就很可能导致责任扩散这种道德脱离机制的普遍化。

2.1.2 道德脱离的结构

道德脱离作为一套相互关联的认知机制（Bandura et al.，1996；Bandura et al.，2001），包含有 8 个成分，即道德合理化（moral justification）、委婉化表达（euphemistic labeling）、有利对比（advantageous comparison）、责任转移（displacement of responsibility）、责任扩散（diffusion of responsibility）、结果曲

解 (distortion of consequences)、非人化 (dehumanization) 和过失归因 (attribution of blame)。这些道德脱离机制都可以使得道德自我调节过程失去调节和控制作用，从而可能使得个体更多地表现出非道德行为，而没有伴随着内疚感。

根据具体作用不同划分，道德脱离的8个成分可以分为三大类：

第一类，使内部道德控制失效的机制，包括道德合理化、委婉化表达和有利对比。这类机制推动个体对于自己的残忍行为或者伤害行为的认知重构，使得行为对于潜在对象的伤害看起来更少。委婉化表达就可以产生这样的作用。如Bandura等（1996）指出，语言影响个体的思维模式，从而影响其行为。委婉的语言可以提供一种便利的方式，用以掩饰那些应该受斥责的行为，从而使行为看起来似乎比较仁慈或者是可以接受的。而有利的对比就是通过与更有害的行为的对比，使得自己的行为看起来似乎相对无害的。

第二类，模糊或者最小化个体在破坏行为中的主动作用的机制，即责任转移、责任扩散以及忽视或者歪曲行为的结果。责任转移或者责任扩散的认知机制可以最小化个体行为引起的伤害中个体应该承担的责任。责任转移往往是将自己行为的责任归因于权威人物或者外界的压力。责任扩散则往往是归因责任到一个群体的所有成员而不是任何一个个体身上。

第三类，关注于受伤害对象的不好的或者是令人讨厌的行为或者特征的机制，即非人化和责任归因（Baker et al., 2006）。通过非人化和过失归因就是重构行为的结果，或者最小化行为的后果或者最小化这些行为可能引起他人的痛苦的知觉，从而可以免除个体内在道德标准对于自己的控制，使自己的标准与行为不存在着认知上的冲突。

2.1.3 道德脱离的影响结果

道德脱离影响个体的道德行为表现。道德行为（moral or ethical behavior）在社会各领域都普遍发生，指的是符合普遍接受的道德标准（moral norms）的行为，而违背道德标准的则被认定为非道德的行为（unethical behaviors），如说谎、欺骗、偷窃（Reynolds & Ceranic, 2007; Treviño, Weaver & Reynolds, 2006）。

道德脱离正向影响非道德行为。道德脱离会增加攻击（aggression）和行为过错（delinquency）等反社会行为。Duffy 等（2005）的研究就发现，道德合理化这种道德脱离机制与其随后对同事的破坏行为，如撒布谣言，具有正相关关系。Moore（2008）认为道德脱离可能会激发腐败。他指出，道德脱离在组织腐败（organizational corruption）过程中扮演着一个重要的角色。因为道德脱离可能会促使个体对于问题的认知重构，将腐败行为的道德性考虑排除在外，从而避免了腐败这种非道德行为之下可能出现的认知不协调（cognitive dissonance）而带来的心理不舒适感。Detert 等（2008）的情境实验研究结果表明，道德脱离与非道德决策（unethical decision making）正向相关。高道德脱离的个体更可能做出非道德决策和非道德行为。他认为，道德脱离会提高非道德行为的原因在于，道德脱离的推理过程将预期的非道德行为与本来可以防止道德行为的罪恶感和自责分离开。另外，道德脱离减少帮助和合作等亲社会行为（Bandura et al.，1996）。Caprara 和 Capanna（2006）的研究表明，道德脱离会导致公民行为的减少。

概而言之，道德脱离可以很好地解释为什么个体能够投入非道德行为而没有明显的内疚和自责。道德脱离会降低个体的道德意识，而这是采取非道德行为的关键一步。道德脱离将个体内部的道德标准与预期的行为分离开将会减少通常能够阻止个体非道德行为的自我威慑（self-deterrents），从而使个体的道德自我调节失去作用，个体将更容易做出非道德决策以及表现出更多的非道德行为（Duffy et al.，2005）。如在组织中，高道德脱离的管理者或者员工可能会降低个体对于自己决策和行为中所包含的道德内容的意识，而导致他们做出的决策和行为只是为了提高组织短期利益，从而让自己在组织中得以提升，但最终可能威胁到组织的长期利益乃至威胁到组织生存。可见，高道德脱离的管理者和员工可能会投入更多的非道德决策和非道德行为。

2.2 道德脱离的个体与组织影响因素

Bandura（2001）指出，道德脱离受到个人内在特征和外界环境的影响，是两者共同作用的产物。一方面，道德脱离受到许多个体因素影响，如移情倾向性、道德认同、犬儒主义特征和控制点倾向。这些个体因素反映了个体看待他人、事件以及自己的方式，从而可能促进或者阻止道德脱离。另一方面，道德脱离受到所在组织背景因素的影响，如组织文化、组织伦理气氛、组织舆论等的作用。

2.2.1 个体因素

（1）移情倾向性有助于降低个体的道德脱离。研究表明个体对于他人的关心存在着差异，移情在儿童期就出现。随着时间的推移，移情可以成为个体的一种倾向性特征，保持相对地稳定（Eisenberg et al., 1999）。作为一种倾向性特征，移情有助于个体更敏锐地意识并体会到他人的需要和情感，从而可能抑制道德脱离。高移情的个体更可能在情感上被他人的需要唤醒，同时在认知上也更可能进行换位思考，即真正从他人的角度思考与认识问题。因此，个体移情倾向性较高，则较少可能使用对伤害他人行为的道德合理化、对行为对象的非人化或者责任转移等道德脱离机制，因而高移情个体较少可能发生道德脱离。

（2）道德认同可以在一定程度上遏制道德脱离的发生。Aquino 等（2007）研究发现，当道德认同启动的时候，道德脱离就失去了效力。高道德认同的个体更可能关心他人遭受的痛苦，包括群体外成员。高道德认同的个体为了真实地展现自我的道德概念，其表现将会是更道德的，更少地出现道德脱离。Deter 等（2008）指出，道德认同是高度自我重视的，道德承诺（moral commitments）是其个体自我概念的中心。这样的个体将会更多地激活道德认知，如评价非道德行为对他人可能造成的潜在伤害，而更少可能使用道德脱离机制。因此，高道德认同将抑制个体通过最小化或者曲解伤害结果而发生道德脱离现象。

（3）个体的犬儒主义特征会推动道德脱离。因为高犬儒主义个体对于他人有着根本性的不信任（Deter et al., 2008）。他们更可能质疑他人的动机、更可能扩散责任，因为他们认为每一个人都是自私的，也更可能转移责任给他人，特别是转移给领导等权威人物。如果个体的犬儒主义特性比较高，他更易认为他人是缺乏正直或者缺乏利他主义的。由于对他人的不信任，具有高犬儒主义特征的个体更可能责备那些可能的受害对象,认为他们受到非道德行为的不良后果是理所应当的,所以更可能产生道德脱离。

(4) 不同控制点倾向对道德脱离具有不同的影响作用。强内部控制点倾向 (internal locus of control orientations) 的个体认为他们自己的行为与这些行为的结果是密切相关的,更可能对自己的行为负责,而较少可能将非道德行为的责任转移或者扩散给他人,即道德脱离出现的可能性较小。外部控制倾向包括机会控制和权力人物控制两类 (Levenson, 1981)。机会控制点倾向 (chance locus of control orientation) 即认为行为事件的结果大部分归因于机会,即是由命运所决定的。机会控制点倾向与道德脱离正相关。高机会控制点倾向的个体更可能出现道德脱离,因为他们认为生活经历和行为结果的责任来自于自己控制之外的外界力量,而不会承认是自己的责任,更可能漠视或者歪曲行为事件的结果,将责任转移或者扩散 (Baker, Deter & Treviño, 2006)。权威人物控制倾向 (powerful others locus of control orientation) 认为具有权力的他人控制着事件。具有高权威人物控制倾向的个体更可能将自己行为的责任转移给权威人物,从而更可能发生道德脱离现象。

2.2.2 组织背景因素

(1) 组织文化对道德脱离具有一定的影响作用。组织文化影响组织成员的价值观及工作态度。组织文化有助于组织成员达成一致的信念和价值观,成员之间达成共识(李海和张德,2005)。强调组织内部凝聚力、关注与组织外部环境关系的组织文化,有利于提高组织成员对于他人及组织的责任感,从而减少其责任扩散与转移等道德脱离机制,减少非道德行为。因此,通过组织文化建设可以控制个体道德脱离发生的可能性,从而提高组织内个体表现道德行为的意愿。

(2) 组织伦理气氛有助于降低道德脱离发生的可能性。组织内个体的道德行为与组织是否存在支持与鼓励道德或伦理行为的组织气氛密切相关。组织伦理气氛是影响组织中个体道德行为的重要因素。而组织伦理气氛作为组织中个体共同持有的对于组织伦理规范的一种稳定认知与行为意向,对组织中每一个个体的认知倾向也将产生影响。良好的组织伦理气氛,对于道德行为标准有着明确的共同认知，从而降低个体使用道德脱离策略的可能性。Anand 等（2005）以及 Tenbrunsel 和 Messick（2004）都指出，伦理环境（ethical environment）可以减少员工使用可能引起如腐败等非道德行为的心理策略。

（3）组织舆论影响道德脱离的发生。舆论（consensus）传送了社会的一种普遍规范，是关于行为好与坏、对与错的社会一致性的程度。舆论是问题所蕴含的道德强度（moral intensity）的一个重要特征。高舆论意味着对于问题的道德状况有一个普遍一致性的看法。Jones（1991）曾说到，"如果个体不知道在一个情境中良好道德意味着什么，那么他将是难以表现出道德行为的。而高舆论将会减少这种模糊性"。可以说，高度一致性的组织内部舆论可以减少有关对与错之间的模糊性，从而可以减少个体进行道德判断的需要，也较少可能应用道德脱离机制，即意味着道德脱离的可能性降低，从而产生较少的非道德行为。

2.3 基于道德脱离视角的组织内非道德行为关系模型

个体的非道德行为是个体差异变量与背景压力共同作用的结果（Baker et al., 2006）。作为个体行为表现的一种类型，道德行为的发展必然受到外在情境因素与内在个体因素的交互作用。

一方面，个体差异变量影响道德脱离，进而影响道德行为表现。低移情性和低道德认同的个体更可能做出非道德行为，因为这些个体更可能出现道德脱离，将侵害行为道德合理化或者责任转移等。高犬儒主义特征和机会控制点倾向的个体也更可能出现非道德行为，因为他们通过道德脱离将自责机制（self-censure mechanisms）与自己分离开。高权威人物控制倾向的个体也更易出现道德脱离。如当组织中的权威人物武断地决定改变组织制度时，高权威人物控制倾向的下属可能特别容易接受这样的规章制度，即使这种制度改变对组织的利益相关者（stakeholders）造成伤害。而之所以出现这样的结果，原因可能就是高权威人物控制倾向的下属认为这样的环境下他们几乎没有个人控制力，因而更可能出现道德脱离，通过道德合理化，认为他们只能听从权威人物，而不能质疑领导采取的决策。

另一方面，组织背景因素也有可能跟个体的道德脱离表现相联系，从而影响道德行为。Moore（2008）指出，道德脱离是随着时间发展而形成的一种认知倾向，受到个体所处的社会环境的影响。组织文化、组织伦理气氛和组织舆论都可能对组织中个体的认知倾向、态度和行为发生影响作用。强调对组织内外利益相关者负责及以德为荣的组织文化、高组织伦理气氛和组织舆论的组织有利于引导组织成员的道德认知，提高道德关注（moral attentiveness），从而降低道德脱离的可能，进而减少可能的非道德行为。

Baundura（2001）从社会学习交互论原理出发，把人的道德品性发展与道德行为表现看作是个人与环境共同作用的结果。他指出，道德脱离导致个体产生更多地非道德行为，而道德脱离又受到个人和社会因素的交互影响。组织中个体的非道德行为表现也可能受到个体内在特征和组织背景因素的共同影响，具体影响作用如图2-1所示的道德脱离与组织内非道德行为关系模型。

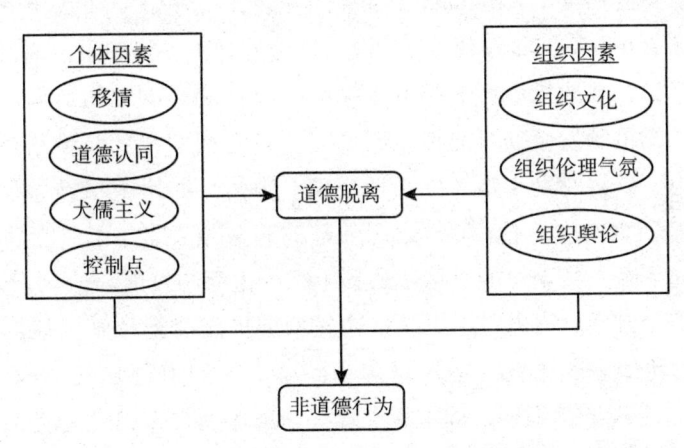

图2-1 基于道德脱离视角的组织内非道德行为关系模型

2.4 基于道德脱离视角的组织内非道德行为管理与控制策略

非道德行为受到道德脱离的正向影响。组织应该努力减少道德脱离的发生，因为道德脱离会导致更多地非道德决策及非道德行为。通过减少道德脱离的发生，可以从个体内在动机因素更为有效地控制非道德行为发生的可能性。具体来说，组织可以从个体以及环境背景因素着手，加强对组织内非道德行为的管理与控制。

2.4.1 基于个体影响因素的非道德行为管理与控制

有关道德脱离的个体差异前因变量的研究结果，表明组织能够识别那些更易出现道德脱离的个体。如高犬儒主义特征和机会控制点倾向或者低道德认同和移情的个体更容易出现道德脱离。一方面，这对于组织招聘有所借鉴，即由于道德脱离与非道德行为的显著相关关系，组织可能应该避免雇佣那些高道德脱离倾向的个体，特别是对于那些无人监管的工作或者高道德敏感性的工作。另一方面，有关道德脱离促进非道德行为发生的认识对组织培训也可以提供有益的启迪。Bazerman（1994）发现，认知偏差和认知歪曲可以通过培训干预（training interventions）得以显著的减少。组织可以通过培训影响组织中的个体，采取措施影响那些更倾向于道德脱离的个体，从而降低道德脱离这种认知机制发生的可能性。当员工的自我调节机制被激活，就可以促进道德行为，这将有助于组织的长期成功。因为，如果组织领导和成员都只是关注组织短期利益，不惜牺牲组织外部的利益相关者，最终必将导致组织公众形象的下降，甚至可能直接威胁到组织的生存与发展。

Beu等（2004）指出，组织应该通过培训提高道德认知发展的水平，以及对于社会价值观的关注。运用培训，提高员工的道德强度（moral intensity），特别是主观道德强度，即主观上对于情境中所涉及的道德性的认识，从而可以从内部动机上努力提高道德行为的意愿，降低道德脱离的发生。设计培训、帮助组织各层级管理者和员工，特别是高道德脱离倾向的个人意识到自己工作的道德性，具体可能包括帮助员工识别与其具体工作、公司或者行业联系最为普遍的委婉化表述、结果曲解和外部归因（external attributions）。例，婴儿食品与婴儿的健康发展密切相关，婴儿的相对脆弱性及成长的关键期特征，使得婴儿食品行业员工高度认同其工作中包含的道德性。再如，可以通过一定的道德决策培训，降低个体的道德脱离，提高个体的道德自我调节机制,从而可以从个体内在动机上更为有效地控制非道德行为的发生。根据可能促进或者阻碍道德脱离发生的个体差异变量的分析,通过培训努力提高组织领导或者员工对于客户或者异地员工的移情性,从认知和情感上真正转换视角,认识和体会他人的感受,关注行为的客观结果,提高其工作行为可能造成的伤害的认识,从而减少道德脱离现象的发生。如权威人物控制倾向对于道德脱离的影响作用提示领导应该注意提高员工对于工作的内部控制倾向,从而降低道德脱离。因为在层级组织中,如果领导,特别是个人魅力型领导,容易使员工认定他们对于自己在组织中的行为没有选择权,那么这样的员工更可能出现道德脱离,认为行为的结果不是他们能够决定的,他们仅仅是做好自己的工作就可以了,不用考虑行为的结果。

此外,需要强调的是,作为一种习惯性的认知倾向和机制,道德脱离的较大改变是有一定难度的。但是,有研究表明,个体认知倾向可能随着环境的变化而有所改变。因此,组织新员工培训可能是一个良好的契机,即新员工组织社会化过程中,道德脱离的控制与降低的培训效果可能会更好。通过新员工培训,在组织社会化过程中可以为员工在组织中的道德行为确定一个良好的基调。

2.4.2 基于组织影响因素的非道德行为管理与控制

有关组织背景因素对于道德脱离的影响作用可以对组织管理实践提供有益的启迪,帮助寻求可以促进非道德行为减少的有效控制与管理途径。

个体所处的环境对于非道德行为的影响作用,意味着组织需要仔细考虑组织文化的设计以促使个体投入到更多的道德行为,而对于非道德行为有所顾忌,从而减少非道德行为的发生。良好的组织文化营造,强调组织成员的责任感、强调成员对于道德伦理的注重,通过心理渗透,使每一个成员都接受组织文化中所包含的这一价值观念,从而可以有效地控制道德脱离的发生,进而降低非道德行为。

通过塑造组织成员对于组织伦理规范的一致性认知,可以促进良好组织伦理气氛和高组织舆论的形成,如形成组织中关怀导向和组织规范导向的伦理气氛,让组织成员关心彼此的利益、关注组织的整体利益。在组织舆论的发展过程中，注重引导所有组织成员对于道德伦理标准的集体认识，从而对其中的每一位成员提供一种明确的伦理标准。在组织伦理气氛和舆论培育与提升的过程中，可以特别注重领导者在其中的影响作用（吴红梅，2005）。Grojean（2004）就认为，领导者是影响组织伦理气氛的首要影响因素。领导者可以通过自身行为为员工树立良好的参照标准，同时还可以通过奖励和惩罚的强化机制，主动引导组织伦理规范的集体认知倾向。良好的组织伦理气氛和高组织舆论有助于引导组织中的每一个个体的认知倾向，降低个体采用责任转移或扩散、伤害行为的道德合理化等道德脱离机制的机会，提高个体的主观道德强度，增强道德关注，从而表现出更多地道德行为。

另外，组织还可以创建组织决策制度（decision making systems），如要求组织重大决策时明确展现和关注其中的可能道德问题以监控道德脱离的发生。具体如通过多个利益相关者来考察可能涉及道德问题的重要决策或者影响可能性较大的决策，或者有专门委派的公正的个体审定决策中可能的道德脱离。组织可以通过一定的组织决策制度以促进个体或者群体识别出其在决策过程中潜在的道德盲点，从而降低道德脱离的发生概率。

2.5 结论与展望

控制和管理组织内的非道德行为对于维护和提升组织形象，促进组织社会责任的实现都有着极其重要的价值。Tenbrunsel 和 Messick（2004）认为对于非道德行为的最好解释可能是其潜在的心理过程。道德脱离作为个体的一种认知机制和倾向，使得其内在的道德自我调节机制失去效用，从而使得个体可以较为轻易地做出非道德行为而没有产生内疚感。道德脱离可能是个体非道德行为发生的一个有力的内在影响机制。

道德脱离对于组织可能是特别重要的，因为组织的层级结构以及劳动的分工似乎让组织中的员工更易运用道德脱离机制，如更容易将责任扩散或者转移。委婉化表达可能也是组织中很普遍的，如经理人将解雇当成是正面的组织行为。而且全球化使得组织可能看不到非道德行为的潜在受害者，这使得组织很容易忽略或者歪曲组织商业行为的有害结果。因此，道德脱离可能

2 | 基于道德脱离视角的组织内非道德行为探析

对于理解当代组织非道德行为密切相关。

道德脱离受到个体内在特征的影响,同时组织背景因素对道德脱离发生也产生作用。有关道德脱离对于非道德行为的影响作用研究有助于更深入的理解大量违背社会或者组织规范的行为,如反社会行为、反生产性行为或者偏离行为(deviant behaviors)。组织管理者可以由此得到一些管理的启迪。考虑道德脱离在影响个体非道德决策和非道德行为中的作用,通过有意识的控制道德脱离的使用,减少非道德行为的发生。具体而言,组织可以采取一定的措施,从个体和环境入手,有效控制和降低个体的道德脱离倾向。总之,道德脱离与非道德行为密切相关,通过探讨道德脱离及其影响因素有助于更深入地理解道德脱离以及非道德行为发生的内在机制,从而为解释和采取有效措施预防组织中的非道德行为提供有益的帮助和启示。

基于道德脱离视角的组织非道德行为探讨有着极强的理论与实践意义。个体内在特征和组织背景因素都可能影响个体的道德脱离。但是相关的实证研究还较少。进一步研究可以实证检验可能影响道德脱离的个体因素,探讨组织背景因素,如领导风格、道德伦理气氛(ethical climate)或者文化对于道德脱离的影响作用;还可以探讨个人因素与组织背景因素如何联合影响道德脱离。另外,还需要实证研究深入探讨道德脱离与可能对组织和社会造成伤害的各种非道德行为之间的关系及其机制。

伦理型领导发展及其
影响机制研究

Chapter 3

3　伦理型领导及其影响机制研究评介与启示*

---

　　* 本章部分参见：潘清泉，韦慧民.伦理型领导及其影响机制研究评介与启示［J］.商业经济与管理，2014（2）.

在企业伦理问题日益突出的背景下，如何发挥伦理型领导的积极影响力成为组织管理学者日益关注的重点。伦理型领导强调不仅自身表现出规范性的适当行为，而且要注意引领和激励下属表现出相应的伦理行为。概括而言，伦理型领导需要体现出双层含义，即道德的人与道德的管理者。探讨伦理型领导的驱动机制，有利于在组织中更多地激发伦理型领导行为。

3.1 引　　言

伦理道德是当代背景下企业核心竞争力的重要内生变量，是企业实现可持续发展的竞争优势之源（张志丹，2011）。正所谓"德者，得也""得道多助"。在激烈竞争的全球化背景下，领导者要引领企业走向成功必须努力争取组织内外方方面面的尊重和信任，并承担更大的社会责任（Caldwell et al.，2010）。温家宝总理曾就婴儿"毒奶粉"事件强调，"一个企业家身上应流着道德的血液"。所谓"有责乃远"，企业家只有履行社会责任，恪守社会道德，才可能带领企业走得更远走得更好。实际上，企业的伦理道德水平在很大程度上取决于企业各级领导者的伦理道德（陈爱清，2009）。正是在这样的背景下，伦理型领导受到了组织管理学者的重视，成为组织管理研究的一个新焦点。伦理型领导对个体的态度和行为产生积极影响，能够实现"以德服人"（洪雁和王端旭，2011），进而让下属真正的"心悦而诚服"。

然而，在中国社会转型期的背景下，不少企业漠视公共利益的道德诉求，为追求眼前经济利益的最大化而不惜牺牲公众利益，如三聚氰胺牛奶，地沟油等。企业伦理问题的日益恶化使人们越来越多地关注基于伦理道德的非正式制度约束的影响力以及社会变革背景下组织如何实现可持续发展的问题（莫申江和王重鸣，2010）。研究和实践均表明，缺失伦理的企业最终难逃被淘汰的厄运（Oumlil & Balloun，2009；杨继平和王兴超，2012）。并且，企业伦理丑闻所带来的影响并非仅仅局限于企业外部，对于企业内部员工同样会产生一种不可估量的负面影响。研究发现，大多数员工会将企业中的重要他人，如领导者，作为自己伦理行为的指导。而企业内员工的非伦理行为又会对企业的可持续发展产生极大的危害（谭亚莉等，2012）。因而，领导者在员工伦理行为中的影响作用也受到管理界越来越多地关注。

鉴于此，本研究对伦理型领导的相关文献进行了系统的梳理，基于伦理型领导的双支柱模型深入剖析伦理型领导的内涵，然后对伦理型领导影响因素的理论模型与相关实证研究发展进行了评介，并深入分析伦理性领导影响效应及其作用机制的最新研究发展，最后指出了伦理型领导的管理启示及未来研究方向，期望对伦理型领导的理论研究与管理实践的推进提供指导与借鉴。

3.2 伦理型领导的双支柱模型及其内涵的深层剖析

3.2.1 伦理型领导的双支柱模型

在组织科学中，伦理型领导（ethical leadership）是指领导者在个人行动和人际关系中示范那些规范而适当的行为，并借助于双向沟通、强化和管理决策等措施去推进下属的相关行为（Brown et al.，2005；Brown & Mitchell，2010）。其中，伦理型领导者应该表现出的规范性的适当行为，包括诚实、可信、公正、关心等积极行为。另外，伦理型领导者不仅要引领组织成员去关注伦理问题，还要给下属提供表达伦理意见的机会，关注互动过程中的程序公平和人际公平。再者，伦理型领导者要树立标准，奖励伦理行为，并惩罚那些不遵守标准的行为（Treviño et al.，2003）。并且，领导者在做组织决策的时候除要考虑决策的经济利益之外，还要考虑决策的伦理结果。

伦理型领导包括两层含义，其一，道德的人（moral person）；其二，道德的管理者（moral manager）（Brown & Mitchell，2010；Treviño Hartman & Brown，2000），即如图3-1所示的伦理型领导的双支柱模型。

```
┌─────────────────┐  ┌─────────────────┐
│    道德的人     │  │   道德的管理者  │
│ 特征            │  │                 │
│ • 正直          │  │ 通过可见的行动  │
│ • 诚实          │  │ 树立角色榜样    │
│ • 可信          │  │                 │
│ 行为            │  │                 │
│ • 做正确的事    │  │                 │
│ • 关心人        │  │ 奖励与约束      │
│ • 开放          │  │                 │
│ • 个人道德      │  │                 │
│ 决策            │  │                 │
│ • 坚持价值观    │  │ 关于伦理与价值  │
│ • 客观/公正     │  │ 观的沟通        │
│ • 关心社会      │  │                 │
│ • 遵守伦理决策规则│ │                 │
└─────────────────┘  └─────────────────┘
```

图 3-1　伦理型领导的双支柱模型

资料来源：Treviño L K, Hartman L P, Brown M. Moral Person and Moral Manager: How Executives Develop a Reputation for Ethical Leadership [J]. California Management Review, 2000, 42 (4): 128-142.

第一，"道德的人"。伦理型领导强调领导者个体需要表现出可信、正直、公正等特征，具有较高的道德伦理，并能努力践行伦理道德标准，即关注于自身的伦理道德。第二，"道德的管理者"。伦理型领导要求领导者通过沟通或者奖惩的措施强化和督促下属遵从伦理道德标准，即让下属表现出伦理道德行为（张永军，2012）。概括而言，诚实和可信的特征仅仅反映了一个方面，即"道德的人"（Treviño et al., 2000）。而伦理型领导还要求领导者必须是一个"道德的管理者"，要投入到许多外显的行为中，包括持续不断的沟通伦理信息，公平对待下属，做出符合道德原则的决策，为下属设定道德伦理期望，支持下属负责任的伦理行为等。因此，领导者的可信度和诚实等个人特征可能会促进伦理型领导，但是其与伦理型领导并不是同一个概念（Brown et al., 2005）。伦理型领导要求领导者不仅做道德的人，而且还要进一步主动地树立伦理行为的榜样，使用奖惩制度影响下属的行为。

伦理型领导的双支柱模型揭示了伦理型领导的有效实现，要求领导者必须同时是较强的"道德的人"和"道德的管理者"，如图 3-2 所示的名声与伦理型领导的关系图中"道德的管理者"与"道德的人"两维度的强强组合。如果只是强调"道德的管理者"而表现出较弱的"道德的人"的话可能会被周围的人看作是"伪善的领导者",不会实践其所倡导的东西,而只是强调伦理道德的重要性,却在自身的行动中可能表现出不诚实、不道德的行为。相反,那些强"道德的人"确是弱的"道德的管理者"可能被看作是"伦理不确定的领导者",如领导者虽然自身表现出伦理行为,但却对企业中的一些非伦理问题保持沉默或置之不管就是如此。这可能会使员工认为该领导者不是真正地关注企业的伦理道德问题,从而降低表现伦理行为的意愿或可能性(Brown & Mitchell,2010)。由于企业与个人在伦理标准上可能存在一定的差异。这种差异又可能对企业带来有害的结果(VanSandt & Neck,2003)。为了避免组织成员出现因伦理标准认知差异而产生的伦理违背行为,领导者需要发挥"道德的管理者"的作用,即通过与下属沟通伦理、奖励伦理行为或惩罚非伦理行为等强化措施统领企业员工的伦理认知与伦理定位,从而鼓励下属的规范性行为,阻止下属的非伦理行为(Brown & Treviño,2006;Mayer et al.,2012)。而领导者"道德的人"的榜样示范作用又可以极大地增强"道德的管理者"的可信度,从而真正地实现伦理型领导的目标和价值。这也是伦理型领导双支柱模型的意义所在。

	伪善的领导者	伦理型领导者
道德的管理者 强		
弱	非伦理型领导者	
	?←伦理不确定的领导者→?
	弱　　道德的人　　强

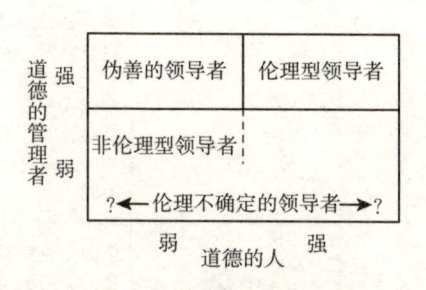

图3-2　名声与伦理型领导

资料来源:Treviño L K, Hartman L P, Brown M. Moral Person and Moral Manager: How Executives Develop a Reputation for Ethical Leadership [J]. California Management Review, 2000, 42 (4): 128-142.

3.2.2 基于"德行"视角的领导相关概念剖析

领导者应该是员工的伦理指导的关键源泉(Brown et al.,2005)。为此,领导者的"德"是一个非常重要的核心要素。在此背景下,管理学者们对领导者的"德行"给予了极大的关注。有许多研究者在其所提的不同的领导概念中对此都有所探讨，具体如表3-1所示。

凌文辁等（1987，1991）指出，中国人一直重视人的"德行"，因而有必要在评价领导行为的时候纳入领导者的个人品德。郑伯埙等（2000）指出，家长式领导中的德行领导维度发挥着核心作用。Bass和Avolio（1993）所提出的变革型领导的理想化影响维度也包括了伦理的成分，强调引导下属和自己的价值观系统趋向重要的道德伦理原则以激发下属，领导者也应该展现出高标准的伦理行为，成为下属效仿的道德角色榜样。李超平和时勘（2005）的研究发现，在中国文化背景下的变革型领导包括德行垂范，即通过美德示范成为员工的榜样。Walumbwa和Avolio（2008）认为，真实型领导包括一个重要的维度，即内化的道德观点。他们强调领导者基于内化的道德标准和规范引导下的道德行为表现可以赢得下属的尊敬和信任，从而对下属产生积极的影响。

表3-1　　　　　　　　基于"德行"视角的领导相关概念

代表性学者	研究主题	德行的相关维度	主要观点
郑伯埙等（2000）	家长式领导	德行领导	品德是领导的一个重要方面，具体包括以身作则、公私分明
凌文辁等（1987，1991）	CPM领导	个人品德	中国人重视"德"，领导者的领导行为有必要考虑个人品德，具体包括对待公与私的态度以及处理公与私之间关系的方式
李超平和时勘（2005）	变革型领导	德行垂范	中国文化背景下领导者应该以自身的美德为员工树立榜样示范，通过以身作则，潜移默化的方式影响下属
Bass和Avolio（1993）	变革型领导	理想化影响	领导者可以通过以身作则，展现高标准从而成为下属效仿的角色榜样
Walumbwa和Avolio等（2008）	真实型领导	内化的道德观点	领导者在内化的道德标准和价值观的引导下进行自我调节，做出与其一致的决策和行为，从而赢得下属的尊重和信任

总之，早前关于领导的伦理维度研究主要嵌入在如变革型领导、家长式领导之中。随着企业伦理道德问题的日益突出，领导者在引领企业伦理道德

方面的重要性也日益凸显，因而伦理型领导作为一个独立的领导概念被不断强调。伦理型领导与其他的一些领导构念，如变革型领导、真实型领导等，有着一定的交叠之处，但是，需要指出的是，伦理型领导与以上所包括的德行领导有所区别。有研究指出，如果变革型领导不恰当的使用权力也可能是非伦理的（House et al.，1997）。而伦理型领导则可以通过各种领导方式，包括变革型领导或交易型领导，借助树立标准，绩效评价，奖励与惩罚等措施，影响和控制下属对伦理行为负责。伦理型领导要求领导者不仅具有正直的特征，也不仅仅是基于伦理价值激励员工，还包括常被忽视的交易性的成分，如使用沟通、奖惩制度去引导下属的伦理行为（Treviño et al.，2003）。由此可见，伦理型领导并不等同于变革型领导（Treviño et al.，2003；Bass & Steidlmeier，1999）。另外，家长式领导中的德行领导，CPM 领导中的个人品德构成，真实型领导中的内化的道德观点以及中国文化背景下变革型领导的德行垂范等均是突出领导者以身作则，以自身良好的道德品质对下属产生积极的道德榜样影响，而伦理型领导则强调要"道德管理"，在领导过程中将下属的伦理道德作为管理的一个明确目标（韩翼和杨百寅，2009）。总之，伦理型领导更加强调伦理标准与道德管理（Brown & Treviño，2006；张永军，2012），而不仅仅是突出领导者的德行和道德行为（王震等，2012），即伦理型领导双支柱理论中所强调的"道德的人"和"道德的管理者"两维度的重要性。

3.3 伦理型领导的影响因素

3.3.1 Brown 和 Treviño 的伦理型领导影响因素理论模型

Brown 和 Treviño（2006）在他们的一个理论评述性分析中指出，伦理型领导的影响因素可以概括为两类，即情境因素和个体因素，得出了如图 3-3 所示的伦理型领导影响因素的理论模型。

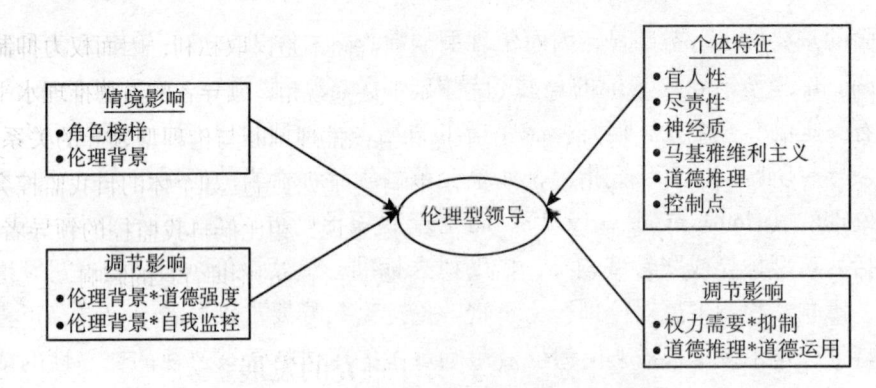

图 3-3 伦理型领导影响因素的理论模型

资料来源：Treviño L T, Weaver G, Reynolds S J. Behavioral ethics in organizations: a review [J]. Journal of Management, 2006, 32 (6): 951-990.

第一，情境因素。情境因素包括组织的伦理背景、领导在工作中所面对问题的道德强度、伦理型角色榜样。他们认为，领导者也会从榜样中学习。当领导者在自己职业生涯的发展过程中遇到一个伦理型角色榜样并深受其影响，那么该领导者的伦理型领导方式将得以发展。组织伦理背景，包括组织的伦理气氛或伦理文化，主要是指组织对于伦理相关态度和行为的支持程度及具体特征。较强的伦理背景会支持和鼓励伦理行为也能支持组织中的伦理型领导的发展和维持。不过，组织伦理背景相对来说是一个较广泛而也隔得较远的影响因素。另外，领导者的工作涉及的道德强度也会影响伦理型领导。只是道德强度与伦理型领导之间的关系较为复杂。当涉及高道德强度的事件得以正确处理时，道德强度将正向联系伦理型领导知觉，如果不能正确处理则将负向联系伦理型领导知觉。并且，高的道德强度情境会引发周围人对于领导者的关注，从而将增强组织伦理背景与伦理型领导的关系，即道德强度在其中起着调节作用。在支持伦理行为的强组织伦理背景中工作的领导者将会更有准备也会更多地处理道德强度情境并在其中表现出伦理型领导的风范。

第二，个体因素。个体因素对伦理型领导会产生更为直接的重要影响。Brown 和 Treviño（2006）指出，宜人性、尽责性正向联系伦理型领导，而神经质负向支持伦理型领导。马基雅维利主义会激发领导者通过操纵他人以达成自己的目标，因而负向联系伦理型领导。相比外部控制点的领导者，内部控制点的领导者将会展现出更强的伦理型领导。另外，基于动机的视角考虑，高权力抑制的领导者会将权力的使用定位于为了他人的利益而不是谋取私利，因而权力抑制可能调节权力需要与伦理型领导的关系。基于认知视角，领导者的道德推理水平与伦理型领导正向相关，而道德运用会提高道德推理判断与伦理型领导的关系。再者，情境因素可能与个体因素综合作用影响伦理型领导。如个体的自我监控会调节组织伦理背景和伦理型领导的关系。具体来说，相比低自我监控的领导者，高自我监控的领导者将会更多地受到支持伦理领导行为的伦理背景的影响。

3.3.2 伦理型领导影响因素实证研究的发展

为了促进对伦理型领导发展的影响因素的更深入认识，研究者们开始进行了相关的实证研究。早期的研究者关注个性特征对于伦理型领导的影响。有研究者基于"大五人格"，发现人格因素影响伦理型领导（Walumbwa & Schaubroeck, 2009; Kalshoven et al., 2011; Xu et al., 2011）。具体来说，神经质与伦理型领导负向相关，而外倾性、宜人性和尽责性与伦理型领导正向相关（Xu et al., 2011）。Walumbwa 和 Schaubroeck（2009）发现，宜人性和尽责性正向联系伦理型领导，但是神经质与伦理型领导不相关。另外，核心自我评价作为一种人格特征，也会影响伦理型领导。具有较高水平的核心自我评价的领导者将会表现出更多的道德伦理行为，也会更可信，并且能够以身作则（Yaffe & Kark, 2011; 王震等, 2012）。

总的来说，对于个性特征与伦理型领导关系的相关研究发现，个性与伦理型领导的相关关系是比较弱的，并且研究还发现个体与伦理型领导的关系并不确定，如神经质维度与伦理型领导的相关关系研究结果就不一致（Xu et al., 2011）。为此，研究者们开始探讨个性特征以外的其他个体因素对于伦理型领导的影响作用。首先，有研究发现，领导者对于工作环境的知觉也可能影响伦理型领导的发展。如管理者的组织公平知觉将会影响其是否投入到伦理型领导行为中（Rubin et al., 2010）。其次，领导者的角色预期影响领导者是否会将伦理看作他的核心工作角色的部分，从而影响他是否投入伦理型领导行为（Dierdorff et al., 2007）。再其次，研究发现，领导者的社会责任感正向联系伦理型领导（De Hoogh & Den Hartog, 2008）。高水平的社会责任感将会激发领导者更多地关注组织伦理，从而可能成为伦理型领导发展的重要驱动力。最后，研究表明，道德认同（moral identity）与伦理型领导正向相关（Mayer et al., 2012）。道德认同是围绕包括诚实、关心、同情心等道德特征组织的自我图式（Aquino et al., 2002），其可以作为一种重要的自我调节机制，激发领导者行动时要展现对于他人的需要和利益的响应，从而可能促进伦理型领导的发展（Mayer et al., 2012）。

除了个体因素之外，学者们也通过实证的方式探讨文化因素对于伦理型领导发展的影响。Christie 等（2003）研究了国家文化对于商业伦理的影响，结果发现文化是商业管理者伦理态度的重要影响因素。依据霍夫斯坦德（Hofstede）的文化维度划分，集体主义/个人主义文化价值观、权力距离价值观与个人的道德伦理态度和正直联系密切（Christie et al., 2003；谭亚莉等，2012）。虽然有如体谅、尊重等在不同文化背景下都是被提倡的，但是在一个国家文化背景下受到称赞和欢迎的组织领导决策的行动和结果，有可能在另一个国家文化背景下却是无所谓的。并且，跨文化研究也指出，虽然如正直、利他、集体性动机和鼓励等伦理型领导维度在不同文化背景下都有相似的意义，但是每一维度在不同文化中受到认同的程度却有着显著的差异。因此，伦理型领导还需要关注伦理的文化权变性（Resick et al., 2011）。总之，国家或地区文化背景可能会影响伦理型领导的发展（Resick et al., 2006；Martin et al., 2009；莫申江和王重鸣，2010）。但是，早期的文化价值观主要是在国家层面进行研究，由于有研究发现个体的文化价值观也有较大差异（Kirkma et al., 2009）。因此，可以基于个体文化层面视角，进一步探讨个体的文化维度对于伦理型领导的影响作用。再者，情境因素与个体因素是否以及如何相互联系共同影响伦理型领导也还不明确，仍然需要未来的深入探讨。如未来可以研究组织伦理氛围是否通过影响个体的道德认同从而影响到伦理型领导。

3.4 伦理型领导的影响效应及作用机制

3.4.1 基于社会学习观的伦理型领导影响效应的理论支持

Brown，Treviño 和 Harrison（2005）基于社会学习观去探讨伦理型领导。

他们指出，伦理型领导强调领导者通过榜样去影响下属的伦理行为。根据社会学习观（Bandura，1986），个体可以通过间接经验学习到任何通过直接经验学习到的东西，即通过观察他人的行为和结果进行学习。在组织中，领导是最重要的伦理学习榜样。一方面，领导者所承担的角色、拥有的地位以及在组织中的成功都较容易引发他人的关注，成为他人效仿的榜样。根据伦理型领导的第一层含义，即"道德的人"，领导者应该展现出高水平的伦理道德，为下属树立明确的伦理行为表现，如什么才是道德的行为。领导者成为下属伦理行为的角色榜样和效仿的目标，有助于提高领导有效性（Yaffe & Kark，2011）。另一方面，领导者有权力去影响他人的行为和结果，从而可以在他人学习的过程中借助于奖惩等强化措施去引导下属的伦理行为。根据伦理型领导的第二层含义，即"道德的管理者"，领导者可以通过恰当地使用所拥有的权力，及时奖励以强化伦理行为，或者恰当的惩罚以抑制非伦理行为。总之，社会学习观是伦理型领导影响作用的重要理论基础（Brown & Treviño，2006）。按照社会学习观，奖励和惩罚的手段会促进和引导下属按照预期的方式的进行学习。因为奖惩的方式能够最直观的告知下属伦理榜样行为的好处和不恰当行为的代价。这也是伦理型领导作为"道德管理"价值的最突出体现，即通过权力去控制和引导下属伦理行为的发展。

3.4.2 伦理型领导的直接影响效应

研究者最初对于伦理型领导的作用关注的是主效应，即伦理型领导的直接影响结果，具体研究结果归纳如图3-4所示。

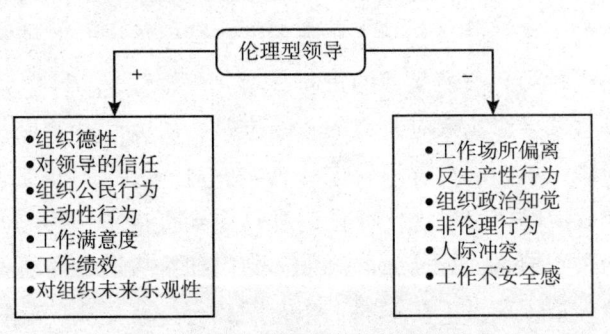

```
                    伦理型领导
              ┌────────┴────────┐
              + ↓               - ↓
      ┌─────────────────┐  ┌─────────────────┐
      │ •组织德性         │  │ •工作场所偏离     │
      │ •对领导的信任     │  │ •反生产性行为     │
      │ •组织公民行为     │  │ •组织政治知觉     │
      │ •主动性行为       │  │ •非伦理行为       │
      │ •工作满意度       │  │ •人际冲突         │
      │ •工作绩效         │  │ •工作不安全感     │
      │ •对组织未来乐观性 │  │                 │
      └─────────────────┘  └─────────────────┘
```

图3-4　伦理型领导的直接影响效应

对伦理型领导的研究表明，领导行为对于下属伦理行为具有重要的示范影响作用。领导者拥有德行并实施德性行为具有重要作用，其与组织德行（organizational virtuousness 或 organizational virtue）关系重大（Moore et al.，2006；刘云，2012）。伦理型领导者在上下级信任关系的发展中起着重要的影响作用（Caldwell et al.，2010）。伦理型领导正向相关于对领导的情感信任（Brown et al.，2005）。研究揭示伦理型领导正向相关于下属的组织公民行为，负向相关于工作场所偏离行为（Avey et al.，2011）。伦理型领导会促进员工更高水平的工作投入，从而表现出更多的个人主动性和更少的反生产性行为（Den Hartog，2012）。访谈和问卷调查研究发现，伦理型领导正向相关于高管团队有效性知觉以及下属对于组织未来的乐观性（De Hoogh & Den Hartog，2008）。伦理型领导与组织政治知觉负向相关（Zhang et al.，2013）。伦理型领导与部门的非伦理行为和关系冲突负向相关（Mayer, et al.，2012）。领导为组织定了一个道德伦理的基调，是鼓励员工的伦理行为，降低下属的人际冲突的有效工具。工作不安全是现代组织员工特别关注的一个问题。而研究表明，伦理型领导有助于降低员工工作的不安全知觉，帮助组织管理者克服员工的这种负面感觉，有助于维持一个健康的职场环境（Loi et al.，2012）。可见，伦理型领导对于组织发展具有积极的影响作用。

继西方学者对伦理型领导的研究之后，中国学者也进行了相应的探讨。研究发现，在中国文化背景下伦理型领导正向影响下属的组织公民行为和人际指向公民行为（王震等，2012）。与西方研究的结果一致，在中国背景下，伦理型领导会使下属积极效仿，成为下属学习的典范，同时也是对于伦理型领导的回报，下属会努力减少自己的反生产性行为（张永军，2012）。伦理型领导对员工的工作态度（包括工作满意度和情感承诺）和绩效（包括任务绩效和组织公民行为）有着显著的正向影响（芦青等，2011）。

随着伦理型领导影响效应研究的不断推进，研究者开始进一步的细化研究，区分了组织内不同层级管理者进行具体探讨。关于不同层级管理者的伦理型领导影响效应的研究发现，存在通过高层到直接主管的道德伦理向下传递的"涓流效应"现象（trickle-down effect）。研究表明，高层伦理型领导比直接主管层伦理型领导对员工的工作态度和行为有更大的影响作用。这可能是高层领导者的伦理定调在影响员工的态度和行为方面非常关键，因为组织高层的伦理型领导会让员工感觉到在整个组织中伦理都是非常重要的，而不仅仅限于群体或部门内部（Ruiz et al.，2011；Weaver et al.，2005）。

3.4.3 伦理型领导的作用机制

3.4.3.1 有关中介机制的研究

关于伦理型领导与员工的态度和行为之间的中介作用机制，研究者们主要从两个层次去探讨，即群体（或部门）层次和个体层次。

首先，在群体层次的中介机制研究，主要关注的有群体尽责性、群体建言、群体伦理气氛、直接主管伦理型领导的层递效应等。通过对80个群体在三个时间点的领导—下属配对调查结果显示，伦理型领导正向联系群体的角色内绩效，而群体尽责性和群体建言部分中介这一关系（Walumbwa et al.，2012）。在不同组织的300个部门进行的调查研究结果表明，伦理型领导正向联系伦理气氛，而伦理气氛负向联系员工的不当行为（misconduct）（如员工破坏组织财物的行为、员工故意违犯组织规章的行为），并且伦理气氛中介伦理型领导和员工不当行为的关系（Mayer & Greenbaum，2010）。洪雁与王端旭（2011）以团队为研究对象，探讨团队领导对于团队成员影响的过程机制，通过理论分析，从两个视角剖析了伦理型领导对于团队成员的影响中介机制；基于社会学习视角，伦理型领导通过两个中介变量——心理安全和伦理氛围影响团队成员；从社会交换视角，则通过工作特征和领导—部属交换对团队成员产生影响。另外，对195个部门的调查结果显示，高管和主管的伦理型领导与群体层次的偏差行为负向相关，和群体层次的组织公民行为正向相关。并且存在一个层递效应，即高管伦理型领导对于组织层次的偏差行为和组织公民行为的影响效应受到主管伦理型领导的中介作用（Mayer et al.，2009）。

其次，在个体层次的中介机制研究，主要关注的有员工建言、领导—成员交换关系、自我效能感、组织认同、心理安全感、心理所有权、个体的伦理气氛知觉、伦理调节点、公平等。伦理型领导通过允许员工在组织决策中建言，使用奖励措施鼓励伦理行为，在日常的企业活动中注入伦理价值观，从而丰富了工作的自主性和重要性，进而使员工会投入更多的额外努力，产生更高的任务绩效和组织公民行为（Piccolo & Den Hartog，2010）。伦理型领导显著正向联系员工绩效，但这一关系受到领导—成员交换关系、自我效能感和组织认同的完全中介作用（Walumbwa et al.，2011）。伦理型领导影响下属的建言行为，不过这一关系受到下属心理安全感知觉的部分中介作用（Walumbwa & Schaubroeck，2009）。在多个组织进行的调查研究结果表明，伦理型领导与员工的心理幸福感和工作满意度相联系，不过其过程机制不同。具体来说，员工建言中介伦理型领导与心理幸福感的关系；心理所有权知觉中介伦理型领导与工作满意度的关系（Avey et al.，2012）。调查研究发现，伦理型领导对于下属的工作满意度和情感承诺有直接和间接的影响，间接效应则是通过伦理型领导影响伦理气氛知觉，进而产生更高的工作满意度和情感承诺，并且互动公平更高的时候，伦理型领导和伦理气氛知觉的关系会更强（Neubert et al.，2009）。通过两个时间点的直接主管—下属配对问卷调查数据分析发现，伦理型领导正向联系员工的伦理防御调节点和伦理提升调节点，并且伦理提升调节点中介伦理型领导与员工利他行为的关系；而伦理防御调节点则中介伦理型领导与员工工作场所偏离行为的关系（Shao et al.，2011）。张永军（2012）从社会学习和社会交换的双重视角探讨了伦理型领导对员工反生产行为的影响作用，调查结果发现，程序公平和领导公平在伦理型领导与反生产性行为关系中起着部分中介作用。

3.4.3.2 有关调节机制的探讨

现有研究主要探讨个体因素对于伦理型领导与员工行为之间关系的调节影响，另外有学者开始关注群体的移情关系以及事件所涉及的道德强度这一情境因素在伦理型领导和员工行为两者关系中所可能起到的调节作用。

对于个体因素，主要探讨自尊、组织政治知觉、性别、道德脱离等在伦理型领导与下属行为之间的调节机制。现场研究结果表明，伦理型领导正向联系下属的组织公民行为，负向联系下属的工作场所偏差行为，不过这一关系受到下属的自尊的调节影响。当下属的自尊较高时，伦理型领导与下属组织公民行为以及伦理型领导与下属偏差行为间的关系均变得较弱（Avey et al.，2011）。288 对主管—下属配对问卷调查结果显示，社会交换的动力会驱使员工回报伦理型领导以组织公民行为,不过这一关系受到组织政治知觉的调节作用,并且存在性别差异(Kacmar et al.,2011)。伦理型领导可以为员工树立起道德榜样。通过社会学习过程,可以降低下属的非伦理行为(Mayer et al.,2009),但是员工的道德脱离水平会影响到伦理型领导的作用。高水平的道德脱离将显著降低伦理型领导的作用(杨继平和王兴超,2012)。

另外,通过多层次和多来源调查数据发现,伦理型领导正向联系下属的帮助行为和谦恭行为,不过这一关系的强度会因工作群体中的移情关系和道德意识的不同而有所差异,即受到群体的移情关系和道德意识的调节(Kalshoven et al.,2011,2012)。此外,情境实验研究表明伦理型领导可以预测检举行为,不过这一关系受到问题的道德强度的调节影响(Bhal & Dadhich,2011)。

3.5 管理启示及未来研究展望

3.5.1 管理启示

伦理型领导的双支柱模型强调,要真正地实现伦理型领导预期的积极效果,必须同时突出"道德的人"和"道德的管理者"两个维度。这就要求伦理型领导首先要率先垂范,即自身要践行伦理道德规范与标准,这是实现"以德服人"的基础。同时,伦理型领导要更为关注"道德的管理者"这一要求,即恰当地运用自身拥有的权力,通过奖惩等强化手段以及沟通或规则的设定等管理程序推进组织伦理道德的发展。所谓"己所欲,施于人",必须有恰当的引导手段与措施,这在道德层面上尤其如此。这一点也是伦理型领导突出"道德管理"的真正价值所在。一方面,领导者要通过自身道德榜样的展现向下属传递出"己所欲"的道德容和标准;另一方面,"施于人"要求关注下属是否自觉接受,因为这是下属能够真正内化领导者所要求的组织伦理,并落实在自己的行为上的重要保障。伦理型领导强调"施"的手段包括了伦理标准与规范的沟通、奖惩等强化措施,引导和推进下属的伦理认知与伦理行为。

　　伦理型领导发展的影响因素既包括个体自身因素，也包括组织情境因素。因此，在推进伦理型领导发展中需要兼顾这两个因素的作用。首先，就个体因素而言，虽然个性与伦理型领导的关系的研究结果并不完全一致，但是不少学者研究均发现"大五人格"中的尽责性正向影响伦理型领导。而个性一旦形成是相对稳定的，难以改变的。因此这一研究也提示了组织可以在选拔过程中设定相应的个性特征筛选标准。另外，组织可以培训和引导领导者的伦理角色预期、社会责任感和道德认同方面的认知，以推进领导者发展伦理型领导方式的意愿和行为。如组织可以在绩效考核中设定伦理角色标准，让被考核的领导者认识到伦理是其核心工作角色中的一个重要构成部分，这是伦理型领导发展的重要推动力。另外，领导者的伦理型角色榜样有助于促进其发展起伦理型领导方式，因此，组织在领导发展项目中需要关注伦理导师的作用，即在领导力培养与发展中，为领导者树立伦理型领导的榜样，这将有助于更好地发展组织的伦理型领导力，促进组织可持续发展。

　　虽然从总体上看伦理型领导对于组织发展具有积极的影响效应，但是伦理型领导作用机制的研究表明，伦理型领导的最终影响效应还可能受到一些因素的影响。这提示组织领导者在培育和发展伦理型领导力上还需要考虑具体的实施情境。如不管是在群体还是个体层次，建言均在伦理型领导与员工态度和行为之间起着中介作用。并且，员工是否建言还受到员工心理安全感的影响。因此，组织在培育伦理型领导的同时，还需要借助于管理措施的辅助，如建立员工建言的制度保障，并可通过良好上下级关系的营造帮助下属发展起心理安全感，从而推进伦理型领导的积极效应。另外，个体与群体层次研究均发现，伦理气氛对于伦理型领导与员工的态度和行为之间均有中介作用。所以，伦理型领导的效果真正提升，需要关注于整个组织的领导合力，不同层级的领导者均需要发展伦理型领导，从而推动组织伦理气氛的形成，才能最好地实现伦理型领导的影响作用。再者，伦理型领导对于促进员工的组织公民行为和降低工作场所偏差行为的具体影响效果还受到个体因素和群体情境因素的影响。为此，组织可以通过认知培训、伦理榜样的塑造或适度的强化手段等引导个体的组织政治、道德脱离、自尊以及群体的移情关系等，从而增强伦理型领导的积极影响效应。

3.5.2 未来研究展望

鉴于伦理型领导在组织中的重要意义，对于伦理型领导的研究得到了越来越多学者的关注，也取得了相对丰富的研究成果。但是，其中仍然存在着一定的不足，需要未来加以深入探究。

第一，伦理型领导的有效测量。为了更好地对伦理型领导进行实证研究，研究者们开始关注伦理型领导的测量问题。Brown 和 Treviño（2005）的伦理型领导测量问卷包括 10 个项目。Kalshoven 等（2011）基于行为观视角，开发了一个包含 38 个项目的多维度伦理型领导问卷，包括了公平、正直、伦理指导、员工导向、权力分享、任务澄清以及可持续性关注的七个伦理领导者行为。Khuntia 和 Suar（2004）以中层管理者为研究对象开发了一个包含 22 个项目的伦理型领导问卷，其中包括两个维度，其一，授权；其二，动机与特征。以上量表中 Brown 和 Treviño（2005）的量表使用较普遍（王震和孙健敏，2012；张永军，2012）。但是这些量表均是在西方环境下开发的，其适应性如何还需检验。另外，伦理型领导定义中规定的规范性适当行为的内涵可能会有文化差异性，究竟伦理型领导的具体表现和内涵如何，如何进行有效的测量，还需进一步的探讨。

第二，系统探讨伦理型领导发展的影响因素及不同因素的差异性影响效应。对于前因变量的研究有助于促进组织内的伦理型领导的发展。Brown 和 Treviño（2005）曾指出，需要关注伦理型领导的前因变量。个体究竟是作为一个伦理型领导来到组织还是组织让他们发展成为伦理型领导者。基于前者，关注的是个体的个性或者其他特征是如何预测伦理型领导的。如高伦理组织中的工作经历可能会推动伦理型特征的发展，这些伦理型领导特征可以被领导者从一个组织带到另一个组织（Brown & Treviño，2005）。基于后者，则回答的是伦理型领导者是如何培训和发展的问题。哪些培训或者干预措施会比较有效？如具有伦理型领导者名声的高层领导作为年轻领导者的导师可能对于发展伦理型领导者有用。由此可见，对于伦理型领导发展因素的研究有助于理解推动组织伦理型领导发展的重要驱动力及其作用机制，挖掘组织卓越伦理领导力之源。但是，现有关于伦理型领导的前因变量研究，特别是实证研究相对较少（Mayer et al.，2012；王震等，2012）。还难以明确回答为什么某些领导会表现出更多地伦理和道德行为。现有研究主要关注于个体特征的影响作用。但是个性对伦理型领导的影响结果并不明确，究竟个性的哪些维度更能预测伦理型领导？除了个性之外，还有哪些个体特征影响伦理型领导，这些问题还有必要进行深入研究。另外，除了个体因素之外，组织情境因素也会对伦理型领导的发展产生重要影响。未来有必要综合探讨多层次因素对伦理型领导的系统影响。如组织的情境因素，包括组织的伦理气氛的影响，以及个体因素与组织情境因素会如何交互作用影响伦理型领导的发展等问题。

第三，细化研究不同层面伦理型领导的差异性影响机制和交互作用。随着伦理型领导研究的推进，为了更深入地把握伦理型领导的影响及作用机理，学者们开始了更为细化的研究，即区分领导的不同层级。如 Mayer 和 Kuenzi（2009）在研究伦理型领导时，就区分高层和中层管理者进行探讨。不同层面的伦理型领导在被感知模式上存在显著差异。高层伦理型领导常被认为是为组织在最高层面确定了伦理的基调（Treviño et al.，2003）。企业高管团队所营造的伦理氛围是组织伦理文化的基础（谭亚莉等，2012）。由于不同层面的伦理型领导的内涵维度有相似性，也有差异性（莫申江和王重鸣，2010）。那么，不同层级伦理型领导的具体内涵和各自特征是什么值得进一步的深入研究。另外，Brown 等（2005）研究指出，伦理型领导是一个多层面的概念，高层和中层伦理型领导的影响途径有差别。企业高层所展现的伦理型领导，不仅会直接影响他们直接下属的伦理行为，而且还会通过伦理文化和高层领导对下层领导行为的"涓滴效应"间接影响更低层次下属的伦理信念和行为（Schaubroeck et al.，2012）。Shin（2012）在公司层面研究 CEO 伦理型领导的影响发现，CEO 自我报告的伦理型领导正向联系员工对于公司的伦理氛围整体知觉。管理者的伦理榜样对直接下属有着显著影响，而高层伦理型领导对组织的整体伦理发展具有决定性影响（Brown et al.，2005）。研究还发现，与直接主管相比，高层会对组织成员的非伦理行为影响更大（Ashforth et al.，2003）。还有研究指出，企业高层伦理型领导常将自己作为一个伦理型的身份和象征，所以自己要更多地投入到企业外的社交行为中（Treviño et al.，2003）。究竟不同层级伦理型领导对于结果变量的影响有何不同，如是否高层可能对企业外部影响更大，而中层可能对企业内部影响更明显，还需要进一步的实证检验。再者，不同层级伦理型领导的作用机制如何？不同层级伦理型领导发展的影响因素有何差异？不同层级伦理型领导相互之间的关系如何？等等这些问题，都是未来进一步深入探讨伦理型领导研究需要关注的。

4 组织伦理氛围对伦理型领导的影响：以道德认同为中介

4.1 引　　言

近些年以来，商业丑闻不断被媒体曝出，激发了人们对于商业伦理的重新审视。当人们回过头去重新审视这些商业非伦理的行为时，他们开始发现，这些行为的出现都直接指向企业在某些特定时刻所做出的伦理决策，都属于企业的伦理问题。人们在目睹了越来越层出不穷的商业丑闻之后，开始认识到导致这些企业伦理问题出现的原因不单单是企业在管理机制或者说是管理本身的不完善，而更多的则是由于企业作为社会中的一个成员，也可以说是社会公民，在其处于这个角色对于伦理价值所应有的担当不够甚至是欠缺。如果企业不重视伦理价值，将会导致企业缺乏伦理价值，进而使企业变得越来越功利化，只看重短期经济上的利益，以短期经济利益为中心，这样就使得其无视企业的社会责任，损害了社会的利益，进而造成企业在社会中长期以来树立起来的形象的受到损害，引起公众的不信任，成了阻碍企业前进的绊脚石，最终只能引发企业的失败。

人们越来越认识到伦理道德是始终不能抛去的一部分，它是企业赖以生存的必要条件，人们对于建立一个伦理型的企业的要求就变得越来越强烈，领导作为一个组织的掌舵者，他能够帮助建立伦理组织，使企业做出伦理行为，所以人们对于这样的领导者赋予了更加不同于其他角色的期望。在这种背景之下，伦理型领导也因此成了学者们进行研究的一个热点。伦理型领导虽然提出较晚，但伦理型领导作为领导理论的一个重要组成部分，在组织的发展和创新中都发挥着不可替代的作用。对于伦理型领导的培养问题不仅成了当下很多企业发展较为关心的问题也是组织管理研究的一个关注点。有关伦理型领导的发展的实证研究有助于从客观的角度剖析伦理型领导形成机制，指导企业通过改变自己的管理模式，培养内部的伦理型领导，这对于人力资源管理实践具有重要意义。

4.2 研究假设与模型构建

4.2.1 核心概念界定

(1) 伦理型领导。"伦理型领导"（ethical leadership），有的学者也称为道德型领导（周明建和李博，2010）、德行领导（杨继平和王兴超，2012；孙利平、凌文辁和方俐洛，2010）。虽然在日常生活中人们并不会去区分"伦理"与"道德"的不同，甚至经常将"伦理"与"道德"两个概念等同混淆，然而，在学术界，它们并不是完全相同的，学者们更愿意将二者进行区分。他们主要从主客观方面进行区分，"伦理"的内涵相对来说就更倾向于社会，较为强调客观方面，而"道德"的内涵就相对较主观，更偏重于个体，更强调内在操守方面。黑格尔是这样将"道德"与"伦理"区分开的，他指出自由意志在内心中实现就是道德，自由意志既通过外物又通过内心得到充分的现实性就是伦理。伦理是主观与客观的统一。鉴于此，本研究将ethical leadership 统一称为伦理型领导。纵观各学者对于伦理型领导内涵的探索，虽然角度不同，侧重点各异，但他们最终目的都是为了使伦理型领导的研究更加客观全面，他们都是为了促进伦理型领导的研究。其中 Brown 等（2005）对伦理型领导内涵的界定受到了较多学者的接受。Brown 等（2005）在社会学习理论研究的基础上，提出自己的观点，即认为伦理型领导是一个较为系统的概念，他认为伦理型领导的出发点是人的行为与人际关系，领导通过以身作则，向下属表明哪种行为是符合要求和规范的，同时运用彼此间相互沟通、相互交流和强制要求等方式，让追随者们可以按照这种方式来执行。"以身作则"是指领导者通过给员工展示某些行为，这种伦理行为要求在工作中有持续的表现；"符合要求和规范的"预示着领导者做事有选择性，处事公正，表现诚实；"彼此间相互沟通、相互交流和强制要求"表明领导者通过与员工及时有效的沟通，来判断他们的行为和伦理行为的符合程度，以此作为奖惩标准。

(2) 组织伦理氛围。组织伦理氛围（organizational ethical climate）是组织氛围的众多表现形式中的一种，对于其内涵最早较为系统和规范的阐述学者是 Victor 和 Cullen（1987），这两位学者认为组织伦理氛围是包含在组织氛围的范畴的，组织伦理氛围的研究者们并不把组织伦理氛围看成是测量组织道德水平高低的一种工具，而是将其看成是对于组织内的伦理氛围的状态进行描述，以发现其中占据主导地位的伦理方式。在此之后的学者们也同意上述表述，并在此基础上对其继续进行深入研究。Cohen（1998）就采用了"moral climate"这个词汇，但是很快，有研究者就发现其表述的不严谨。Grojean 等（2004）认为，两个词语表达的内容是不同的，如果把"moral climate"称为组织伦理氛围的话，很容易引发歧义，人们会在字面上去理解，通常会以为这个组织中的弥漫的氛围是被公众认可的，但是这只是组织内部一个统一的认识，而不一定在组织外得到广泛认可的。人们也会容易误解为组织里面的这种伦理氛围对其成员的判断标准也是统一的。但是事实上，不同的组织不同的部门的伦理氛围也是不同的。因此为了避免歧义，Meral（2009）提出了另一个表述方式，"关于伦理的组织氛围"（organizational climate regarding ethics），以期能够避免在使用过程中出现困惑，更加明了。虽然不同学者对于组织伦理氛围的表述不尽相同，但是并不影响人们对于这个术语的理解，学者们旨在将组织伦理氛围这个术语进行清晰的表述，现阶段还没有完全统一的术语，但是鉴于"organizational ethical climate"是被较多学者接受的表述，加之这种表述同 Grojean 等学者对于伦理型领导的界定在本质上是一致的，因此在本研究中仍然沿用的是 Victor 和 Cullen 等（1987）提出的定义。

(3) 道德认同。道德认同（moral identity），有的学者也称作"道德同一性"（吴鹏、刘华山、鲁路捷和田梦潇，2013；万增奎，2007，2009）。在本研究中把 moral identity 统一译作道德认同。Blasi（1983）是道德认同理论的提出者，他率先对道德认同作了很有见地的描述。他给道德认同的定义如下：道德认同是由于个人的道德和自我达到高度一致，进而使得道德观念和个人认同高度统一内化。也有许多学者把道德认同看作道德行为产生的动机，在他们看来，道德认同是一种内在的调整机制，主要以道德为指导，这就对主体行为有一个约束，让行为在这个框架里运行，以此来引导主体做出道德行为，学者们大多认为道德认同最初是心理需要，它将会指导人的道德行为沿着自身道德观念来表现出来，在这里他们提到道德判断，他们指出道德认同的形成机理，道德判断首先为个人道德认同的提高提供引导，道德认同显著提高以后，道德行为就会成为自己自发的一种行为表现。

4.2.2 组织伦理氛围对伦理型领导影响

马克思在《关于费尔巴哈的提纲》中这样说道："人的本质并不是单个人所固有的抽象物。在其现实性上，它是一切社会关系的总和。"人的本质是由社会关系决定的，这里说的社会关系就包含着个人与自我、个人与他人、个人与社会、个人与自然的关系。这样看来，人的各种行为就会和他所处的环境氛围有很大的关系。

Shamir 和 Howell（1999）就明确表示，对于领导的研究不能够只是局限于研究其个体的特质或者行为，还应当对它所在的情境进行研究，探究能够影响领导的那些情境因素。韩巍和席酉民（2009）通过对中西方"领导"概念进行深入对比分析之后，认为"领导"具有很明显的"情境依赖"。Johns（2006）是这样看待情境的，他把情境归于那些影响组织行为的出现、意义以及变量间关系的情景性机会和约束。潘清泉和韦慧民（2014）也指出在对伦理型领导进行培养的时候应当考虑具体的"实施情境"。

Osborn，Hunt 和 Jauch（2002）提出了情境领导的概念，认为领导是一个浮现的社会结构，而这一结构则是嵌入在每一个独特的组织之中，领导及其有效性很大程度上依赖于情境。

对于我们要研究的伦理型领导来说，情境就是在伦理型领导的行为或者决策中起到直接或间接影响的因素，按组织具体应该分为内部情境和外部情境，组织伦理氛围就是属于组织内部情境。

Wimbush 和 Shepard（1997）在探讨组织伦理氛围不同类型与员工伦理行为关系时发现，关怀的伦理氛围和尊重法律和规范的伦理氛围与组织的伦理行为呈显著正相关关系，而工具主义的伦理氛围却对其产生负向作用。

基于上述分析，本研究提出如下假设：

假设1：组织伦理氛围对伦理型领导的形成有显著影响作用。

假设1a：关怀的伦理氛围对伦理型领导的形成有显著正向影响作用。

假设1b：尊重法律和规范的伦理氛围对伦理型领导的形成有显著正向影响作用。

假设1c：尊重规则的伦理氛围对伦理型领导的形成有显著正向影响作用。

假设1d：工具主义的伦理氛围对伦理型领导的形成有显著反向影响作用。

假设1e：独立性的伦理氛围对伦理型领导的形成有显著正向影响作用。

4.2.3　道德认同对于伦理型领导形成的作用

国外研究者们通过研究，发现道德认同和道德行为之间具有很强的关联性，这些研究为道德认同的作用机制提供了理论和实践上的依据。高道德认同的人表现为自我概念和道德目标具有高度的一致性，低道德认同的人则相反。一些研究者们发现为多数公众认可的道德榜样更容易表现出高道德认同，他们更偏向于使用道德的词语来对自我进行描述。另外，Monroe发现在第二次世界大战期间对犹太人采取庇护措施的那些人也表明了道德认同对道德行为的作用。

Aquino和Reed（2002）通过研究证实，道德认同与个人的道德行为显著正相关，高道德认同的人更容易做出道德的行为；道德认同也可以跨越组织界线，不仅对组织内部的人做出高道德行为，也会对组织外部的人表现出友好的、欢迎的和接纳的态度和行为，道德认同还可以对人们的道德行为做出预测。不仅如此，Aquino和Reed（2002）通过研究还证实了道德认同在商业上的一些行为所表现出的更加道德的一面。比如只有低道德认同的人或组织才会出现商业欺诈行为，高道德认同的人或组织则更加乐于参与慈善活动。道德认同还与道德行为有密切的相关性也得到了学者们的证实。Pratt等（2003）就指出，高道德认同的人对于公益或者服务性质的活动表现出更高的参与度。Barriga等（2001）发现道德认同与反伦理行为呈反向相关关系。这些研究表明，道德认同的确是影响道德行为的重要因素。因而我们可以这样认为，道德认同可以影响伦理型领导的形成和实施。

基于此，本研究做出以下假设：

假设2：道德认同对于伦理型领导的形成具有显著正向作用。

假设 2a：道德认同的内在化维度对于伦理型领导的形成具有显著正向作用。

假设 2b：道德认同的表征化维度对于伦理型领导的形成具有显著正向作用。

4.2.4　组织伦理氛围对道德认同的影响

Pierre Bourdie 提出场域（field）理论，他认为人一旦进入到某一个场域里面，就必须遵守这个场域的规则，他们必须做出和这个场域相符合的行为。他所说的场域指的是一个相对独立的社会空间。处在组织中的员工当然也是处于组织这个相对独立的社会空间，因此就必然会受到组织伦理氛围的影响，他们会受到组织伦理文化传达出来的价值观的影响。价值观作为组织伦理文化的基础，塑造并指导组织及其成员的行为和态度，进而影响到对于组织传达出来的伦理的认同，高道德认同的员工必然会积极响应组织氛围中伦理的部分。学者对组织伦理氛围和组织及其成员道德认同之间的关系进行了实证检验（Chatman，1989；Jin，Drozdenko & Bassett，2007；Naus，van Iterson & Roe，2007；Robert & Wasti，2002）。Bansal（2003）发现，组织伦理氛围决定了组织成员道德认同的规范、程度和速度。组织伦理氛围对员工道德认同产生显著影响（Finegan，2000；Jin et al.，2007）。

组织伦理价值观是组织自身与社会伦理价值观、领导价值观以及组织成员价值观的整合。组织伦理价值观必须符合社会伦理价值观的要求，如果存在冲突，则会削弱组织的合法性，进而影响组织是否能够得到的社会支持（Fulmer，2004）。

个体通过理解和接受特定的组织伦理价值，从而对自身的价值体系进行重新整理（Cable & Parsons，2001）。组织伦理价值观其实也反映了成员与组织相适应的心理机制。组织来说需要吸引和保留那些个体伦理价值观和组织中弥漫的伦理氛围相接近的人，从而塑造稳定和谐的组织伦理氛围。

已有研究表明，组织伦理氛围会传导并影响组织成员的价值观，进而影响他们的态度和行为。伦理型领导者通过与组织成员的沟通交流，传达和灌输伦理价值观念，从而在双方彼此之间引起对同一伦理价值观的共鸣。组织成员将会认同组织中的伦理价值观并加以内化和吸收，这种内化将有助于在组织内部强化一种良好的伦理氛围。

基于以上论述，本研究提出以下假设：

假设3：组织伦理氛围对道德认同的具有显著正向影响。

4.2.5 道德认同的中介作用

Power（2004）认为自我并不是孤立地体验到行动的义务和责任，而是在某种文化环境（cultural setting）中同他人一起体验到义务和责任；个体对团体及其共同规范的认同会形成一种"道德氛围"，这种或积极或消极的道德氛围可以促进或削弱个体道德；道德认同涉及团体认同以及对团体价值规范的共同承诺。总之，团体和社区的良好道德氛围对个体的道德认同发展有重要影响。Walker，Frimer 和 Dunlop（2010）认为支持道德的校园文化对道德发展至关重要，他们甚至提出青年纲领计划（Youth Charter），意图在包括学校、社团在内的整个社区形成对青少年一致的道德规范和期望，以促进青少年道德认同的形成。这也是本研究的一个重要的理论来源。

以布拉西为代表的道德认同研究者认为，道德判断并不能自动引发道德行为，责任判断（responsibility judgment）是连接道德判断和道德行为的必要环节，即唯有人们认为自己负有不可推卸的道德责任时，道德行为才最有可能被选择。布拉西认为，道德认同是形成责任判断的基础，也就是说，如果道德价值对于一个人的自我或认同非常重要，那么他/她就会感到一种高度的道德责任去实施道德行为。因此，道德认同是道德判断转化为道德行为的重要的自我调节机制，是激发道德行为的重要动机，因此本研究认为道德认同可以是组织伦理氛围影响伦理型领导的中介。

基于以上论述，本研究提出以下假设：

假设4：道德认同在组织伦理氛围与伦理型领导的关系中具有部分中介作用。

假设4a：道德认同的内在化维度在组织伦理氛围与伦理型领导的关系中具有部分中介作用。

假设4b：道德认同的表征化维度在组织伦理氛围与伦理型领导的关系中具有部分中介作用。

基于上述分析，综合提出的理论模型如图4-1所示。

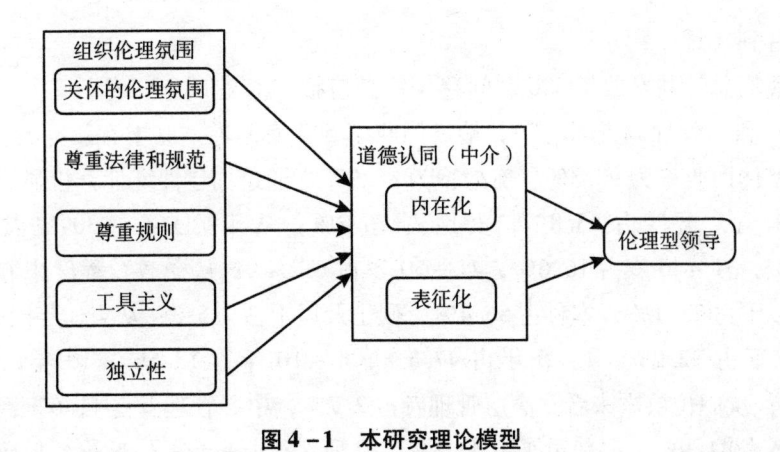

4 | 组织伦理氛围对伦理型领导的影响:以道德认同为中介

图 4-1 本研究理论模型

4.3 研究方法

4.3.1 研究对象

为了保证本次所发放的问卷的回收率和真实性,我们在卷首语部分特别强调了本次调查是不记名的调查,只是了解企业员工的真实情况,并且承诺调查结果只用于学术研究,打消员工的排斥心理。我们还在卷首说明部分简要阐述本次调查目的和内容。

我们此次发放问卷有网络和纸质两种形式,在发放的过程中,为了能够得到员工的配合,我们积极同拟发放单位尤其是人力资源部门进行沟通,以便采取他们较为接受的形式进行调查,以此提高问卷的可靠性。整个调查过程中我们是在被调查企业的全程配合下完成的,我们也全程参与了问卷的整个发放回收流程,确保了问卷的有效性。

为了使调查的结果具有代表性,我们依据单位地点和单位类型随机的原则来选取样本,以此来确保本次研究所得数据的准确性、有效性以及可靠性。在本研究中,我们通过分层抽样的方式调查了来自广西、河北、北京、广东、山东等地的 13 家企事业单位,在这 13 家企事业单位中随机选取不同的部门和不同岗位的员工,本次调查共发放员工问卷 600 套。数据收集时间为 2014

年5月到9月。

我们总计共发放了600套问卷(每套包括"企业调查问卷""个人调查问卷"和"领导调查问卷"),最终回收了542套问卷,其中有效问卷有482套,整体回收率为90.3%,有效率为88.9%。通过描述性统计分析显示:从性别来看,男性占43.8%,女性占56.2%;从年龄来看,30岁以下占77.2%,31~40岁占16.6%,41~50岁占6.2%,;从受教育程度来看,大专及以下占35.1%,本科占56.4%,硕士及以上占8.5%;从工作年限来看,1年以下占32.2%,1~5年占47.3%,6~10年占13.5%,10年以上占7.1%;从职位层次来看,高层管理者占2.7%,中层管理者占11.6%,基层管理者占41.9%,一般员工占43.8%,从所在行业来看,信息技术与通信行业占7.7%,金融行业占10.8%,生产制造行业占46.5%,餐饮服务业占13.3%,建筑行业占1.9%,房地产占1.7%,其他为18.3%。

本次调研得到的人口统计学具体数据分析如表4-1所示。

表4-1　　　　　　　样本统计(N=482)

属性		样本量	占比(%)
性别	男	211	43.8
	女	271	56.2
年龄	30岁及以下	372	77.2
	31~40岁	80	16.6
	41~50岁	30	6.2
	51岁以上	0	0
教育程度	大专及以下	169	35.1
	本科	272	56.4
	硕士及以上	41	8.5
工作年限	1年以下	155	32.2
	1~5年	228	47.3
	6~10年	65	13.5
	10年以上	34	7.1
职位层次	高层管理者	13	2.7
	中层管理者	56	11.6
	基层管理者	202	41.9
	一般员工	211	43.8

续表

属性		样本量	占比（%）
行业类别	信息技术与通信	37	7.7
	金融	52	10.8
	生产制造	224	46.5
	餐饮服务	64	13.3
	建筑	9	1.9
	房地产	8	1.7
	其他	88	18.3

4.3.2 测量工具

本研究所使用的测量量表全部来源于国外的重要文献，这些量表都是被相关的学者们较为公认，被广泛应用并在之前的研究中得到证实的，具有很高的信度和效度。在本研究中，为确保其在测量时的有效性，我们采用了"翻译—回译"的方式将问卷进行反复对应，努力保持它们在中英文表述和内涵上面是一致的，既能够表达量表的原意，又符合中文习惯。本研究中全部量表均采用 Likert 7 点计分，1 表示"完全不同意"，7 表示"完全同意"。

伦理型领导。本研究的伦理型领导量表采用的是 Brown 和 Treviño 等（2005）的单维度伦理型领导量表（ELS），包括 10 个项目。此量表具有很好的信度和效度，而且题目较少，便于测量，得到了众多学者的认可。代表性的题目如"我的主管倾听员工的心声。"本研究中该量表的内部一致性系数（Cronbach's α 系数）为 0.943。

组织伦理氛围。本研究关于组织伦理氛围的调查问卷是采用了 Victor 和 Cullen（1988）开发的伦理氛围量表（Ethical Climate Questionnaire，简称 ECQ），此量表包含五个维度（关怀的伦理氛围、尊重法律和规范、尊重规则、工具主义、独立性）共 26 个项目，此量表已经被广泛应用于各类组织伦理氛围的研究，截至 2006 年，共有 170 项研究使用了 Victor 等设计的组织伦理氛围问卷，该问卷在不同文化、不同国家、不同行业和不同性质的组织中具有相当好的稳定性。举例条目是"在公司，人们都应该遵守自己的个人准则和道德信念。"本研究中该量表五个维度的内部一致性系数（Cronbach's α

系数）分别为 0.843、0.842、0.797、0.817、0.748。

道德认同。本研究的道德认同量表采用的是 Aquino 和 Reed（2002）的道德认同量表（Moral Identity Measure，MIM），包括内在化（internalization）和表征化（symbolization）两个维度，共 11 个项目。Aquino 和 Reed 以特拉华大学的校友为调查对象进行研究，这份样本包括 927 名校友，是由经济贸易学院的校友办公室提供的。他们最开始列出来 13 个项目，分为两个维度，在调查之后剔除了 2 个项目，最终确定了一个二维度包含 11 个项目的量表，这个量表具有很好的信度和效度。典型题目如"我强烈的渴望拥有这些品行（关怀的，富有同情心的，公平的，友好的，慷慨的，乐于助人的，努力工作的，诚实的，善良的）"。本研究中该量表内在化维度的内部一致性系数（Cronbach's α 系数）为 0.823，表征化维度的内部一致性系数（Cronbach's α 系数）为 0.873。

本研究所发放三份问卷的 Cronbach's α 系数按维度在表 4-2 中予以列出。

表 4-2　　　　　　　　　　Cronbach's α 系数

变量		维度	题项数	Cronbach's α
组织伦理氛围	关怀的伦理氛围	7	0.843	0.908
	尊重法律和规范	4	0.842	
	尊重规则	4	0.797	
	工具主义	7	0.817	
	独立性	4	0.748	
道德认同	内在化维度	5	0.823	0.841
	表征化维度	6	0.873	
伦理型领导	单一维度	10	0.943	0.943

4.3.3　统计方法

本研究数据均采用 SPSS 19.0 来进行统计分析。具体分析过程为：运用 SPSS 19.0 对其进行描述性统计分析，最后采用层次回归分析法对组织伦理氛围和伦理型领导之间的关系以及道德认同的中介作用进行考察。

4.4 数据分析与结果

4.4.1 描述性统计分析

为了研究组织伦理氛围各个维度、道德认同两个维度同伦理型领导之间的关系，本研究对三个主要变量及其各个维度做了相关分析，各变量按照不同维度所得出的均值（M），标准差（SD）以及相关系数如表4-3所示。所得出的这些数据结果能够初步支持本研究在前面章节所作出的假设。

表4-3　　　　　　　　　变量的描述性统计分析结果

变量	均值	标准差	7	8	9	10	11	12	13	14
伦理型领导	4.988	0.956	1							
关怀的伦理氛围	4.651	0.914	0.583**	1						
尊重法律和规范	5.344	0.888	0.481**	0.592**	1					
尊重规则	5.283	0.912	0.447**	0.622**	0.676**	1				
工具主义	4.365	0.944	0.066	0.252**	0.247**	0.287**	1			
独立性	4.552	0.987	0.257**	0.432**	0.449**	0.389**	0.634**	1		
内在化	4.315	0.341	0.204**	0.249**	0.197**	0.231**	0.094*	0.152**	1	
表征化	4.696	0.954	0.237**	0.294**	0.258**	0.280**	0.361**	0.359**	0.337**	1

注：*表示$p<0.05$，**表示$p<0.01$。

4.4.2 回归分析

本章主要探究组织伦理氛围各维度对伦理型领导的影响，首先，引入员工的人口学变量作为控制变量，以控制员工个人背景变量对伦理型领导的影响；然后，引入组织伦理氛围五个维度变量，分别探究其对伦理型领导的影响。回归分析结果如表4-4所示。

表4-4　　　　　组织伦理氛围对伦理型领导的层次回归结果

变量	M1	M2	M3	M4	M5	M6
性别	-0.114	-0.033	-0.106	-0.081	-0.112	-0.088
年龄	0.244	0.152	0.168	0.198	0.239	0.211
教育程度	0.014	0.020	0.031	0.023	0.012	0.014
工作年限	-0.238	-0.115	-0.194	-0.186	-0.244	-0.232
职位层次	-0.024	-0.024	-0.045	-0.037	-0.024	-0.023
行业类别	0.056	0.017	0.029	0.037	0.054	0.054
关怀的伦理氛围		0.552**				
尊重法律和规范			0.458**			
尊重规则				0.418**		
工具主义					-2.114*	
独立性						0.226**
F	6.478	38.078**	26.198**	22.071**	6.232*	9.664**
R^2	0.076	0.360	0.279	0.246	0.084	0.125
ΔR^2	0.076	0.284	0.203	0.170	0.009	0.049

注：*表示 $p<0.05$，**表示 $p<0.01$。

由表4-4可知，在模型1中，控制员工的人口学变量；模型2在模型1基础上加入关怀的伦理氛围维度变量后，回归分析发现关怀的伦理氛围对伦理型领导具有显著正向影响，其回归系数为0.552（$p<0.01$），模型的解释力为36%，因此H1a得到验证；在模型3到模型6中，分别在模型1的基础上加入了组织伦理氛围变量的另外四个维度，回归分析结果指出组织伦理氛围的尊重法律和规范、尊重规则、工具主义、独立性维度对伦理型领导同样具有显著正向影响，它们的回归系数分别为0.458（$p<0.01$）、0.418（$p<0.01$）、-2.114（$p<0.05$）和0.226（$p<0.01$），各模型的解释力分别为27.9%、24.6%、8.4%和12.5%，因此假设1b、假设1c、假设1d、假设1e均得到验证。

接着探究道德认同的两个维度对伦理型领导的影响，同样先引入员工的人口学变量作为控制变量，以控制员工个人背景变量对伦理型领导的影响；在此基础上引入道德认同的两个维度变量，分别探究其对伦理型领导的影响。回归分析结果如表4-5所示。

4 | 组织伦理氛围对伦理型领导的影响：以道德认同为中介

表4-5　　　　　　　　道德认同对伦理型领导的层次回归结果

变量	M1	M7	M8
性别	-0.114	-0.116	-0.109
年龄	0.244	0.235	0.237
教育程度	0.014	0.009	0.005
工作年限	-0.238	-0.221	-0.234
职位层次	-0.024	-0.022	-0.015
行业类别	0.056	0.060	0.046
内在化维度		0.193**	
表征化维度			0.226**
F	6.478	8.581**	9.813**
R^2	0.076	0.112	0.127
ΔR^2	0.076	0.037	0.051

注：** 表示 $p<0.01$。

由表4-5可知，在模型1中，控制员工的人口学变量；模型7在模型1的基础上加入内在化维度变量后，回归分析发现道德认同的内在化维度对伦理型领导具有显著正向影响，其回归系数为0.193（$p<0.01$），模型的解释力为11.2%，因此假设2a得到验证；同样，在模型8中，在模型1的基础上加入了道德认同变量的表征化维度，回归分析结果指出道德认同的表征化维度对伦理型领导同样具有显著正向影响，它们的回归系数分别为0.226（$p<0.01$），对模型8的解释力为12.7%，因此假设2b得到验证。

在探究组织伦理氛围对道德认同的影响时，同样先引入员工的人口学变量作为控制变量，以控制员工个人背景变量对道德认同的影响；在此基础上引入组织伦理氛围变量，探究其对道德认同的影响。回归分析结果如表4-6所示。

表4-6　　　　　　　　组织伦理氛围对道德认同的层次回归结果

变量	M9	M10
性别	-0.016	0.034
年龄	0.035	-0.042
教育程度	0.042	0.044

续表

变量	M9	M10
工作年限	-0.040	0.002
职位层次	-0.038	-0.043
行业类别	0.034	0.005
组织伦理氛围		0.447**
F	0.456	16.590**
R^2	0.006	0.197
ΔR^2	0.006	0.191

注：**表示 $p<0.01$。

模型10在模型9基础上加入组织伦理氛围变量后，回归分析发现组织伦理氛围对道德认同具有显著正向影响，其回归系数为0.447（$p<0.01$），模型的解释力为19.7%，因此假设3得到验证。

接下来，我们将探究道德认同的中介作用，同样先引入员工的人口学变量作为控制变量，以控制员工个人背景变量对伦理型领导的影响；在此基础上分别引入道德认同的两个维度变量，分别探究其对伦理型领导的中介作用。回归分析结果如表4-7所示。

表4-7　　　　道德认同中介作用的层次回归结果

变量	M11	M12	M13	M14
性别	-0.114	-0.065	-0.068	-0.066
年龄	0.244	0.167	0.167	0.169
教育程度	0.014	0.016	0.014	0.014
工作年限	-0.238	-0.197	-0.191	-0.198
职位层次	-0.024	-0.029	-0.028	-0.027
行业类别	0.056	0.028	0.031	0.027
组织伦理氛围		0.440**	0.417**	0.417**
内在化维度			0.092**	
表征化维度				0.052**
F	6.478	23.908**	21.742**	21.119**
R^2	0.076	0.261	0.269	0.263
ΔR^2	0.076	0.185	0.008	0.002

注：**表示 $p<0.01$。

如模型 12、模型 13、模型 14 所示，在只加入组织伦理氛围这个变量之后，回归分析发现组织伦理氛围对伦理型领导具有显著正向影响，其回归系数为 0.440（p<0.01），当分别加入道德认同的内在化维度和表征化维度以后，回归系数分别降为 0.417 和 0.417，虽然仍然显著，但是显著性已经降低，说明道德认同的两个维度，内在化维度和表征化都在组织伦理氛围对伦理型影响中起到部分中介作用，假设 4a、假设 4b 均得到验证。

4.5　讨论与管理启示

4.5.1　讨论

在本研究中，通过对文献的回顾，在相关理论的基础上提出研究假设，构建理论模型，然后通过问卷调查的方法，通过成熟的国外量表对主要研究变量进行测量，最后运用相关统计软件，对收集的数据进行处理与分析。通过本研究的研究分析，得出以下的研究结论。

第一，数据分析结果表明，组织伦理氛围能够正向预测伦理型领导。也就是说组织伦理氛围在伦理型领导形成过程中发挥着非常重要的作用。企业可以通过在组织中建立道德的规则与制度，为伦理型领导的形成提供良好的环境。

第二，通过本研究的数据分析所得结果，也可以看到道德认同在伦理型领导形成过程中的作用。道德认同能够正向影响企业员工道德行为进而影响其形成伦理型领导，通过本研究的研究表明道德认同在组织伦理氛围对伦理型领导的影响过程中起到中介作用。

第三，本研究的实证分析结果也表明了社会交换理论和社会学习理论在伦理型领导形成过程中也发挥着重要作用。企业中通过为员工树立榜样，并且制定符合伦理观念的政策与制度，为企业新员工提供了伦理的组织环境，有助于将员工培养为伦理型的员工进而在以后成为伦理型领导。

本研究从实证研究的角度探讨了组织伦理氛围、道德认同与伦理型领导之间的关系,通过对道德认同中介效应的分析,探索了组织伦理氛围对伦理型领导的影响机制,进一步剖析了组织伦理氛围对伦理型领导影响的本质。在控制了被试者的性别、年龄、教育程度、工作年限、职位层次和行业类型等因素之后,本研究得出:第一,组织伦理氛围对伦理型领导具有显著预测效果;第二,道德认同在组织伦理氛围与伦理型领导之间起部分中介作用;第三,道德认同对于伦理型领导的形成具有显著正向影响作用。社会学习理论和社会交换理论能够很好地解释这些关系。

伦理型领导自1987年被Enderle提出以来,得到了众多学者的积极关注和探索。国内外众多研究者对伦理型领导的内涵和测量也提出了各自的观点,伦理型领导是如何提高组织的绩效等影响机制方面的研究也得到了越来越多学者的关注,伦理型领导作为领导理论的重要组成部分,其在实践中的意义自不必赘言。

首先,本研究深入探讨了组织伦理氛围的五个维度对伦理型领导的影响。尽管有一些学者对组织伦理氛围和伦理型领导关系进行研究,但是缺乏实证研究,本研究则是对两者之间关系进行实证研究。

其次,本研究在探索组织伦理氛围影响伦理型领导的机制中引入道德认同这个中介变量,丰富了伦理型领导的形成机制,拓展了研究思路。尽管组织伦理氛围、道德认同和伦理型领导之间的影响路径表面看来似乎非常明显,但是在实证研究中也存在一定的差异。本研究则是引入道德认同作为中介变量,试图说明组织伦理氛围对伦理型领导的作用机制。

本研究在前人研究的基础上,进一步思考,证实组织伦理氛围可以预测伦理型领导的形成,而组织伦理氛围可以通过组织相关制度的建立和组织中示范作用的引导来形成,进而在组织中可以预测培养伦理型领导。

总的来说,本研究验证了组织伦理氛围与伦理型领导之间的正向关系,并证实了道德认同在其中的中介作用。这一结论进一步揭示了组织伦理氛围对伦理型领导形成的影响机制,同时也为理解领导形成的过程提供了积极探索方向。

4.5.2 管理启示

本研究的结论对中国组织情境中的管理实践具有重要的指导意义,为企业的管理实践提供了证据。根据本研究的研究结论：首先，由于组织伦理氛围对于伦理型领导来说具有显著的正向预测力，而且道德认同在两者之间起中介作用。因此，作为组织的管理者应充分认识到伦理型领导对于组织生存和发展的重要作用，并且为员工建立良好的组织伦理氛围，使员工产生较高的道德认同感，进而培养出更多的有伦理的领导。其次，对于员工来说，由于组织伦理氛围很大程度上决定着员工在组织中的行为，而这种行为对员工是否能被培养为伦理型领导的重要因素，因此员工也应该在道德上认同这种组织伦理氛围。此外，道德认同作为组织伦理氛围影响伦理型领导的中介变量，这从根源上解释了伦理型领导形成的根本原因，因此组织中的管理者应通过一定的测量手段了解员工的对于组织伦理氛围的道德认同，并灵活地改变自己的管理模式，对于高道德认同倾向的员工应给予更多的引导和培养。

在以后的管理中可以采用以下几种方式来培养组织中的伦理型领导：

（1）通过制度强化来培养伦理型领导。建立和健全企业激励制度，对员工招聘和晋升方面，企业在人员选拔时应该加强伦理道德标准因素的考量与测评，将具有伦理型领导特征的员工选拔为领导者。通过这样的方式扩大具有伦理型领导特征的领导者在管理层中的比例，根据已有学者提出的涓滴效应（trickle-down effect），进而影响员工更多地做出伦理行为，这不但促使员工表现出更多的组织公民行为，也有利于形成伦理型文化，从而增强企业的竞争力。

伦理型领导理论属于领导行为理论，伦理型领导是一种领导行为，它强调的是领导者表现出符合伦理的行为，并不强调领导者本身所具有的伦理道德上的特质，因而伦理型领导的行为是可以被激发的。因此，企业在日常的管理中应当通过培训、绩效考核、薪酬设计等方式鼓励领导者表现出伦理型领导行为。通过人力资源管理的牵引机制、约束机制等，促使领导者以高道德标准要求和约束自己的行为，公平、诚信、信任地对待员工，以尊重和体恤的方式与员工建立良好的互动关系。通过这种领导风格，激发员工的道德认同感，培养其做出伦理行为，进而为企业培养出潜在的伦理型领导，增强员工为组织做贡献的意愿。

（2）通过在组织中树立榜样来培养伦理型领导。企业应当在组织内树立道德榜样。由社会学习理论可知，组织中的榜样更可能激发员工的学习和模仿行为。企业在组织内通过公开表彰、制作宣传手册、编辑故事等方式，树立宣传道德榜样，可以激发员工积极学习和模仿这些道德行为，使他们的行为符合伦理标准，表现出更多对组织有利的行为。另外，企业应该加强对员工道德认同的管理。企业通过制定公开公正的管理制度，积极关注员工需求，建设诚信关怀的企业文化等管理活动激发和强化员工的道德认同感，使员工认同组织的伦理价值观，将自己的命运与组织的命运联系在一起，促进员工为组织做出更大的贡献。

（3）通过对员工进行情感感染来引导伦理型领导的形成。作为企业员工的个体都是社会人，都是具有情感的，根据社会交换理论，领导可以对员工进行情感感染，作为回报，员工也会表现出更多的伦理行为。当员工表现出的伦理行为内化为个体自发行为时，其作为一个伦理型的个体就可以在适当的时候被培养为企业的领导，而他们此时也会表现出伦理行为。通过这种引导可以将员工培养为潜在的伦理型领导。

当伦理型领导对员工表现出关心、支持和信任并且鼓励那些符合道德规范的员工时，这种行为就可以被认为是领导向其下属所提供的用来交换的资源，基于互惠原则，同时也为了保持良好的人际型交换关系，下属会表现出符合较高道德准则的行为。因此，从社会交换的角度分析，下属会把伦理行为当作与伦理型领导和组织互换的资源，在工作中表现出更多的伦理行为，这样伦理型领导就可以通过引导来培养。

4.6　研究局限及未来研究展望

4.6.1　研究局限

本研究还存在一些局限和不足之处。

（1）本研究采用横截面（cross-sectional）的研究设计，虽然经过验证，组织伦理氛围会影响伦理型领导的形成，其中道德认同在两者之间起到了部分中介的作用,但是由于组织伦理氛围从员工认识到接纳再内化为自身的行为标准需要一定的作用时间,鉴于此,未来的研究可以通过跟踪调查,纵向研究来对这缺陷进行弥补,这样就能够更清晰地探索它们之间的因果关系。

(2) 由于时间和经历的关系,本研究的样本仅来自全国部分地区,而且样本量也相对较少,但我们的研究假设都得到了支持,未来应扩大样本的选取范围以及搜集更多的样本数据进行分析。

(3) 由于组织伦理氛围各维度之间存在一定的差异性,因此未来应分别探究不同组织伦理氛围对促进性伦理型领导的关系,并且也应该丰富组织伦理氛围与伦理型领导的中介作用机制。

(4) 在研究量表的选取上,本研究中所选用的量表都是国外较为权威,被广泛应用的量表。虽然已经证实这些量表的信效度良好,但是在中国这种文化背景下进行研究,其跨文化的适用性还需要进一步检验,所以,文化上的差异可能会有一些误差。

(5) 本研究在测量伦理型领导时,采用的是下属感知领导的方式。由于个人自身人格、情绪等因素,下属在感知领导的领导方式时可能会出现偏差,从而造成测量的不准确。在以后的研究中,可以采用一些措施提高下属回答问卷的真实性,以增强测量的准确性。

4.6.2 未来研究方向

(1) 对伦理型领导进行多层次分析。目前,大多数研究都是从个人层面对伦理领导与领导有效性之间的关系进行分析,群体层面近来也受到学者的关注,然而,这类研究还是相对缺乏,今后的研究者不妨采用多层次分析法对伦理型领导的模型进行构建和分析。不仅如此,今后研究者还可以将多层次线性模型和结构方程进行结合,对伦理型领导的中介效应进行更为准确的研究。此外,还可以在组织层面对伦理领导的概念进行阐述,并将其应用到伦理型领导的模型中,较好地体现伦理领导是如何被影响的。

(2) 伦理型领导的影响因素作用机制。情境因素和个体因素将会对伦理型领导产生影响,本研究结合社会学习理论和社会交换理论证实了组织伦理氛围这个情境因素可以通过道德认同来影响伦理型领导,那么其他因素如组织公平、员工关系、组织模式等变量是不是也可以作为中介变量或者调节变量影响伦理型领导的形成。因此，研究者还可以将研究重点放在伦理型领导与其前因变量之间的调节变量与中介变量的研究，更好地对伦理型领导的形成机制进行探索。

（3）伦理型领导的前因变量及其实证研究。目前大多数学者的对伦理型领导前因变量的研究仅仅停留在理论上，领导者个性特征或者情境因素对伦理型领导的影响引起了学者们的关注。学者们研究表明，一些情境变量可能影响伦理型领导的产生，奠定了本研究的理论基础，本研究已经在前人基础上初步探讨了组织的伦理氛围对伦理型领导产生的影响。当然，还有其他情境变量未被证实，如领导者所处的企业规模变化，企业所处的发展阶段不同以及由此导致整个内部关系变化，所在行业的外部环境出现变化等也可能会影响伦理型领导的产生，所以对于这些可能会影响伦理型领导的因素还要继续进行探索，以丰富伦理型领导的研究。如果伦理型领导的影响因素及其作用机制得到验证就能够在实践中对伦理型领导进行定向培养。

（4）伦理型领导的本土化研究。伦理型领导的研究起源于西方国家，它所处的文化和中国的文化环境是不同的，而且对于伦理型领导较为前沿的研究都是在西方国家，这就存在一个文化适用性。中国文化强调的是"人治"，注重的是一个潜在的影响过程，侧重于引导；而西方文化更看重"法制"，关注点是对于制度应用，侧重于规定。大部分对于伦理型领导进行研究的量表也是国外的，因此中国学者可以对伦理型领导的本土化进行研究，包括内涵和维度等，现阶段也有些学者开始关注于中国文化背景下的伦理型领导量表的开发，但还是远远不够的，还需要继续深入研究，为中国的领导理论和领导实践提供指导。

伦理型领导发展及其
影响机制研究

Chapter 5

5 组织公平知觉和角色预期对伦理型领导的影响机制研究

5.1 引　　言

近年来，大量像"瘦肉精""奔驰车辆召回"等商业伦理问题，如雨后春笋般爆发，社会大众越来越重视企业中的非伦理行为及其影响。非伦理行为相继爆发的深层原因究竟是什么，成了社会公众对企业道德和责任缺失感到愤怒之后进一步思考的问题。考虑到非伦理行为对企业发展产生的重大影响，亦考虑到企业中的伦理行为常常受到企业领导者的影响。因此，结合领导者与伦理的探讨有着重要意义。

领导在组织中独一无二的地位是显而易见的。由领导者示范和强化组织内的伦理行为对于企业有着独特的意义。基于此，伦理型领导这一概念应运而生。早期对于伦理型领导的研究，主要聚焦于伦理型领导的影响效应。如以伦理型领导作为重要影响因素，探讨其与员工心理安全感、情感承诺、任务绩效等变量间的关系。已有的研究结果表明，伦理型领导的道德行为及公平行事的方式受到现代企业员工的高度关注。员工更在乎组织氛围及领导的公平公正，对组织中的非伦理行为也更为敏感（肖缓，2003）。伦理型领导展现的道德榜样示范以及采取的道德强化管理方式，可以增加员工的认同感，并激发员工更多的工作投入。

可见，伦理型领导对于企业和员工均有着重要的作用，但是如何促进企业伦理型领导的发展，相关研究并不多。在以往研究的基础上，本研究聚焦于伦理型领导的前因变量，主要目的在于探讨组织公平知觉和角色预期对伦理型领导发展的影响作用。具体而言，本研究的理论贡献在于，分析了组织公平知觉及角色预期影响伦理型领导的效应，提出了影响伦理型领导的两个前因变量。鉴于伦理型领导的研究仍然处于起步阶段，对于其前因变量的研究有利于我们理清其发展机制，加深我们对于伦理型领导发展的理解，同时也有助于企业促进伦理型领导发展的实践。

5.2 文献基础与研究假设

5.2.1 伦理型领导及其特征

伦理型领导是近年来领导学研究者们关注的一个新焦点。虽然伦理型领导中的伦理部分常被看作与其他一些领导风格有交叠，如家长式领导中的德行领导维度。不过，伦理型领导仍然是一个独特的领导风格类型，具有自己特定的内涵，而不仅仅是其他一些领导风格的伦理维度的部分反映。伦理型领导不仅是"伦理的个人"，同时也是"伦理的管理者"。Treviño（2003）等就指出，伦理型领导不仅是关心他人并且在做决策时强调公平公正的合乎道德的人；同时会通过公平合理的奖惩措施及与员工之间的沟通来强化和激发员工的伦理相关行为。

Kanungo（2001）认为，伦理型领导更易平衡企业中的利他及利己行为。Brown等（2005）认为，伦理型领导通过榜样示范向下属展示公正公平、真诚坦率等行事规范，同时督促下属依此执行。张永军（2012）将伦理型领导定义为，经常与下属进行沟通的具有正直、公平等特质的有道德的人，并对所有规范标准严格遵守的有道德的管理者。总之，伦理型领导能够通过在个人行为和人际关系互动中树立适当的行为典范，更好地发挥伦理型领导的利他性、公平公正、合理奖罚等特征，同时引导下属投入到相应的行为之中。

Mayer等（2009）通过相关的调查研究，建立了一个多层次伦理型领导模型。他们强调，组织伦理型领导应包括高层、中层、基层等不同层次的表现，而且中层管理者的伦理型领导行为在高层与基层间起到桥梁作用。

另外，在伦理型领导内涵的界定方面，潘清泉和韦慧民（2014）在总结以往国内外伦理型领导的基础上提出，伦理型领导应涵盖"道德的人"和"道德的管理者"两方面内容。一方面，伦理型领导者应强化自身的伦理理念和思想，为员工树立伦理行为模范；另一方面，伦理型领导应凭借自身的伦理行为的影响力和示范作用，进而达到规范员工行为的目的，最终实现

"己所不欲，施于于人"的效果，这使得伦理型领导理论不断走向成熟。

5.2.2 组织公平与伦理型领导

组织公平一直被研究者视为改正领导者行为方式及提升组织效率的一个组织变量。不同的文化环境中对组织公平的理解也大不一致（Blackmore，2009），但其初衷总是为了全体员工的职业发展规划，更好地激发全体员工的责任感和公平感。研究发现，组织公平知觉会影响领导的行事方式和态度。在组织公平知觉较强的组织环境中，领导更有可能做出不偏不倚的决策，尊重员工意见的同时与员工进行双向沟通，并最终影响伦理型领导模式（Rubin et al.，2010）。种种迹象表明，人们在工作中的经历和获得的经验会对领导模式产生重要的作用。公平公正的组织环境可以让员工更加全身心地投入到工作当中，也更容易增加工作的自信，形成良好的人际互动关系，从而促进管理者无偏见的处事方式并提升组织伦理氛围。Randeree（2008）研究迪拜经济发展时，发现如果忽略组织公平氛围，就会导致领导者的伦理性和人道主义精神的缺失。因此，组织公正氛围能够提升领导者的积极倡导和示范作用（Marshall，2010）。Furman（2012）指出，在组织公平氛围下，领导者会逐渐产生伦理型领导的特质，包容、关心他人、尊重民意并能及时给出反馈。同时，工作场所的动态关系能影响伦理型领导。他们希望得到员工的积极回应，因此尤为注重双向沟通。所以，更高程度的组织公平感，会对企业管理者产生显著影响效应。当领导者知觉到组织公平程度较高时，可能可以促进领导者更为积极的行为，包括伦理相关行为。段锦云（2007）指出伦理型领导的公平认知与组织公平氛围显著相关。大量研究表明，提升组织公平氛围对领导的公平知觉有显著影响（刘亚、龙立荣和李晔，2003）。组织公平知觉作为企业员工对组织制度、氛围及奖惩方式等的公平感受，可以提升企业员工相应的行为表现。而对于领导者而言，会在领导行为过程中表现更高的公平行为示范并会尽力向此类行为加以推广。因此，可以推测，组织的公平、人际导向和关心能够提高领导的公平感知，从而促进伦理型领导的发展。鉴于此，本研究提出以下假设：

假设1：组织公平对伦理型领导显著正相关。

5.2.3 角色预期与伦理型领导

角色预期反映了人们对于完成某种具体工作所需要的相关要求和责任的认知，而这一认知显著影响员工对岗位工作的喜好、所付出的努力及忠诚度（严鸣、涂红伟，2011）。对角色的欲望会影响个体的行为方式。研究表明，员工角色期望与领导变革行为间呈显著相关关系（Mcnatt，2004）。研究发现，员工对于组织公民行为的角色预期有效预测了他们所表现出组织公民行为的程度，进而会影响管理者行为（Dierdorff，2012）。本研究认为，员工的角色期望是影响其行动意愿且影响领导行为发展的重要因素。

社会心理学把个体期望团体中的其他人表现出应有的行为方式称为角色期待。这种期待是双向性的，既可以是领导对下属的，又可以是下属对领导的。但是，领导对下属的真诚期待更为重要，它是领导者促成下属实现理想角色的有效手段。首先，领导对下属的角色期待，能使下属获得尊重需要的满足。因为每个人都有自尊心，都有一种表现自己在社会环境中重要作用的需要或愿望，希望社会组织或团体能给予自己较高的评价，以满足自己的荣誉感、自豪感，从中获得尊重需要的满足。因此，领导对下属的角色期待能激发起下属的积极性和创造力，从而更加投入到工作中去。其次，角色期待在增进员工与领导行为关系的过程中起到重要作用。管理者对员工的角色期望是对员工的工作表现及其他行为给予厚望的一种表现。管理者的角色期望会对员工行为产生显著影响，会使员工不由自主地将领导者行为作为榜样，持续做出管理者所期望的行为。可见，管理者对员工的角色期望会使员工对岗位工作的期待和信心持续增强。因此，员工会做出种种努力的姿态，与领导者达成一种默契，下定决心勤奋努力工作，以工作成就作为对领导者的尊重和关心的报答，实现更高层次的社会化。

期望效应理论认为，领导会通过行为将自己的期望传递给下属。在高质量的领导—成员交换关系下，下属会获得更多来自领导对创新的支持。领导也会给予下属更多、更有效的资源，并鼓励员工支持变革、勇敢创新及改进工作绩效。因此从角色期望理论的研究视角出发，通过实证研究角色预期会对领导行为产生什么影响，演绎角色预期在伦理型领导发展中所起到的重要作用有着重要的意义。鉴于此，本研究提出以下假设：

假设2：角色预期对伦理型领导显著正相关。

5.2.4 角色预期与组织公平知觉的交互效应

所谓交互作用，就是两个变量当中的任意变量发生变化时，另一变量对结果变量的影响效应也会随之发生变化；即可能变量一在变量二出现变化时对结果变量的影响效应更大，这就叫交互作用。

本研究认为，角色预期与组织公平知觉之间存在显著交互效应。具体表现为：组织公平知觉会使管理者更愿意做出公平的、尊重他人的及双向沟通的决策。与此同时，积极的角色预期会使管理者更愿意做出有利于员工的行为，以显示自己的公平公正（Anwer et al.，2013）。另外，Fairchild（2005）研究发现，由于伦理型领导需要个体不断学习以提升自己。相较于一般的管理者，公平公正的管理者在对新事物接受和学习方面更加勤奋努力并时刻关注员工的行为，因而有利于提升组织伦理型领导氛围。当管理者意识到组织赋予自己的责任和权力是符合角色预期的，若组织氛围更加公平，那么管理者会更加严于律己，以求成为更道德的人和更道德的领导者。已有研究表明，如果组织公平氛围较弱，且管理者并没有出现角色预期的行为，那么企业的伦理型领导就会远远低于组织公平感较强的企业，即伦理型领导会受组织公平知觉及管理者个人特征的影响（刘运国和刘雯，2007；唐清泉和甄丽明，2009）。

从以上文献梳理可以发现，角色预期或者组织公平知觉各自可以对伦理型领导产生显著影响，同时二者也可以结合起来，即角色预期与组织公平知觉的交互作用对伦理型领导产生影响。鉴于此，本研究提出以下假设：

假设3：角色预期与组织公平知觉交互作用共同影响伦理型领导的发展。

综上，本研究理论模型如图5-1所示。

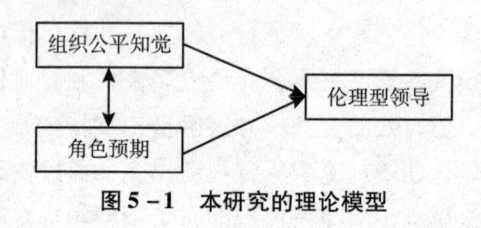

图5-1 本研究的理论模型

5.3 研究方法

5.3.1 研究对象与程序

本研究样本来源于企业员工。调查问卷由员工对伦理型领导、组织公平感和角色预期进行评价。研究者在企业人力资源部门相关人员协助下将问卷发放给员工并指导他们填写，但填写过程有员工个人独立完成，问卷及数据收集期限为一个月。现场调查时，使用空白信封随同问卷一起发放给员工，并不要求员工填写名字。填写结束，由员工将填写完毕的问卷装入信封交给调查者，以此减轻员工心理压力和担心。向员工保证问卷填答内容只有员工个人和研究者可以看到。

最终发放问卷 500 份，最后回收有效问卷 439 份，有效问卷回收率 87.8%。调查有效样本中，男性共有 189 人，女性共有 250 人，各占 43.1% 和 56.9%。30 岁以下有 339 人，占 77.2%；31~40 岁有 72 人，占 16.4%；40 岁以上共有 28 人，占 6.4%。就受教育程度而言，大专及以下共有 158 人，占 36%；本科共有 245 人，占 55.8%；硕士及以上共有 36 人，占 8.2%。

采用 SPSS 21.0 软件对样本的基本信息进行描述性统计分析，其中员工的基本分布情况如表 5-1 所示。

表 5-1　员工样本的人口统计学分布 (N=439)

属性	组别	样本数（人）	占比（%）
性别	男	189	43.1
	女	250	56.9
年龄	30 岁以下	339	77.2
	30~40 岁	72	16.4
	40 岁以上	28	6.4

续表

属性	组别	样本数（人）	占比（%）
教育程度	大专及以下	158	36.0
	本科	245	55.8
	硕士及以上	36	8.2

5.3.2 测量工具

（1）伦理型领导。采用 Brown 等（2005）编制的伦理型领导量表，量表共 10 个题项，如"管理者乐于听取员工建言""管理者奖罚分明，公平对待每一位员工"等。计分方法采用 Likert 7 点式测量方法，1 代表"完全不同意"，7 代表"非常同意"。在本研究中，伦理型领导测量的内部一致性系数为 0.930。

（2）组织公平。改编自 Nirhoff 和 Moorman（1993）编制的组织公平量表，正式测量量表共 6 个题项，如"我的工作时间与报酬成正比，与他人相比也是公平的""在做出任何决策前，管理者不会做出武断评价"等。在本研究中，组织公平知觉的内部一致性系数为 0.845。

（3）角色预期。借鉴 Carmeli 和 Schaubroeck（2007）的角色预期晴量表。量表含有 3 个题项，"岗位职责与规范是事先预定好的""我的岗位预期与岗位职责所描述的特征相当"等（1 = "完全不具备"，7 = "完全具备"）。在本研究中，角色预期测量的内部一致性系数为 0.753。

（4）控制变量。以往关于伦理型领导发展的研究表明，人口特征变量与伦理型领导、组织公平感知及员工角色预期亦存在一定程度的关联性（Chen & Aryee, 2007；吴宗佑，2008）。因此，本研究将性别、年龄、教育水平作为控制变量。

5.3.3 统计方法

本研究采用 SPSS 21.0 和 Lisrel 9.2 进行相关统计分析。具体包括：首先，采用 Lisrel 9.2 针对研究所涉及的变量进行验证性因子分析，以考察所使用量表的区分效度；其次，运用 SPSS 21.0 进行描述性统计分析；最后，采用层次回归分析方法考察组织公平知觉与员工角色预期对伦理型领导的影响效用机制。

5.4 数据分析与结果

5.4.1 同源方差检验

本研究依据 Harman 单因素分析方法，未经旋转的探索性因素分析提出第一个因子对变异的解释量为 36.571%，未占绝大部分。而且验证性因子分析研究表明单因子的拟合指数较差。综上表明，本研究的同源偏差问题并不突出。

5.4.2 验证性因子分析

为了检验本研究中各变量之间的区分效度，首先对伦理型领导、组织公平知觉、角色预期进行了验证性因子分析（CFA）。比较了一个三因子模型和一个单因子模型，结果如表 5-2 所示。CFA 分析结果表明，三因子模型的各项拟合度指数均达到标准，并且对实际数据拟合度最为理想（RMSEA = 0.087、NNFI = 0.876、CFI = 0.892、IFI = 0.892），即表明各变量之间的区分效度良好，的确代表了三个不同的构念。

表 5-2　　　　　　　　验证性因子分析结果

模型	df	χ^2	NNFI	CFI	IFI	RMSEA
三因子：EL、OE、RE	149	644.31	0.876	0.892	0.892	0.087
单因子：EL + OE + RE	161	3503.09	0.225	0.270	0.272	0.217

注：伦理型领导 EL、组织公平知觉 OE、员工角色预期 RE；"+"代表因子合并。

5.4.3 描述性统计与相关分析

本研究主要变量的均值、标准差、相关系数如表 5-3 所示。由表 5-3

可以看出，就样本而言，其伦理型领导均值为4.935，标准差为0.892，说明样本的伦理型领导行为普遍还处于一般水平，但在不同企业之间存在较大差异。组织公平知觉均值和标准差分别为4.453和1.016，说明样本企业组织公平知觉普遍处于较低水平。其角色预期均值为4.641，标准差为0.868，说明员工对自身岗位职责的角色预期具有较大的个体差异。

表5-3　　　　　　　各变量的均值、标准差和相关系数

变量	均值	标准差	性别	年龄	教育程度	1	2	3
性别	1.57	0.496	—					
年龄	1.29	0.579	-0.198**	—				
教育程度	1.72	0.605	0.194**	-0.225**	—			
1 角色预期	4.641	0.868	0.035	-0.015	0.033	—		
2 组织公平知觉	4.453	1.016	0.052	-0.070	0.069	0.123**	—	
3 伦理型领导	4.935	0.892	-0.087	0.109*	0.012	0.146**	0.469**	—

注：** 表示 $P<0.01$，* 表示 $P<0.05$。

相关系数显示，组织公平知觉显著正相关于伦理型领导（$r=0.469$，$p<0.01$），角色预期也显著正相关于伦理型领导（$r=0.146$，$p<0.01$），与假设相符。为了更好地检验变量之间的相关关系，在回归分析中会予以说明。

5.4.4　多元回归分析

为了更好地检验变量间相关关系，以及两自变量的"交互作用"对因变量的相互作用机制，本研究在检验角色预期、组织公平知觉与伦理型领导关系时，首先设定了4个模型来进行回归分析，具体操作步骤如下：第一，模型1中仅含控制变量；第二，模型2加入1个自变量；第三，模型3在模型2的基础上，添加了组织公平知觉；第四，模型4加入组织公平知觉与角色预期的交互项。以上四个模型的回归结果如表5-4所示。

表 5-4　　　　　　　　　　　层次回归分析结果

变量	伦理型领导			
	模型 1	模型 2	模型 3	模型 4
性别	-0.076	-0.080	-0.022	-0.026
年龄	0.105*	0.106*	0.141**	0.143**
教育程度	0.05	0.046	0.012	0.014
RE		0.149**	0.091*	0.096*
OE			0.464**	0.457**
OE * RE				0.041
R^2	0.019	0.041	0.248	0.250
ΔR^2	0.019	0.022	0.208	0.002
ΔF	2.755	10.006	119.572	0.901

注：* 表示 $p<0.05$，** 表示 $p<0.01$。RE = 角色预期，OE = 组织公平。

本研究提出组织公平知觉和角色预期对于伦理型领导有显著直接影响效应，并且组织公平知觉和角色预期交互作用影响伦理型领导。模型 1、模型 2、模型 3、模型 4 将伦理型领导作为被解释变量。模型 1 将伦理型领导作为被解释变量，仅包含控制变量，模型 2 和模型 3 在模型 1 的基础上分别添加了自变量组织公平知觉及角色预期。从模型 2 可以看到角色预期与伦理型领导的相关系数为正，且在 1% 的置信水平下显著（β = 0.149，p < 0.01），组织公平知觉与伦理型领导的相关系数为正，同样也在 1% 的置信水平下显著（β = 0.464，p < 0.01）。从模型 4 的回归分析结果来看，组织公平知觉与角色预期的交互项对伦理型领导的影响并不显著（β = 0.041，ns），具体情况需进一步分析。从整个线性回归分析来看，结果较为理想，假设基本都得到了验证，但假设 3 需在今后的研究中进行更深层次分析研究。

5.5　讨论与管理启示

本研究检验了伦理型领导发展的影响前因，识别和界定了组织成员角色预期以及组织公平知觉对于伦理型领导发展的作用模式和机制。通过实证分析得到角色预期与伦理型领导显著正相关。可以说，角色预期是伦理型领导模式实现和提升的重要前提。同时，组织公平知觉与伦理型领导显著正向相关，为组织公平知觉对伦理型领导的影响机制提供了支持。结合上述研究结果，说明员工角色预期、组织公平知觉对伦理型领导的正向影响符合理论假设，从而明确了"角色预期—伦理型领导""组织公平知觉—伦理型领导"之间的因果联系。该研究结论取得的理论进展表现在：丰富了组织伦理型领导发展的研究。以往研究中，多数学者认为伦理型领导直接影响组织公平知觉、伦理型领导直接影响员工角色预期（Diksr, 1999）。几乎没有学者对角色预期和组织公平知觉可能对于伦理型领导发展的影响有深入的系统研究。

综上所述，本研究主要从组织公平和角色预期视角探讨伦理型领导的发展前因，具体来说包括组织公平和角色预期的直接主效应以及组织公平知觉与角色预期的交互效应。结果揭示，组织公平知觉和角色预期对于伦理型领导发展的主效应成立。但是组织公平知觉与角色预期间对伦理型领导发展的"交互效应"并不显著，假设3并未得到证实。假设未得到证实的原因可能有以下几点：第一，变量组织公平知觉的加入弱化了角色预期与伦理型领导间的相关关系；第二，变量角色预期的加入弱化了组织公平知觉与伦理型领导间的相关关系；第三，组织公平知觉与角色预期的共同作用抵消掉了他们各自对伦理型领导的显著影响效应。以上几点均为推测，该假设需在今后进行更深层次的分析检验。

本研究的理论贡献主要体现为以下两点：首先，本研究在以往伦理型领导研究结论背景下，验证了组织公平知觉对伦理型领导发展的积极影响，进一步揭示伦理型领导的发展机制。其次，本研究从社会交换理论视角探讨了员工角色预期与伦理型领导的内在作用机理。近几年，尽管伦理型领导作为一个热点议题已得到大量学者的关注和研究，但基本都是将伦理型领导作为前因变量进行探讨，认为伦理型领导一定会对员工和组织产生各种积极的影响，但并未考虑到伦理型领导行为可能并不是与生俱来的，组织氛围及员工的行为特征可能也会对伦理型领导发展产生重要影响。本研究结论证实了组织公平知觉与角色预期是建设伦理型领导的重要因素。

本研究结论对于企业管理实践也有着一定的启示意义。企业应将道德素质作为对领导者进行选拔和绩效考核的重要标准，促使管理者与员工产生高质量的领导—成员交换关系，并以此相互促进对方公平公正及道德的行为，以此激发管理者与员工的潜力。如本研究发现角色预期和组织公平有助于伦理型领导的发展。鉴于组织中伦理型领导的积极价值，组织管理者努力促进组织公平知觉的提升以及积极的角色预期，可以有效地推进组织中伦理型领导的发展。具体来说，组织应通过重视下属的互惠期望和关系需求满足，通过积极角色预期和组织公平对待提升领导效能。具体而言，组织应公平对待每一位员工，做到资源共享、激励共存，提升员工对组织的信任，让员工认为组织是公平公正的，他们的付出在组织中可以得到相应的回报。

5.6　研究局限及未来研究展望

综述，本研究虽获得了一些有价值的研究发现，促进了伦理型领导发展的理论研究。但仍存在一些不足，希望后续研究能够进一步完善。

（1）本研究对伦理型领导和组织公平知觉及角色预期进行了初步探索，还需要进一步完善相关理论体系。现有研究对伦理型领导的内涵和外延、影响因素、结果变量，以及作用机制还缺乏深入剖析，还没有建立完整的理论体系，经验研究也不足。对伦理型领导的内在构思、测量、结构模式等的理论和经验研究积累不够。

（2）需要进一步充实"角色预期—伦理型领导""组织公平知觉—伦理型领导"模型架构。后续研究可以基于此理论模型之上丰富相关研究。如未来还可以引入团队凝聚力（Juassi & Dionne，2003）、员工心理安全感（唐翌，2005）等变量。此外还可以引入传统性等调节变量。希望后续研究对伦理型领导的前因分析更精细化，以便更深刻地解释不同因素对于伦理型领导发展的影响及其可能存在的内在联合机制。

（3）需要进一步完善变量的测量。本研究对伦理型领导及员工角色预期、组织公平知觉的测量均采用员工报告形式，有可能存在同源偏差问题。未来可以通过在不同时间点分别搜集伦理型领导和组织公平知觉等数据，通过纵向研究设计来避免同源偏差，同时更有效地检验变量间的因果关系。

伦理型领导发展及其
影响机制研究

Chapter 6

6 伦理型领导影响员工心理安全感的机制：基于调节作用的评介

6.1 引　　言

近年来，随着大中型企业相继爆发的类似双汇发生猪肉加入"瘦肉精"、可口可乐发生余氯水混入产品等商业伦理问题的不断出现，社会大众对企业中的非伦理行为逐渐重视起来。这些大中型企业爆发的丑闻，一方面，使人们对企业道德感和责任感缺失感到非常愤怒，另一方面，也使得大众进一步思考为何企业的非伦理行为会如此猖獗。已有研究发现，领导者的伦理行为会影响企业层面的伦理表现，同时也会对员工的非伦理行为产生重要影响。基于此，伦理型领导概念受到了越来越多的重视。

鉴于伦理型领导在组织中的重要地位，对伦理型领导前因变量和结果变量的研究已成为热点议题（Walumbwa & Schaubroeck, 2009; Mayer et al., 2012）。已有研究发现，伦理型领导显著正相关于组织公民行为、员工心理安全感等（Piccolo et al., 2010）。另外，由于中国文化强调"德、礼、义"，因而在中国文化背景下，领导者更需要不断提升自身的道德品质。伦理型领导以其所树立的伦理榜样影响下属，下属对其信任水平会有所提升，从而可以在上下级之间建立起一种正式及非正式的相互信赖、尊重和互惠的关系。这种关系可能会进一步提高员工的心理安全感。同时，伦理型领导对于员工心理安全感的影响可能会存在一些边界条件，如影响下属对于领导者角色地位评价的传统性特征以及反映上下级关系质量的领导—成员交换关系（LMX）特征。基于此，本研究在此对于伦理型领导对员工心理安全感的影响效应，以及传统性和LMX在上述关系中的调节作用进行详细述评。

6.2 伦理型领导的内涵及其对员工心理安全感的影响

6.2.1 伦理型领导的内涵及相关研究

在2005年之前，伦理型领导的定义并不清晰。Enderle（1987）把伦理型领导看作是一种思维的形式，对管理决策和决策过程中的伦理问题等进行了详细的描述。Treviño（2000）的研究提出，伦理型领导具有诚实守信、公平对待下属、关怀他人和利他主义的特征。Brown 等（2005）最先构建了伦理型领导量表，他们认为，伦理型领导是指领导者作为员工的榜样，向下属表明什么是道德的、企业认同的、规范的和合理的行为，并通过沟通、制度制定等方式，督促下属对此进行执行。Resick 等（2006）提出了跨文化背景下的伦理型领导的维度，即诚实守信、利他主义、激励。张永军（2012）将伦理型领导定义为具有正直、公平等特质的有道德的人，也是经常与下属沟通，设定明确道德标准，并利用一系列奖惩措施促进下属严格遵守伦理道德标准的有道德的管理者。

　　Treviño（2003）等指出伦理型领导不仅是关心他人并且在做决策时强调公平公正的道德的人，还是一个会进行双向沟通并通过合理的奖励和惩罚措施来督促员工的道德的管理者。Treviño（2003）等研究还指出伦理型领导具备变革型领导和交易型领导的双重特性。Resick 等（2004）也指出伦理型领导具有正直公平、伦理意识、授权以及人际导向等特征。Brown 等（2005）研究发现，伦理型领导通过强化自身的伦理行为，以及对员工的关怀、在与员工互动过程中的正直诚信表现，对员工工作满意度等产生显著影响。由以上各位学者的研究可以推测，伦理型领导的诚实守信、公平公正和双向沟通及关怀下属行为能够提高员工的心理安全感知。Walumbwa 和 Schaubroeck（2012）研究发现伦理型领导可以对群体的心理安全氛围产生显著正向影响。另外，又由于员工的性别、年龄及受教育水平的不同导致员工的传统性高低不同，所以伦理型领导对员工心理安全感的影响程度可能会受到传统性的影响。

6.2.2　伦理型领导与员工心理安全感

　　心理安全感这一概念起源于组织变革研究，它是指个体在向他人展现自我时，相信自己在他人心目中的印象、评价和职业生涯不会受到负面评价的感知（凌斌等，2010）。Schein 和 Bennis（1965）认为，一个企业在其发展和变革过程中存在着太多的不确定性，因此企业应该对员工心理安全感的满足有一定的考量，帮助员工克服企业发展或者变革时心理产生的不安全感。

Kahn（1990）在系统地研究了心理安全感的内涵后，特别强调了群体层面的心理安全感的作用，即后来称为团队心理安全感，这一研究为后续的实证研究提供了基础（Kahn，1990）。团队心理安全感强调的是团队而不是团队中个人的特征，是团队成员关于在组织中冒险是安全的一个共同信念，即团队中的人际冒险是安全的（Edmondson，1999）。也就是说，团队的心理安全使团队内部工作氛围也会更加和谐，团队成员之间也会更加彼此尊重。鉴于篇幅所限，本研究主要关注个体层面的心理安全感。

当个体有较高的组织认同时，愿意贡献出自己的知识与组织内其他个体共享。然而，知识共享是互动的过程，个体的心理安全感将会影响到知识的贡献和接收。Kahn（1990）指出心理安全是塑造人们在组织中定位的三种重要心理状态（意义、安全和可用性）之一，是个体的一种信念，它可以使个体自由展现真实的自我，而不用担心这种行为会影响到个人的地位、形象或者职业发展（Kahn，1990）。例如，当知识所有者处于低心理安全时，即便有较高的组织认同，愿意贡献知识，但会担心自己向他人提供知识（共享）会招致别人的嫉恨、排斥或被人超越等，从而不愿贡献知识或减少贡献知识；而当个体处于高心理安全时，很可能会按照自己的意愿来贡献知识，而不会有可能会受到排斥和嘲讽的顾虑；同样，接收方的知识共享意愿对知识共享也有重要影响，知识的接受者如果处于低心理安全时，会担心自己向他人学习和请教会招来嘲笑和轻视，必然会拒绝向别人学习和请教，而当个体具备较高的心理安全时就会乐于也放心向别人请教来获得知识。

根据组织行为学中的马斯洛需要层次理论，人的安全需要是建立在他的生理需要已被满足的前提下。安莉娟（2003）指出，心理安全感是一种可以满足某人现在以及将来各项需求的感觉。人在不同的情境中有不同的社会角色，而这些不同的社会角色是从不同的方面来影响员工的心理安全感的。为了能跟上市场快速发展的脚步，也为了更好地面对竞争、迎接挑战，企业应经常性地做一些变革的战略，同时调整发展的方向，这一系列的不确定性就会使员工的心理产生一些变化。同时有研究表明，领导忽视员工心理安全感，员工更有可能出现一系列的反生产行为。换言之，员工的心理安全感是一个组织必须重视的。虽然心理安全感是一种心理感知，但也会影响到员工在平时生活及工作中的一些行为（Liang，2012）。有较好的心理安全感氛围可以让员工更放心地工作，就会有更高的绩效和更多的创新行为。较高水平的心理安全感会使员工更积极地寻找解决办法来度过工作中遇到的困境。

高水平的员工心理安全感，即让员工可以在工作中自由发挥的同时，不会受到旁人闲言碎语的影响（Kahn，1990）。换言之，心理安全既可以使团队中有较好的伦理氛围，也可以使员工与自己的同事建立起良好的信任及人际关系。伦理型领导为组织的员工树立了榜样。进一步看，伦理型领导是依据自身的道德观工作，他们的道德观不会受利益等其他因素影响，因此伦理型领导更加重视员工的诚实守信，同时也会更加地尊重员工。当上司与下属之间有着高质量的沟通并且相互尊重时，整个组织的信任水平较高。伦理型领导如果愿意进行双向沟通，及时并且公正公平地采纳下属建设性的意见和建议，减少了团队成员对自己的误解，同时降低团队成员对可能引起别人不满的担忧，从而增强了领导与成员之间的交换关系，工作绩效也会更高。

另外，由于员工在工作中很容易因为一系列的不确定性和模糊性导致心理安全感降低，社会信息加工理论认为，人们做事的思想和行为受到社会环境的影响颇深（Salancik & Pfeffer，1978）。一名道德的领导者不仅会在工作中表现出各种道德品质，而且也会采用不同的管理方式在团队中促进道德行为。在有这样领导者的团队中工作，员工可以感知到伦理行为是被推崇的（Brown et al.，2005）。这种感知让员工降低了与自己相关事项的风险预期。研究发现，如果领导者能够重视双向沟通，降低权力距离以促进心理安全感，团队成员的工作绩效会提升（Edmondson，2003）。因此，伦理型领导有助于提升员工的心理安全感。

6.3 传统性及 LMX 的调节作用分析

6.3.1 传统性在伦理型领导与员工心理安全感之间的调节作用

6.3.1.1 传统性的内涵

儒家价值观，即传统性，从狭义上讲，是指先秦时期的一个思想流派，以孔子（公元前551年～公元前479年）为宗师，崇奉孔子学说，其特点是强调对"仁、义、礼、智、信"等基本道德的实践和修养。从广义上讲儒家实际上成了中国传统思想（甚至是东方传统思想）的代名词。儒家伦理观念影响了我国几千年的文化价值观，体现在个体生活的方方面面，在塑造个体态度与行为方面最具代表性。儒家传统价值观包括"仁、义、礼、智、信、恕、忠、孝、悌"九个方面，仁与义贯穿其他方面，以仁爱为指导原则。儒家仁爱建立在家族主义基础之上，是正义、适度的仁爱。礼是儒家道德准则以及伦理规范的具体体现，在五伦的影响下，个体的社会角色，责任与角色以及美德都有具体规定，当个体以符合社会角色要求行事，行为维护道德时，他也就学会了与他人和谐相处之道，儒家伦理关系中的理想自我是通过自我培养具有社会美德关系的自我，而不是强调个人需求以及期望自我实现的独立我。同时，儒家提倡内省式美德，是个体事业成功、人际关系和谐以及家庭幸福的决定因素。王庆娟和张金成（2012）探讨儒家传统价值观在工作场所中员工的具体表现及其影响，认为儒家传统价值观本质上是一种以关系和谐为核心的儒家关系导向，具体表现为个体和各种权威的关系、和他人的关系以及面子原则，可分为容忍利他、接受权威、遵从权威、面子四个维度。

中国是一个具有悠久历史和文化的国家。虽然经历了几千年的历史变迁，但多数中国人的价值观取向和人格特征依然鲜明地受到中国浓厚文化底蕴的影响，并影响着员工与组织之间的关系。传统的价值观宣扬上下级之间上尊下卑、夫妻关系不对等、集体利益大于个人利益的观念（杨国枢，2004）。

中国人的传统价值观是有中国特色的，同时认知和行为也是如此，一般是根据社会赋予的工作或其他角色要求来进行工作、生活等。传统性是指遵守中国传统文化价值观的程度（Yang et al.，1989）。

杨国枢、余安邦和叶明华（1991）首次针对中国特色文化和社会现实，提出了一个本土化的概念：传统性，并且将其定义为个体在中国传统文化的影响下，所形成的认知态度与行为模式。Farh（1997）等人将传统性引入到管理学研究，并对遵从权威有所看重，强调员工对于等级关系的认同以及对组织的忠诚。许多学者对这一定义表示认同，并在此基础上进行了一系列的研究。Hui，Lee和Rousseau（2004）认为，传统性是指个人对中国传统价值观的认同程度。他们在进一步研究的基础上指出，高传统性的员工对于改变感到恐慌，更倾向于遵从权威。刘小禹等（2012）认为，高传统性的员工"上尊下卑"的意识较为牢固，即对权威有绝对的服从和尊重。

本研究所采用的传统性概念是，在中国传统文化影响下个人的认知和行事方式（杨国枢、余安邦和叶明华，1989）。

6.3.1.2　员工传统性的研究现状

"德性"一直是道德哲学家关注的重要主题。随着当代积极心理学的兴起，德性逐渐成为西方道德心理学研究的焦点。与传统心理学不同的是，积极心理学强调对心理生活中积极因素的研究，如主观幸福感、美德、品格力量等，而不是把注意力放在消极、病态心理等方面（Seligman, 2000）。伴随积极心理学运动的发展，一些组织行为学者开始探究组织及其成员的积极结果、过程和特质，从而形成积极组织行为学流派。积极组织行为学关注组织如何才能获得正向偏差——能够为个人和组织带来利益的偏离正常情形的跃迁。

而德性研究是积极组织行为学研究关注的重要方面（Caza, 2004）。从另一个角度来看，德性研究源于商业伦理研究的发展。在商业伦理研究领域，存在三种主要的研究视角，即康德主义、实用主义和德性伦理。德性伦理视角注意激发企业的抱负、价值观和对寻求回答"我们应该成为什么样的企业"这个问题的思考。同时，德性伦理视角反对在算计和遵守原则的基础上制定道德决策，而支持出于本能制定道德决策。基于20世纪80年代开始，从德性伦理视角研究商业伦理越来越受到学者们的欢迎。

德性研究最早是从个体层面开始的。德性概念来源于拉丁词语"virtus"，意味着力量或卓越，柏拉图和亚里士多德把德性描述成"创造个人和社会利益的习惯、愿望和行动"（Aristotle, 1995）。德性表征了实现繁荣和产生活力的条件，与有意义的目标、高尚、个人繁荣等概念有关，它是面对困难和挑战时人的道德意志力和体力的基础，是道德哲学家和宗教思想家推崇的个人核心特征（Caza, 2004）。与个体层面的德性研究相比，组织层面的德性研究兴起较晚。Macintyre（1985）最早开始系统地研究组织德性，研究成果体现在其著作《追求美德》中。其后，大量学者被吸引到组织德性研究领域，有关组织德性的研究文献也逐渐多起来。

近年来，许多研究大多围绕儒家思想对企业发展的意义，考察传统性对员工行为、忠诚度及组织发展的意义。传统性较强的员工对组织氛围、领导特征等有较高期望。Chatter 等对 78 家私人和合资企业 193 位中国经理的问卷调查表明，源于儒家思想是中国传统文化的根基，管理者们非常倚重儒家思想，包括和谐、层级、集体主义和私人关系。Kahn（1979）研究发现儒家思想是"亚洲四小龙"经济腾飞的重要原因。杨国枢和郑伯埙（1987）曾发现，传统性对组织承诺具有显著的正向影响。从广义上讲，传统性不仅是中国人的价值观，也是大多数东方人的价值观。传统性是中国传统儒家思想的一部分。有人提出，传统性不适应现代企业管理和快速的经济发展，强调和谐的中庸行为抑制了个体的创新精神（李桂荣，2002）。高权力距离导向与传统性在组织支持感与工作绩效与利他行为中起到调节作用，低权力距离导向的员工，组织支持感与工作绩效的关系被进一步强化（Jiing et al.，2007）。颜爱民（2007）等理论分析了传统性"仁、义、礼、智、信"对组织人力资源管理的启示，对于构建社会主义价值体系具有重要借鉴意义（李煌明，2008）。金盛华、郑建君和辛志勇（2009）以工人、农民、学生、技术人员为被试，将中国人价值观分为 8 个维度，具体包括品格自律、才能务实、公共利益、人伦情感、名望成就、家庭本位、守法从众、金钱权力。何轩（2009）发现，传统性显著调节互动公平与员工沉默行为之间的关系。传统性与公平敏感性、组织公民行为呈显著正相关关系（王庆娟和张金成，2012），具体表现在遵从权威、面子、接受权威以及宽仁利他四个维度。儒家价值观与工作满意正相关，与生产偏差行为负相关（郭晓薇，2011）。李静和郭永玉（2012）以大学生为样本从价值观冲突的视角分析了物质主义与传统性并存可能会导致较大的心理冲突。传统性以儒家道德伦理为核心，提倡自我超越，借助道德力量进行自我约束，表现出重义轻利的特点，在促进人际和谐，维持心理与生理健康方面起到一定作用（李静和郭永玉，2012）。

传统性在中国人的性格与价值取向方面最具代表性（Hui，Lee & Rousseau，2004），中国人的传统性是指：传统社会中个体具有的有组织的认知态度、价值取向、思想观念、气质特征以及行为意愿的组合（杨国枢，2008），是儒家五伦思想的集中体现，具体包括：遵从权威、安分守成、宿命自保、男性优越以及孝亲敬姐五个方面（杨国枢、余安邦和叶明华，1989）。高传统性的个体更有义务感来满足上级角色期待，以及无条件性服从（Farh et al.，2007）。在上下级关系中，传统性强调上尊下卑，下级对上级的无条件服从（刘军、富萍萍和张海娜，2008），不会轻易地顶撞上级（吴隆增、刘军和刘刚，2009）。传统性在授权感知与组织自尊关系中具有调节作用（Chen & Aryee，2007）。员工传统性在员工消极情绪与偏离行为中具有负向调节作用（王宇清、龙立荣和周浩，2012），传统性在组织心理所有权与上级进谏、同事进谏关系中也具有负向调节作用（周浩和龙立荣，2012）。传统性还在领导成员交换关系与反生产行为关系中具有负向调节作用（彭正龙、梁东和赵红丹，2011）。传统性对心理契约违背与组织承诺、工作满意度、工作绩效的关系具有负向调节作用（汪林和储小平，2008）。传统性会降低辱虐管理对下属的消极影响，具体表现为，具有高传统性的员工，即使受到辱虐管理，其工作积极性和组织忠诚度也没有太大降低（吴隆增、刘军和刘刚，2009）。

Farh 等（1997）以传统性作为调节变量，研究了中国情境下组织公平与员工组织公民行为间的关系。研究表明，当员工的传统性较高时，即使员工感知到组织不公平，他的组织公民行为受到的影响也较少。Hui 和 Lee（2004）指出，传统性是一个有效解释中国组织内关系的变量。员工传统性自提出以来，主要是作为解释不同组织行为间关系的调节变量。彭正龙和梁东等（2011）研究表明，高传统性的员工会更加倾向于本分做事，不会轻易有以下犯上的行为。王宇清和龙立荣（2012）在研究传统性在组织不公正感和员工偏离行为之间的调节作用时，得出结论：对于传统性高的员工，即使有消极情绪也不轻易表露，即使感知到自己受到了不公平对待，偏离行为也较少。刘小禹和刘军（2012）研究显示，员工传统性在顾客性骚扰与员工情绪守则方面起调节作用，传统性高的员工更倾向于遵守组织规范，更容易容忍和宽容顾客性骚扰，更易维持他们与顾客之间的服务关系。

以上研究表明，目前在组织管理研究领域，传统性是一个相对重要的变量，它可以更好地阐述团队中员工行为的差异（Farch et al.，1997）。高传统性的员工与低传统性的员工在认知和行为模式上是有差异的。Farch 等（2007）认为原因在于高传统性员工更多地受中国传统文化影响，而低传统性员工则更喜欢遵从上下级平等的原则。

6.3.1.3 传统性在伦理型领导与员工心理安全感之间的调节作用

中国有句古话,叫"上梁不正下梁歪",所以领导的管理方式和道德品质会对员工产生较大影响。从中国历史来看,儒家思想位居中国传统文化的首要地位,对中国人的思想和行为产生了深远影响。在当今社会对道德水平越发重视的情境下,组织领导者若以君子修身的道德标准规范自身的言行,并以此来规范组织内员工,那么必将能管理好整个组织和团队。

中国人的传统性常常表现为下属应对领导的各项决定唯命是从(刘军、富萍萍和张海娜,2008)。在团队中,高传统性的员工会格外遵守"上尊下卑"的原则,不轻易对领导做出的决定提出异议(吴隆增、刘军和刘刚,2009)。由于高传统性的员工在工作中有着"会被别人瞧不起,领导对自己的工作不满"等担心焦虑(Milliken,2003)。上述种种担心焦虑会促使员工更重视表现出对领导的服从及对人际关系的重视。因此,我们可以推断,对于高传统性的员工而言,对领导各项决议的顺从会增强伦理型领导对员工心理安全感的影响,低传统性的员工遵从权威的观念也比较少,伦理型领导对该类员工心理安全感的影响较弱。

6.3.2 LMX 在伦理型领导与员工心理安全感之间的调节作用

领导成员交换(LMX)理论自 1972 年提出至今已过四十几年。在此期间,大量学者对此进行 LMX 进行了深入的探讨。最初主要是针对新员工的社会化研究,结果表明,领导者对新员工角色的关注对于新员工的发展是相当重要的领导成员交换理论起初被称作"垂直对联结"(vertical dyad linkage,VDL)理论。1982 年由 Graen 等人正式改称领导成员交换理论。经过不断的演化,Graen 等(1995)在一篇综述性文献中将其定义为"领导成员之间基于关系的社会交换"。根据该理论领导与一部分下属建立高质量的交换关系,与其他人建立低质量的交换关系。低质量的领导成员交换关系是纯粹的经济交换关系(Blau,1964),以雇用合同为基础。高质量的领导成员交换关系代表了更高水平的信任、人际互动与支持(Dienesch & Liden,1986)。Bauer 和 Green(1996)的研究认为,领导成员交换关系的形成与发展要经历 4 个阶段：第一阶段，领导与不同成员之间发展了不同的关系，形成"圈内"与"圈外"之分。第二阶段，领导与成员在实际的团队工作中，各自采取行动改进交换关系，"圈内"成员试图保住"位置"，"圈外人"试图变为"圈内人"。在双方努力的过程中，工作绩效与团队绩效也随之发生改进。第三阶段，领导与成员共同构建基于感情与信任的工作生活情景。第四阶段，领导成员的"二元"关系升华至团队层面，发展为团队—成员交换关系。

国内学者对 LMX 的调节效应也进行了探讨。例如，韩翼和杨百寅（2011）研究表明 LMX 在真实领导与员工创新行为中起到调节作用。王端旭和赵轶（2011）研究结果表明，LMX 正向调节学习目标取向与员工创造力的关系。LMX 对工作安全感知越低的员工对利他主义的影响越明显（Raymond et al., 2011）。Runhaar 等（2013）以老师为研究样本，得出 LMX 会弱化工作投入与老师组织公民行为之间的关系。

Graen 和 Cashman（1975）指出，在任何一家企业中，领导和其下属之间都存在非正式的社会交换过程。该理论认为：领导对待下属的态度是有亲疏之分的，所以领导—成员交换关系质量有高低之分，由于资源、精力等限制因素，领导在工作中会与不同的下属建立不同质量的交换关系。其中，与领导个性特征相容性较高的下属，易成为领导的"圈内人"，能从领导那里得到更多的授权、支持及信任；而大部分则被领导视为"圈外人"，与领导的沟通和互动较少，他们很少能得到领导的信任和支持。

基于社会交换理论，Graen 和 Uhl-Bien 在 1976 年提出：领导认为"圈内人"比"圈外人"更可靠，更值得信任，更容易沟通交流。与"圈外人"相比，"圈内人"愿意承担更多的压力及工作，有更好的工作态度；作为回报，他们会赢得领导的信任及支持，可以获得更多的奖励及升迁的机会（Graen & Uhl-Bien, 1995; Mueller & Lee, 2002）。高 LMX 意味着组织中的下属会有更高层次的回报义务感，例如，提升个人及团队的绩效（王震和孙健敏，2013）。另外，高质量的 LMX 会使领导给"圈内人"提供更多帮助，以便员工更好地完成工作（王震和孙健敏，2013）。相关的研究表明，高质量的 LMX 会对员工的心理安全感产生积极的影响（任孝鹏和王辉，2005）。

Liden 和 Graen（1980）通过研究证实：一方面，高质量的 LMX 会使领导给予下属更多的帮助；另一方面，这些员工也会表现出更高的心理安全感和工作绩效,并且也会更加信任上级。

大量研究也已证实,高质量的 LMX 意味着在领导与下属间存在大量可以交换的资源。例如,高质量的 LMX 建立了相互信任的组织氛围,从而提升了员工的心理安全感(周路路等,2011);同时,那些具有高质量 LMX 的员工,因为有较高的心理安全感,则会表现出更多的超出本身工作角色要求的行为。高质量的领导—成员交换关系,使得下属更容易形成"圈内人"的认知,把上级当成是自己人,可以更好地提升自己的心理安全感,并对领导进行相应回报(汪林等,2010)。而低质量的 LMX,可能会使员工感到不满,降低其心理安全感,进而减少工作中的额外努力和工作绩效(Townsend et al.,2000)。

在组织中,虽然领导控制着大部分的信息和资源(Seibert et al.,2001),但由于资源有限等因素,领导会区别对待下属(Liden & Maslyn,1998)。高质量的领导—成员交换意味着下属与领导之间更加信任,他们会有较高的心理安全感,如高质量的 LMX 会使员工感到更加自信(Liao,Liu & Loi,2010)。

总体来说,LMX 质量越高,上下级关系越好,下属越有可能获得更多领导的支持(李燕萍和涂乙冬,2011),获得更多有效的资源和信息等(LIDEN,1986)。从依附理论角度来看,LMX 会让下属对领导的情感信任更加强烈,逐渐对领导产生情感依赖,进而心理安全感有所提升(王辉等,2009)。

社会交换理论认为,LMX 是领导与下属进行资源交换的过程。在此过程中,领导提供给下属支持、授权及信息资源等以换取下属的努力和信任。也就是说,领导会给予个别下属更多支持和关照甚至特权,这些下属就属于"圈内人"(Graen et al.,1995)。领导作为组织和下属之间的纽带和桥梁,在影响下属的心理安全感和行为方面发挥着重要的作用(潘静洲等,2011)。领导的关注也向下属表明组织对他们是负责任的、忠诚的,高质量的 LMX 让下属感受到自己是被领导信任的,从而将更加认同自己在组织中的工作角色,增强了下属的心理安全感。

同时,在中国文化背景下,LMX 是一个不容忽视的议题。翟学伟(2011)研究发现,中国社会值得研究的两点就是"人际关系"和"权力",而 LMX

则具备了这两点的性质。目前 LMX 仍是西方学者研究的热点问题（Schriesheim, Wu & Cooper, 2011）。在中国，领导和下属的关系是传统中国最基本的人际关系之一。中国传统文化背景下，领导与下属之间的关系可能是由于工作需要而强行建立起来的，所以领导并不一定与每个下属都会建立良好的交换关系（郑伯埙、黄敏萍，2008）。

相对于整个团队而言，高质量的 LMX 会使下属对领导产生较高的认知信任（Dunn, Ruedy & Schweitzer, 2012）。同时，高质量的 LMX 能够增强领导与下属交换中的确定性（Rosen, Harris & Kacmar, 2011），使下属对领导更加信任，从而提升下属的心理安全感。另外，高质量的 LMX 显示出领导对员工的尊重与支持，而员工也会因此更加积极投身于工作来回报领导的信任（Hooper & Martin, 2008）。

近年来，国内学者对 LMX 的调节效应做了一些研究，例如，韩翼和杨百寅（2011）研究表明 LMX 在真实领导与员工创新行为中起到调节作用；王端旭、赵轶（2011）研究结果表明 LMX 正向调节学习目标取向与员工创造力的关系。LMX 对工作安全感知越低的员工对利他主义的影响越明显（Raymond et al., 2011）等。

中国学者俞达和梁钧平（2012）指出，领导—成员交换虽然作为社会交换关系，但是以经济交换为基础的，经济利益是领导者与下属建立高质量的 LMX 的前提。

LMX 对员工心理安全感的提升有着不可忽视的作用（Siemsen et al., 2009），当员工感受到领导设身处地地为他们着想，员工对领导的情感信任和认知信任便会增强，从而会更加积极地投身于工作（May, Gilson & Harter, 2004）。

未来组织会面临更加动荡和工作安全感较低的环境，伦理型领导逐渐成为成员获得心理安全感的重要来源（Edmondson, 1999）。伦理型领导应创造出一种使员工心理安全感更强的组织氛围，有利于鼓励员工的工作创新并更好地促进团队合作（Baer & Frese, 2003）。

6.3.3 伦理型领导及其员工心理安全感的关系模型构建

为探讨伦理型领导对员工心理安全感的影响，本研究提出了伦理型领导与员工心理安全感之间的两个调节变量：第一，传统性。该变量可以反映出伦理型领导对传统性高低不同员工的心理安全感影响的差异性；第二，LMX。该变量指的是领导—成员交换关系，即高质量的领导—成员交换关系会让员工感到更加自信，并对提升员工心理安全感有较大帮助。研究结果表明，伦理型领导可以提升员工心理安全感，传统性和 LMX 可以对积极效应起到调节作用，即传统性和 LMX 两个变量可以使伦理型领导对员工心理安全感的作用更加显著。具体如图 6-1 所示。

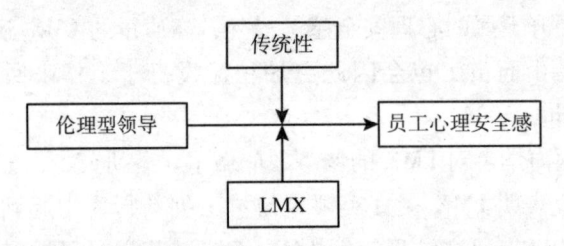

图 6-1 伦理型领导及员工心理安全感的关系模型

6.4 结　论

众所周知，我国所推崇的是儒家文化，中国是一个高权力距离的国家。然而，随着改革开放的深入，人们的伦理意识、对权威的尊敬和服从等想法已发生极大改变，不再像以前一样凡事对领导唯唯诺诺、言听计从。

近年来，随着国内外商业丑闻事件的频繁发生，伦理型领导已经成为领导行为研究的焦点之一。由于伦理型领导在制定和执行伦理准则方面客观公正，也能够鼓励员工进行表达并积极与员工沟通交流来提升员工心理安全感。研究发现，伦理型领导对高传统性员工的心理安全感影响更强。

本研究的理论意义主要体现在以下两个方面：首先，选择伦理型领导和员工心理安全感、传统性及 LMX 四个变量，更加系统地阐述了伦理型领导与员工心理安全感之间的主效应研究和边界效应研究；其次，探讨了本土文化背景下，员工传统性的高低在伦理型领导和员工心理安全感之间的调节作用。

本研究的现实意义在于：第一，组织可以利用伦理型领导模式提升员工心理安全感,员工心理安全感的提升对企业的发展壮大有较大作用,尤其是中国社会长期处在传统文化的熏陶之下,大多数员工都是盲目遵从领导所下达的命令。然而,伦理型领导对员工进行授权,并且在各方面尊重和支持员工,注重双向沟通,这种领导方式使员工工作的自由度更大,对于传统性高的员工来说,他们会有更强的心理安全感;第二,重视中国传统价值观的影响。传统性高的员工对领导的决定表现出极大的顺从。鉴于传统性早已根深蒂固,员工传统性的完全消除是不可能的,但可找到突破口,打破高传统性员工的心理顾虑,为提升员工的心理安全感奠定基础;第三,组织应重视利用高质量的 LMX 提升员工的心理安全感。既然 LMX 在领导特征及员工心理安全感之间起到较大作用,组织就应更加重视高质量的领导—成员交换关系,从而提升员工的心理安全感。中国传统社会一直有着高水平的权利距离,员工心理安全感的重要性需要进一步予以重视,而伦理型领导恰好是一种被大多数人所推崇的领导模式。管理者们应该在管理过程中身体力行,为企业树立良好的道德榜样,提升团队的道德水平,另外,不断提升员工心理安全感,这对于企业长远的组织创新发展是非常有必要的,但伦理型领导对于员工心理安全感的影响效应与机制还是需要未来进行进一步的实证检验。

伦理型领导发展及其
影响机制研究

Chapter 7

7 伦理型领导对员工行为的影响
——认同内化与组织公平的中介效应检验

7.1 引　　言

随着近年来企业伦理丑闻的高频率曝光，组织中非伦理行为逐渐成了令人瞩目的焦点事件。美国"安然"事件、中国"毒奶粉"事件，国内外企业丑闻层出不穷、不胜枚举。而事实上，在信息公开透明化的今天，激烈的市场竞争和瞬息万变的外部环境已经改变了企业以利益最大化为经营目的的发展格局。企业应该顺应时代发展的要求，朝着以担负伦理责任为发展重点的方向努力。在由"利益化"向"伦理化"的转变过程中，企业领导者在引导企业伦理行为方面所承担的角色被逐渐凸显出来。

学术界对领导理论的研究由来已久，从风格分类上来看，发展较为成熟的主要有交易型领导、变革型领导、魅力型领导和服务型领导等。这几种领导类型从不同的侧重点分别对领导理论展开了探索，虽然在这些理论中或多或少都有涉及领导者伦理道德标准的研究，但还没有哪种领导类型将管理者的伦理道德当作独立的核心内容加以发掘。在这一背景下，西方学术界适时地提出伦理型领导，并将伦理道德问题引入到领导学理论的研究当中。经过学者们孜孜不倦的探索求证，学术界从伦理型领导的概念内涵和维度测量等方面着手，已取得可非常可观的研究成果。但对有关如何实现伦理型领导的有效性、伦理型领导的影响结果和其内在作用机制究竟是什么等问题的研究上还不够成熟和完善。作为企业竞争的核心软实力，伦理道德同时也是企业实现长远发展的竞争优势（张志丹，2011；潘奇，2013）。而具有伦理道德的领导者对组织发展具有重大意义，是促进员工积极行为表现、提高组织绩效的有效途径。因此，本研究在学习总结伦理型领导研究成果的基础之上，结合我国社会文化背景，分析伦理型领导的研究现状，并对其直接效应及影响机制进行进一步探索验证，以期引起人们对伦理型领导的认识和关注。

学术界对伦理型领导结果变量的研究概括起来主要分为两大类，一类是对组织层面的组织伦理氛围等的影响，另一类是对员工层面的员工行为和态度的影响等。经过学者们对伦理型领导理论的不断探索和完善，在其结果变量的研究方面已取得了一定收获，但是对于伦理型领导是如何影响员工行为

7 | 伦理型领导对员工行为的影响
——认同内化与组织公平的中介效应检验

的这一内部作用机制的探索还不明朗（Resick et al., 2013）。因此，对这一问题的明确解答，具有十分重要的理论和实践价值。

伦理型领导指的是有德行的领导者通过德行垂范的方式，将自己的伦理行为以直接或间接的形式，通过沟通、互动和管理过程影响并促使员工表现出合乎规范的个人行为（Brown et al., 2005）。本研究以伦理型领导和员工行为（组织公民行为和员工偏离行为）作为研究对象，试图探讨伦理型领导对员工行为（组织公民行为和员工偏离行为）的影响，并引入认同内化和组织公平作为中介变量，展开伦理型领导对员工行为影响的作用机制探索。

基于对于国内外文献的归纳整理，本章主要通过梳理相关理论以及核心变量之间的相互关系，提出本研究的理论假设，并根据相关理论基础和研究假设构建本研究的理论框架模型。

7.2 研究假设提出与理论模型构建

7.2.1 伦理型领导与员工的行为

组织公民行为（Organizational Citizenship Behaviors）是 Organ 于 19 世纪 80 年代提出的理论，并将其定义为员工在工作表现出来的维护组织利益、有利于组织目标实现，或者为组织长远发展有益的行为，并且这些行为不属于员工的义务，也不包含在工作合同之内，是员工无条件的自愿表现（Organ, 1988）。

本研究采用 Williams 和 Anderson（1991）开发的二维组织公民行为量表来展开伦理型领导对组织公民影响的研究。该量表的两个维度分别是：指向员工的个人导向型组织公民行为和指向组织的组织导向型组织公民行为（Williams & Anderson, 1991）。

伦理型领导能够通过自己的榜样作用向员工表达什么才是符合伦理规范的行为，并会采取合适的方式（如积极的沟通和建议等）影响并促使员工也按照伦理规范的标准来调整自己的行为（莫申江和王重鸣，2010）。

基于社会学习理论，研究者发现，伦理型领导一方面通过员工对其角色、地位和行为的认知，激发员工对其符合伦理道德规范的行为产生学习和模仿的兴趣，进而影响员工的行为；另一方面研究者认为，伦理型领导可通过公证客观的奖惩制度来引导和鼓励员工表现出伦理规范的行为。因此，有伦理的领导者，下属对其言行举止耳濡目染，久而久之也会表现出较高的正直诚信、积极沟通、集体主义等符合伦理规范的行为，即个人导向的组织公民行为（OCBI）。

基于社会交换理论，人与人的交往存在互惠原则，领导和员工也不例外。当领导做出让员工感受到有利于自己的行为时，员工也会表现对组织更有利的行为作为回报。而伦理型领导真诚、公平地对待员工，会使员工的信任感和归属感大幅提高，并试图通过付出更大的努力、更高的责任心和职业道德来回报组织和领导（范丽群和石金涛，2006），即组织导向的组织公民行为（OCBO）。

而 Brown 等（2005）的研究验证了这些观点，伦理型领导通过强化自我行为中的公平、关怀和诚信，可以有效地改善和提高员工在工作中的努力程度和行为表现，即伦理型领导可显著影响员工的主动行为。Piccolo 等（2010）实证研究的结果显示，伦理型领导不是直接作用于员工的组织公民行为的，而是先影响员工的动机后作用于员工的行为。Walumbwa 等（2009）认为，员工对伦理型领导的伦理行为感知是促进员工建言行为的关键。Mayer 等（2009）的研究发现，无论是中层还是高层领导，都能直接影响员工的组织公民行为。

据此，我们提出以下假设：

假设1：伦理型领导与员工的组织公民行为显著正向关。

假设1a：伦理型领导与个人导向型的组织公民行为显著正向关。

假设1b：伦理型领导与组织导向型的组织公民行为显著正向关。

员工的偏离行为（distance behaviors）是指员工有意地做出一些损害组织或组织成员利益，并且严重违背组织道德准则和规范的行为。员工的偏离行为兼具隐蔽性和普遍性，不管是从经济上还是心理上都会对企业和成员造成巨大的负面影响。本研究对员工偏离行为的测量将采用 Bennett 和 Robinson 于2000年提出的二维量表，包括个人导向型的偏离行为（DBI）和组织导向型的偏离行为（DBO）两个维度。

按照社会学习理论，榜样的作用对个人的行为表现非常重要，个体通常会对自己有吸引力的人产生学习和模仿的兴趣，并试图通过观察和学习来纠正自己的认知、态度和行为等。在组织中，员工经常通过对榜样的学习和模仿，来不断调整自己的认知和行为。并且，大部分员工希望通过对组织中正义而魅力人物的决策关注，来指引自己的行为方向。同时由于领导者掌握着奖惩权利，这对组织成员来讲还存在一定的畏惧感。Treviño 等（2000）的研究表明，伦理型领导的榜样作用可以向员工传达明确有效的伦理观念。同时，伦理型领导能够建立公正的奖惩制度鼓励员工的伦理行为，处罚员工的非伦理行为，进而达到抑制员工非伦理行为的产生。因此，伦理型领导可结合伦理行为示范与奖惩公严分明等不同手段来规范和强化员工的行为，避免偏离行为的产生。

那么，伦理型领导是从哪些方面影响员工的偏离行为呢？首先，伦理型领导通过不断强调伦理道德的重要性，使员工明确组织的行为标准，弱化和避免员工偏离行为的产生。其次，伦理型领导通过奖励符合伦理道德的行为，严格处罚非伦理行为，能够直接强硬地纠正员工的行为表现。最后，伦理型领导十分注重赏罚和决策的公平公正，对下属员工一视同仁，这也会大大降低员工的非伦理行为（潘清泉和韦慧民，2014）。并且，根据互惠原则，领导的关怀和信赖也会削弱员工的偏离行为表现。

由此，本研究提出如下假设：
假设 2：伦理型领导与员工的偏离行为显著负相关。
假设 2a：伦理型领导与员工个人导向型的偏离行为显著负相关。
假设 2b：伦理型领导与员工组织导向型的偏离行为显著负相关。

7.2.2 伦理型领导与员工的认同内化

认同指的是个体对某个人或某个团体表现出情感的依附和趋同，并会不断地修饰自己的认知和动机以适应依附对象的价值观念。认同能够引起个体心态和行为的改变。对领导者的认同则体现了对领导者的价值观、理念和行为的认可、接纳，下属对领导者的认同是领导者获得支持和拥护的前提条件。伦理型领导为下属认同领导提供了价值和意义的源泉。领导者所展现出的廉洁正直、公正无私等高尚的人格伦理，以及体现出的对组织、社会的责任、对下属成长的负责和关心等得到了下属的认可、接受（莫申江和王重鸣，2010）。

　　心理学领域认为，内化是客体将外部客观事物转变为主观观念的复杂过程。国外的社会学学者认为内化是个人在接触新的法规、观念、原则和事物的时候，通过认知、判断和接受，最终将其转化为自己价值观一部分的过程。在组织中，下属对领导的内化则是下属将领导者的价值观、理念和行为通过认同转化为自身内部思维模式的过程，即个体接受这种价值观、理念和行为，将其转化为自身的理念、意识和人格的一部分，并自觉地引导自己的态度和行为。领导者实施德行领导，其价值理念和行为得到下属的认同内化，提升了下属对工作环境、岗位和领导者的满意度，使下属积极配合领导的要求，自觉完成任务，愿意为组织承担责任和压力，在必要的时候能为组织做出最大贡献。

　　Zhu（2004）的研究认为，伦理型领导者正直坦诚、公平公正值得信赖，并通过建立明确的伦理规范和严格的奖惩机制，能够积极有效地促进员工树立正确的价值观念，并有助于提升员工的对领导和组织的认同，并适时地内化为自己的认知。同时，Mayer（2012）的研究指出，伦理型领导的高道德特质可通过榜样示范作用促进员工道德水平的提高，进而提高员工的伦理道德认同。

　　因此，本研究提出如下假设：

　　假设3：伦理型领导与员工的认同内化显著正相关。

7.2.3　伦理型领导与组织公平

　　公平问题，一直是各大学科领域研究的重点，组织行为学领域倾向于将公平解释为主体的一种直观感受，即组织公平感。组织公平指的是个体对所处组织环境的制度规定的一种公平感受。之所以将公平定义为一种感受是因为对公平的衡量不是依据组织的制度和政策是否客观公正，也不是依据员工是否真正地被公平的对待，而判断的唯一标准取决于员工主观感觉是否被公平对待。虽然很难通过外部影响直接改变员工对公平的主观感受，但组织和领导者可以通过良好的沟通和建立公正的程序，潜移默化地改善员工的组织公平感。伦理型领导公平且有原则的处事风格，能够有效地提高员工的组织公平感（Piccolo et al.，2010）。

Brown 和 Treviño（2005）的研究表明高伦理道德水平的领导者能够权衡各方利益，为组织和组织成员的发展做出公平负责的伦理决策。段锦云等（2014）的研究表明，虽然员工的组织公平感受领导因素、工作环境和个人因素等多方面的影响，但领导因素对员工的组织公平感知的影响作用更大。另外，张伟、周浩和龙立荣（2007）的研究认为，员工的组织公平感知来源于对组织工作、组织领导和组织氛围的感受，而领导作为组织管理的执行者，在很大程度上影响着员工的组织公平感。

伦理型领导公平正直、有原则有担当的个性特质会通过榜样示范、公平公正地对待下属、建立公正严明的奖惩机制等方式提高下属的组织公平感。

因此，本研究提出如下假设：

假设4：伦理型领导与组织公平显著正相关。

假设4a：伦理型领导与员工的程序公平显著正相关。

假设4b：伦理型领导与员工的领导公平显著正相关。

7.2.4 认同内化与组织公平的中介作用

伦理型领导能够给员工提供亦师亦友的关怀指导，并且能够认可员工的努力和贡献，利用公平公正的奖惩制度使员工的付出和贡献得到应有的回报。伦理型领导的行事风格能够有效地提升员工对组织和领导的认同，并且随着时间的推移会潜移默化地内化为自己的价值观念。一旦员工对组织的规范和文化产生了认同，便会有意识或无意识地将组织和领导传达的思想内化为自己的认知。并以组织的道德标准来规范和约束自己的行为，主动维护组织的名誉，为达成组织目标付出各种额外努力，表现出更多的有利于组织目标实现的组织公民行为。

社会认同理论认为，下属的认同内化是领导对员工施加影响的"必经之路"。没有认同做基础，员工不可能接受领导者；没有内化作保障，员工也不可能追随领导者。而一旦员工对其所在的组织和领导产生认同感，就会以组织成员身份的标准来要求自己，内化并学习领导的行为，同时将自己的命运与组织联系起来，为了集体利益牺牲自己的利益，表现出有利于组织的行为。有伦理的领导者通过良好的沟通和积极友好的互动不断提升员工的认同内化，员工对组织和领导的信任和追随程度也在不断地提高。在认同内化的基础上，员工积极的工作态度和积极的行为被有效地激发，从而表现出更多有利于组织目标实现的行为。

Walumbwa 和 Mayer（2011）的研究认为伦理型领导对员工绩效的影响受到自我效能感和组织认同的完全中介作用。Treviño 等（2006）的研究则表明，伦理型领导对建言行为的影响则受伦理感知认同的部分中介作用。Hannah 等（2011）认为，促进个体对道德判认知能力是个体产生道德行为的关键。认同内化作为一种道德认知能力，在影响个体做出伦理行为的过程中扮演着重要角色。员工的这种道德认知能力，通过促进员工对领导决策或组织纪律的道德感知，并加快道德感知转化为个人观念的过程，并最终促使员工伦理道德行为的产生。

因此，本研究提出如下假设：

假设5：认同内化与员工的组织公民行为显著正相关。

假设5a：认同内化与个人导向的组织公民行为显著正相关。

假设5b：认同内化与组织导向的组织公民行为显著正相关。

假设6：认同内化中介伦理型领导与员工组织公民行为的关系。

假设6a：认同内化中介伦理型领导与个人导向组织公民行为的关系。

假设6b：认同内化中介伦理型领导与组织导向组织公民行为的关系。

西方学者的调查显示，75%以上的员工曾经参与过有损于组织或组织成员利益的行为；由员工偷窃、破坏等行为带来的损失单在美国零售行业内就高达1500多万美元（Hollinger & Davis, 2001）。随着越来越多的企业开始关注偏离行为带来的巨额损失，大量的学术研究也渐渐证实了导致员工消极性、报复性的偏离行为此消彼长的原因——组织不公正感（Akremi et al., 2010）。

社会交换理论认为，当员工感到不公平时，员工与组织间的社会交换关系就会遭到破坏。因此，员工就会采取一些消极的行为来回应组织的不公平，并希望以此恢复组织的公平或减少自己因组织不公带来的损失。例如，员工的工作态度、工作满意度和组织承诺也会变差，与同事之间的合作和交流也

7 伦理型领导对员工行为的影响
——认同内化与组织公平的中介效应检验

会减少。相反，一旦员工感受到被组织公平的对待，便会提高对组织的信任，从而降低被利用感所导致的焦虑，提高与组织交换的积极性，并适当减少一些不良行为，如迟到、早退、消极被动行为等（Jones，2009）。

Morrman 和 Byrne（2005）的研究指出由于伦理型领导公平公正，员工相信并且能够通过表现出符合组织伦理规范的行为得到奖励，并担心会因违背组织伦理规范而受到责罚。Brown 和 Treviño（2005）指出未来研究可以从社会交换视角探讨伦理型领导对员工行为产生影响的心理机制，如组织公平等。Mayer 等（2009）的研究也曾指出伦理型领导对员工偏离行为的影响可能是以组织公平为中介变量的。研究发现，伦理型领导能够直接影响员工的工作满意度，也可通过伦理气氛感知的中介作用间接对其产生影响。而且，互动公平越高，员工对组织的伦理气氛感知就越强（Neubert et al.，2009）。我国学者潘清泉等认为，言语和行为的沟通过程是领导影响员工的重要途径，不要直接地引导员工关注伦理决策和伦理行为，要更加注重沟通过程中的程序公平和领导公平。基于社会学习和社会交换理论，张永军的研究验证了伦理型领导对员工反生产行为的影响作用，并且，在这一影响作用中，组织公平的程序公平维度和领导公平维度分别起着部分中介作用。

伦理型领导正直坦诚，无论是与下属的互动交往过程还是决策活动过程都能一视同仁、公平公正。因此，伦理型领导能够积极地影响组织的公平，而组织公平能够对很多个体和组织变量产生影响，当个体受到不公平对待时，就会通过偏离行为予以回应（Marcus & Schuler，2004）。

因此，本研究提出以下假设：
假设 7：组织公平与员工偏离行为显著负相关。
假设 7a：程序公平与个人导向的员工偏离行为显著负相关。
假设 7b：程序公平与组织导向的员工偏离行为显著负相关。
假设 7c：领导公平与个人导向的员工偏离行为显著负相关。
假设 7d：领导公平与组织导向的员工偏离行为显著负相关。
假设 8：组织公平中介伦理型领导与员工偏离行为的关系。
假设 8a：程序公平中介伦理型领导与员工个人导向偏离行为的关系。
假设 8b：程序公平中介伦理型领导与员工组织导向的偏离行为的关系。
假设 8c：领导公平中介伦理型领导与员工个人导向的偏离行为的关系。

假设8d：领导公平中介伦理型领导与员工组织导向的偏离行为的关系。

根据上述研究假设，本研究提出以下理论模型，即认为上级的伦理型领导方式与员工的组织公民行为显著正相关，且员工的认同内化在其影响过程中起到一定的中介作用。伦理型领导与员工的偏离行为显著负相关，且组织公平在其影响过程中起到一定的中介作用。研究模型如图7-1所示。

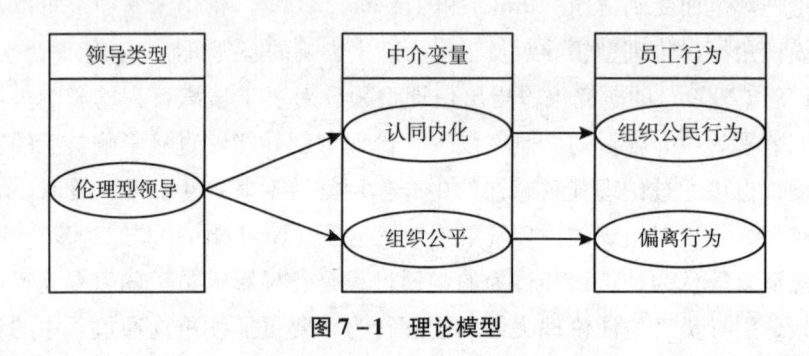

图7-1 理论模型

7.3 研究样本和程序

7.3.1 样本选择和数据收集方法

本研究的调查样本来自广西、重庆、河南、河北等地的15家企事业单位。总计发放500份问卷，最终回收了486份问卷，整体回收率为97.2%。对收集到的问卷进行逐一查阅，将满足研究需求的问卷数据进行集中整理录入系统，以备实证分析阶段使用。收集到的问卷含有以下任何一种情况即视为无效：第一，背景信息和所有题项有遗漏或直接全部未填的；第二，对所有题目采取连续相同打分，或者存在明显规律打分的情况。回收问卷的填写情况满足上述情况中任何一种即被定义为无效问卷，不做研究使用。按照上述两点准则，本研究剔除无效问卷15份，并最终得到有效问卷471份，回收率达94.2%。问卷回收情况的相关数据统计如表7-1所示。

表 7-1　　　　　　　问卷回收相关情况统计（N=500）

情况	有效问卷	无效问卷	总计
回收样本数（份）	471	15	486
回收比例（%）	94.2	3	97.2

本研究将样本的性别、年龄、受教育程度、行业性质和职位层级五个人口学统计变量作为控制变量纳入调查研究的范围。根据收集到的数据进行统计分析，从样本的性别分布来看，男性占53.1%，女性占46.9%；从样本的年龄分布来看，20岁以下（含20岁）占21.7%，21~30岁占47.3%，31~40岁占23.8%，41岁（含41岁）以上占7.2%；从样本的受教育程度分布来看，大专及以下学历占17%，本科占43.1%，硕士及以上学历39.9%；从样本所从事的行业性质分布来看，国有企业占22.3%，民营企业占44.8%，政府机关/事业单位占26.3%，其他占6.6%；从样本的职位层级分布上来看，高层领导占3.6%，中层领导占9.1%，基层领导占30.1%，一般员工占57.1%。分析结果显示，研究样本在人口学变量级别内的分布比较均匀，能够满足本研究需要，适合下一步的分析探讨。研究样本的人口统计学分布状况如表7-2所示。

表 7-2　　　　　　研究样本的人口统计学分布（N=471）

统计项	变量/类别	频次	占比（%）	累计百分比（%）
性别	男	250	53.1	53.1
	女	221	46.9	100
年龄	20岁（含）以下	102	21.7	21.7
	21~30岁	223	47.3	69.0
	31~40岁	112	23.8	92.8
	41岁（含）以上	34	7.2	100
教育程度	大专及以下	80	17.0	17.0
	本科	203	43.1	60.1
	硕士及以上	188	39.9	100

续表

统计项	变量/类别	频次	占比（%）	累计百分比（%）
行业性质	国有企业	105	22.3	22.3
	民营企业	211	44.8	67.1
	政府机关/事业单位	124	26.3	93.4
	其他	31	6.6	100
职位层级	高层领导	17	3.6	3.6
	中层领导	43	9.1	12.7
	基层领导	142	30.1	42.9
	一般员工	269	57.1	100

7.3.2 测量工具的选择

本研究采用的测量工具包括：伦理型领导问卷、认同内化问卷、组织公平问卷、组织公民行为问卷和偏离行为问卷。为了保证研究分析的可靠性和有效性，对本研究所有变量的测量均采用国内外被广泛使用和普遍认可的成熟量表。这些量表经过反复、严谨的检测和审核，在大量研究过程中被具有良好的信效度。

同时，为了保证测量量表结构的完整性，形成正式问卷时并未对量表的题项进行增减。但是，为了保证量表信息能够清晰明确的表达，本研究的量表严格按照"翻译—回译"原则，对原始量表的中文表达进行调整。最后对问卷的排版设计、测量题项的表达以及问卷的引用语、衔接语等内容进行了调整和修正（如对测量对象的信息保密、将各量表题项中出现的"领导"全部改成"主管"等），从而形成最终问卷。

为了明确研究对象的信息，本研究将性别、年龄、受教育程度、行业类别和职位层级等五个人口学统计变量作为研究的控制变量列入调查研究的范围。在数据分析过程中，我们对性别进行虚拟变量处理，男性为"1"，女性为"2"；年龄分为4个等级：20岁（含）以下、21~30岁、31~40岁、41岁（含）以上；教育程度分为3个等级：大专及以下、本科、硕士及以上；员工所在的行业性质分为4个等级：国有企业、民营企业、政府机关/事业单位、其他；职位层级也分为4个等级：高层领导、中层领导、基层领导、一

7 | 伦理型领导对员工行为的影响
——认同内化与组织公平的中介效应检验

般员工。本研究均采用 Likert 7 点尺度衡量法对各个变量的题项展开测量，用数字 1~7 表示员工对题项表述的认同程度或行为表现的频繁程度。其中 1 表示完全不同意或从来不表现，7 表示完全同意或总是表现，由 1~7 依次过度，数值越大表示员工对题项表述的认同度越高。

（1）伦理型领导。本研究将采用 Brown 等（2005）所开发的伦理型领导测量问卷（ELS）作为变量测量工具。ELS 为单维度结构，该量表具有较高的信度，是目前伦理型领导实证研究采用比较多的量表，其内部一致性信度系数（Cronbach's α 系数）为 0.896，共有十个测量条目，包括"能够倾听下属的意见""能够以道德的行为方式处事，为我们树立榜样""能够被信任"等。由于本研究主要考察的是员工对伦理型领导行为的感知，因此该量表主要用于测量员工对其直接上级领导的评价。该量表采用 Likert 7 点尺度展开测量，用数字 1~7 表示员工对题项表述的认同程度，其中 1 表示完全不同意，7 表示完全同意，由 1~7 依次过度，数值越大表示员工认为领导的伦理道德水平越高。

（2）认同内化。员工的认同内化问卷采用郑伯勋、姜定宇（2000）编制的单维度量表。研究显示，该量表可解释变异量的 68.8%，Cronbach's α 系数为 0.924。该量表不仅具有良好的信效度，同时也具有较高的文化适应性。量表包括"我很欣赏和佩服我的主管的为人处事""我能够领悟到领导的想法，并愿意追随他（她）""来这里工作之后，我与领导的价值观越来越相似"等在内的 7 个题项。

（3）组织公平。组织公平包括分配公平、程序公平、领导公平和信息公平。虽然在组织公正背景下，分配的公平性能够更直接地对组织成员产生影响（Sweeney et al.，1993），但是，分配公平主要影响的是以个人为中心的具体后果（如薪酬绩效的满意度等）。而程序公平和领导公平才是预测组织成员与组织或组织领导之间的关系的关键因素。Barclay 等（2005）的研究认为，程序公平和领导公平感能够有效减少组织中消极行为的发生。但在程序和领导不公的情况下，即使分配结果公平也不能有效降低因程序和领导的不公带来的消极影响。我国学者刘亚、龙立荣和李晔（2003）基于中国的文化背景表示中国人的领导公正对组织效果变量的影响效果显著高于分配公平，表明了中国人重关系、重人情而轻物质的特性。因此，本研究的组织公平问卷采用刘亚、龙立荣和李晔（2003）在中国情境下所开发的组织公平量表中的程序公平和领导公平维度来测量伦理型领导与员工行为之间的关系。其中，程序公平维度共有 6 个条目测量，如"我的公司分配有章可循""公司员工都能参与分配制度的制定过程"，该维度的 Cronbach's α 系数为 0.806。领导公平维度共有 6 个条目，如"公司主管对我没有偏见""公司主管对我的评价是恰当的"，该维度的 Cronbach's α 系数为 0.886。

（4）组织公民行为。本研究将采用 Williams 和 Anderson（1991）开发的包含两个维度的组织公民行为量表。Williams 和 Anderson 在 Organ（1988）开发的五维度（利他行为、文明礼貌、运动员精神、公民美德和责任）量表的基础上，将组织公民行为划分为包含个人导向的组织公民行为和组织导向的组织公民行为的二维量表。个人导向的组织公民行为维度包含："我会不厌其烦地帮助和指导新同事""我愿意花费时间来倾听同事的苦恼和困扰""我能够关心身边的同事"等 6 个测量题项，经测量组织公民行为量该维度的 Cronbach's α 系数为 0.881；组织导向的组织公民行为维度包含："我会遵守单位规定的制度和约定俗成的规则""不会在上班期间拨打私人电话""我不会在工作时偷懒"等 7 个测量题项，该维度的 Cronbach's α 系数为 0.886。

（5）偏离行为。本研究采用 Benet 与 Robinson（2000）编制的员工偏离行为二维量表，包括个人导向的偏离行为和组织导向的偏离行为。Robinson 与 Benet（1995）将偏离行为定义为员工自发且有意地做出一些损害组织或组织成员利益，并且严重违背组织道德准则和破坏组织规范的行为。Robinson 与 Benet 的量表在发展过程中从 28 题逐渐演变到 19 题，但本研究采用 21 题的版本，因为员工偏离行为的展现可能会因为职业的不同而有差异。所以，采用 21 题版能够测量到更为准确全面的职场偏离行为。其中个人导向的偏离行为包含"我在上班时做我的私事""我会未经允许拿走公司的财产""我会在上班时取笑其他同事"等 12 个题项。组织导向的偏离行为包含"我会未经允许而早退""我会把自己的工作留给别人完成""我在上班时间做额外或过长的休息时间，超过公司的规定"等 9 个题项。

7.4 研究结果

7.4.1 问卷的信度和效度分析

7.4.1.1 信度分析

信度（reliability）简单来讲是指测量数据的可靠性程度。即采用同样一种测量方法对同一对象进行反复测量时，所得到的结果相一致的程度（杨维忠和张甜，2011）。学术界普遍采用Cronbach's α系数作为衡量变量内部一致性程度的标准，当α的值大于0.7时，表明测量量表具有良好的信度，具备研究测量的基本要求，可以作为调查问卷的一部分投入使用。

经过SPSS 21.0软件分析，本问卷具有良好的信度，各个变量的α值如表7-3所示。

表7-3　　　　　　　　　　信度分析

变量	维度	题项	Cronbach's α
伦理型领导	单维度	10	0.913
认同内化	单维度	7	0.862
组织公平	程序公平	6	0.806
	领导公平	5	0.808
组织公民行为	个人导向的组织公民行为	6	0.725
	组织导向的组织公民行为	7	0.720
偏离行为	个人导向的偏离行为	12	0.874
	组织导向的偏离行为	9	0.825

信度分析的结果显示：伦理型领导量表的Cronbach's α系数为0.913，表明伦理型领导量表具有高度的内部一致性；组织公平的量表中，程序公平维度的Cronbach's α系数为0.806，领导公平维度的Cronbach's α系数为0.808，

两者均大于0.7,具有较好的内部一直性,满足数据分析的基本要求;认同内化量表整体的 Cronbach's α 系数为 0.862,表明认同内化量表具有高度的内部一致性,符合研究要求;组织公民行为的量表中,个人导向的组织公民行为维度的 Cronbach's α 系数为 0.725,组织导向的组织公民行为维度的 Cronbach's α 系数为 0.720,两者均大于 0.7,表现出较好的信度,满足研究要求;员工偏离行为的量表中,个人导向的偏离行为 Cronbach's α 系数为 0.874,组织导向的偏离行为维度的 Cronbach's α 系数为 0.825,表明偏离行为量表具有高度的内部一致性,满足研究要求。

7.4.1.2 效度分析

效度(validity)指的是一个量表准确测量各个变量结构和概念的准确程度。量表的效度主要包括:内容效度、关联效度、结构效度。内容效度指的是量表内容设置的合理性,由于本研究采用的都是国内外被广泛认可和普遍使用的测量量表,其内容效度和关联效度已经得到认可和验证。因此,本研究效度分析的重点在于检验量表的结构效度。

在因子分析之前,我们采用 SPSS 21.0 软件对问卷进行 KMO 和 Bartlett 的球形度检验以保证问卷的结构效度。当问卷的 KMO 值大于 0.5 且 Bartlett 的球形度检验的值小于 0.005 时,问卷才具有良好的结构效度,才能进行下一步的因子分析。问卷的 KMO 和 Bartlett 的球形度检验的结果如表 7-4 所示。

表 7-4　　　　　　　　　效度分析

取样足够度的 Kaiser – Meyer – Olkin 度量		0.930
Bartlett 的球形度检验	近似卡方	10279.253
	df	2211
	Sig.	0.000

由结构效度的分析结果可知,问卷 KMO 值为 0.930,且 Bartlett 的球形度检验值小于 0.005,表明本调查问卷具有良好的结构效度,满足因子分析的要求条件。

7.4.2 验证性因子分析

由于本研究问卷所包含的五个变量的测量题项都有员工填写,为了达到标准满意的测量效果,在数据分析之前,要对假设模型与调查数据的拟合程度,即变量之间的区分效度进行检测评估。如果假设模型与调查数据能够得到很好的契合,那么就可以认为该假设模型的各个变量可以被明显地区分于其他变量,满足模型假设和数据处理的要求,可以进行下一步的分析。

本研究采用验证性因子分析(Confirmatory Factor Analysis,CFA)来对变量之间的区分效度进行检测。并以验证性因子分析获得的 χ^2/df、CFI、GFI、IFI、NNFI 和 RMSEA 等几个指标作为衡量变量区分效度的标准。其中,χ^2/df 称为卡方值自由度之比,其值在 2~3 之间为宜,且该值越小,表示假设模型与实际数据越适配;CFI 和 GFI 取值应在 0.9 以上,大于 0.95 时表示假设理论模型与数据的拟合度非常好;RMSEA 值越小则表示模型拟合度越高,特别的,当 RMSEA 等于或小于 0.05 时,假设模型拟合度最好;当其位于 0.05~0.08 之间时,表示拟合程度可以接受;当其处于 0.08~0.1 之间时,表示拟合程度一般;而当其超过 0.1 时,说明模型与数据的拟合度较差。

在进行验证性因子分析之前,本研究还构建了五个替代模型用以和研究所使用的五因子模型进行对比。这五个替代模型包含两个四因子模型、一个三因子模型、一个二因子模型,以及一个单因子模型。验证性因子分析结果如表 7-5 所示。容易看出相比于其他五个模型,五因子模型各变量之间的拟合度最好(χ^2 = 465.44,df = 293,CFI = 0.98,GIF = 0.91,IFI = 0.98,NNFI = 0.98,RMSEA = 0.041)。因此,通过验证性因子分析表明,研究的五个变量具有较好的区分效度,满足实证分析的研究需求。

表 7-5   验证性因子分析

模型	χ^2	df	χ^2/df	CFI	GIF	IFI	NNFI	RMSEA
五因子	465.440	293	1.590	0.980	0.910	0.98	0.980	0.041
四因子1	842.465	395	2.133	0.870	0.783	0.96	0.782	0.076
四因子2	865.567	399	2.169	0.864	0.776	0.95	0.776	0.077

续表

模型	χ^2	df	χ^2/df	CFI	GIF	IFI	NNFI	RMSEA
三因子	909.090	296	3.070	0.940	0.840	0.94	0.930	0.076
二因子	1130.744	377	2.999	0.772	0.673	0.88	0.695	0.101
单因子	1932.020	298	6.480	0.870	0.710	0.87	0.860	0.120

注：五因子模型 = 伦理型领导、认同内化、组织公平、组织公民行为、偏离行为；四因子模型 1 = 伦理型领导、认同内化 + 组织公平、组织公民行为、偏离行为；四因子模型 2 = 伦理型领导、认同内化、组织公平、组织公民行为 + 偏离行为；三因子模型 = 伦理型领导 + 认同内化 + 组织公平、组织公民行为、偏离行为；二因子模型 = 伦理型领导 + 认同内化 + 组织公平、组织公民行为 + 偏离行为；单因子模型 = 所有变量因子合并。"+"代表变量因子合并。

7.4.3 描述性统计分析

表 7-6 显示了伦理型领导、认同内化、组织公平、组织公民行为和员工偏离行为五个变量及各个维度的一些描述性统计量，如极大值、极小值、均值、方差、标准差、偏度和峰度等。在进行各变量的回归分析之前需要先检验变量是否符合正态分布，一般情况下通过结果变量是否为正态来判断残差是否为正态，Kline（1988）认为，当变量的偏度绝对值小于 3，峰度绝对值小于 10 时可判断为服从正态分布。由表 7-6 可知，各个变量的偏度绝对值小于 3，峰度的绝对值均小于 6，可以判断正式样本调查数据基本上是符合正态分布的，因此，可以进行下一步的分析。

表 7-6　　　　　　　　　　变量描述统计

变量	N	极大值	极小值	均值	方差	标准差	偏度	峰度
1. 性别	471	2	1	1.47	0.500	0.250	0.124	-1.993
2. 年龄	471	4	1	2.17	0.847	0.717	0.395	-0.389
3. 教育程度	471	3	1	2.23	0.719	0.518	-0.373	-1.011
4. 行业性质	471	4	1	2.18	0.852	0.726	1.379	0.857
5. 职位层级	471	4	1	3.14	0.801	0.642	-1.291	1.044
6. 伦理型领导	471	7.00	1.10	5.4951	0.82255	0.677	-1.556	2.799
7. 认同内化	471	6.71	2.14	5.5827	0.71179	0.507	-1.558	2.436
8. 程序公平	471	6.83	3.00	5.6642	0.64260	0.413	-1.252	1.805
9. 领导公平	471	5.83	2.50	4.7084	0.54003	0.292	-0.951	3.889

续表

变量	N	极大值	极小值	均值	方差	标准差	偏度	峰度
10. OCBI	471	6.83	3.50	5.7424	0.56393	0.318	-1.163	2.186
11. OCBO	471	6.86	3.14	5.7716	0.55957	0.313	-1.548	3.818
12. DBI	471	6.67	1.17	2.2458	0.64392	0.415	2.671	5.683
13. DBO	471	6.00	1.33	2.2706	0.61155	0.374	2.309	4.395

注：OCBI = 个人导向的组织公民行为；OCBO = 组织导向的组织公民行为；DBI = 个人导向的偏离行为；DBO = 组织导向的偏离行为。

7.4.4 相关性分析

在假设检验之前，要检验变量之间的相互依存关系，包括相关方向以及相关程度。本研究将采用 Pearson 相关系数法分析伦理型领导、认同内化、组织公平、员工组织公民行为和员工偏离行为这五个变量之间的相关性。

由表 7-7 的相关性分析结果显示，伦理型领导与员工的组织公民行为在 0.01 水平（双侧）上显著正相关。其中，伦理型领导与个人导向的组织公民行为在 0.01 水平（双侧）上显著正相关；同时，伦理型领导与组织导向的组织公民行为在 0.01 水平（双侧）上也显著正相关。

表 7-7　　　　　　　　　　相关性分析

变量	1	2	3	4	5	6	7	8
1. 伦理型领导	1							
2. 程序公平	0.400***	1						
3. 领导公平	0.447***	0.538***	1					
4. 认同内化	0.476***	0.621***	0.682***	1				
5. OCBI	0.364***	0.556***	0.539***	0.641***	1			
6. OCBO	0.319***	0.511***	0.496***	0.597***	0.587***	1		
7. DBI	-0.332***	-0.506***	-0.438***	-0.538***	-0.533***	-0.561***	1	
8. DBO	-0.318***	-0.515***	-0.464***	-0.570***	-0.523***	-0.518***	0.783***	1

注：*** 表示 $p < 0.01$。OCBI = 个人导向的组织公民行为；OCBO = 组织导向的组织公民行为；DBI = 个人导向的偏离行为；DBO = 组织导向的偏离行为。

伦理型领导与员工的偏离行为在 0.01 水平（双侧）上显著负相关。其中，伦理型领导与个人导向的偏离行为在 0.01 水平（双侧）上显著负相关；同时，伦理型领导与组织导向的偏离行为在 0.01 水平（双侧）上也显著负相关。

另外，伦理型领导与认同内化在 0.01 水平（双侧）上显著正相关，认同内化与员工的组织公民行为的两个维度也在 0.01 水平（双侧）上显著正相关。伦理型领导与组织公平的两个维度（程序公平和领导公平）在 0.01 水平（双侧）上分别显著正相关，并且，组织公平的两个维度分别与员工偏离行为的两个维度在 0.01 水平（双侧）上显著负相关。

从表 7-7 可知，本研究的各个变量之间均存在良好的相关性，满足数据处理的需求，具备进一步检验的条件。

7.4.5 回归分析与假设检验

数据的相关性分析只能检验变量之间的关联程度，不能说明变量之间的因果作用关系。因此，为检验本研究的研究模型和理论假设，解释变量之间的作用机制，本研究将采用回归分析的方法验证伦理型领导与员工行为之间的关系，并探讨认同内化和组织公平在这一关系中的作用。

考虑到中介变量与结果变量除了受到自变量的影响之外还可能受其他变量的影响，因此，本研究将员工的性别、年龄、教育程度、行业类别和职位层级等特征变量作为控制变量进行回归分析，提高研究结果的可靠性。

7.4.5.1 直接效应的回归分析

伦理型领导与员工组织公民行为的影响关系中共包含三个直接影响效应，分别是伦理型领导对组织公民行为的影响、伦理型领导对员工认同内化的影响和认同内化对员工组织公民行为的影响。

这三个直接效应多元回归分析的结果如表 7-8 所示，由其中的 M1 和 M2 可以看出，在控制了性别、年龄等五个人口学变量后，伦理型领导对员工个人导向的组织公民行为（OCBI）和组织导向的组织公民行为（OCBO）均存在显著的正向影响（$\beta_1 = 0.348$，$p_1 < 0.001$；$\beta_2 = 0.313$，$p_2 < 0.001$），

7 伦理型领导对员工行为的影响
——认同内化与组织公平的中介效应检验

假设 1 得到验证。

表 7-8　　　　　　　　　直接效应的回归分析

变量名称		OCBI		OCBO		认同内化
		M1	M3	M2	M4	M11
控制变量	性别	0.036	0.045	0.012	0.019	-0.007
	年龄	-0.112	-0.069	-0.100	-0.059	-0.070
	学历	-0.104	-0.102	0.009	0.011	-0.005
	行业性质	-0.075	-0.025	-0.065	-0.019	-0.073
	职位层级	-0.071	-0.026	-0.036	0.010	-0.089
自变量	伦理型领导	0.348***		0.313***		0.463***
	认同内化		0.628***		0.593***	
R^2		0.166	0.428	0.117	0.361	0.244
F		15.402***	57.939***	10.288***	43.735***	25.024***
ΔR^2		0.155	0.421	0.106	0.353	0.235

注：*** 表示 $p<0.01$。OCBI=个人导向的组织公民行为；OCBO=组织导向的组织公民行为。

从 M3、M4 可以看出认同内化对组织公民行为的两个维度都具有显著的正向影响作用（$\beta 3=0.628$，$p3<0.001$；$\beta 4=0.593$，$p4<0.001$），假设 5 得到验证。

由 M11 可以看出，伦理型领导对员工的认同内化具有显著的正向影响（$\beta 11=0.463$，$p11<0.001$），假设 3 得到验证。

伦理型领导与员工偏离行为的影响关系中包含三个直接影响效应，分别是伦理型领导对员工偏离行为的影响、伦理型领导对组织公平的影响、组织公平对员工偏离行为的影响。

这三个直接效应回归分析的结果如表 7-9 所示，由其中 M5 和 M6 显示，伦理型领导对员工个人导向的偏离行为（DBI）和员工组织导向的偏离行为（DBO）分别具有显著的负向影响（$\beta 5=-0.344$，$p5<0.001$；$\beta 6=-0.308$，$p6<0.001$），因此假设 2 得到验证。

表7-9　　　　　　　　　　直接效应的回归分析

变量名称		DBI			DBO			程序公平	领导公平
		M5	M7	M9	M6	M8	M10	M12	M13
控制变量	性别	-0.049	-0.072	-0.081	-0.068	-0.089	-0.099	-0.022	-0.046
	年龄	0.086	0.046	0.068	0.109	0.067	0.089	-0.090	-0.050
	学历	0.052	0.037	0.046	-0.023	-0.038	-0.030	-0.032	-0.017
	行业性质	0.103	0.060	0.067	0.057	0.016	0.023	-0.070	-0.061
	职位层级	-0.012	-0.020	-0.044	0.033	0.020	-0.008	-0.067	-0.134
自变量	伦理型领导	-0.334***			-0.308***			0.391***	0.428***
	程序公平		-0.501***			-0.506***			
	领导公平			-0.443***			-0.463***		
R^2		0.132	0.268	0.212	0.122	0.279	0.235	0.179	0.227
F		11.784***	28.345***	20.754***	10.718***	29.919***	23.709***	16.897***	22.723***
ΔR^2		0.121	0.259	0.201	0.110	0.270	0.225	0.169	0.271

注：*** 表示 $p<0.01$。DBI=个人导向的偏离行为；DBO=组织导向的偏离行为。

M7、M8、M9和M10显示了组织公平的两个维度分别对员工偏离行为两个维度分别具有显著的负向影响（β7=-0.501，p7<0.001；β8=-0.506，p8<0.001；β9=-0.443，p9<0.001；β10=-0.463，p10<0.001），因此，假设7得到验证。

由M12和M13可以检测到伦理型领导对组织公平的两个维度分别存在显著的正向影响（β12=0.391，p12<0.001；β13=0.428，p13<0.001），因此，假设4得到验证。

7.4.5.2　中介效应的回归分析

对于中介效应的回归分析，本研究将采用Baron和Kenny在1986年提出的三步中介检验回归分析法。该方法被学术界奉为中介效应检验的经典方法，其具体步骤如下：

第一步，将自变量伦理型领导和因变量员工组织公民行为和员工偏离行为放入回归方程，验证自变量与因变量的关系是否成立。

第二步，在自变量与因变量相互作用关系成立的基础之上，将自变量和中介变量放入回归方程，验证自变量与中介变量之间的作用关系是否成立；此外，将中介变量与因变量放入回归方程，检验中介变量与因变量的关系是否成立。

第三步，在满足前两步中涉及的自变量、因变量和中介变量两两之间的直接作用关系成立的基础上，将自变量、因变量和中介变量同时放入回归方程。若自变量与因变量之间的回归系数相比未加入中介变量前的回归系数变小，且自变量对因变量的影响作用不再显著，则表明中介变量在主效应之间起完全中介作用。若加入中介变量之后主效应之间的回归系数变小，且主效应之间的影响关系依然显著，只是显著性有所减小，则表明中介变量在主效应之间起部分中介作用。

按照三步回归分析法的原则，本研究在直接效应的回归分析部分验证了各个变量之间的因果关系，即已经完成了中介效应检验的前两步。因此，按照第三步对中介效应的回归分析的结果如表7–10和表7–11所示。

表7–10　　　　　　　　　　中介效应的回归分析

变量名称		OCBI		OCBO	
		M1	M14	M2	M15
控制变量	性别	0.036	0.040	0.012	0.016
	年龄	-0.112	-0.070	-0.100	-0.060
	学历	-0.104	-0.101	0.009	0.012
	行业性质	-0.075	-0.031	-0.065	-0.023
	职位层级	-0.071	-0.018	-0.036	0.015
自变量	伦理型领导	0.348***	0.074	0.313***	0.049
	认同内化		0.594***		0.570***
	R^2	0.166	0.432	0.117	0.363
	F	15.402***	50.388***	10.288***	37.701***
	ΔR^2	0.155	0.424	0.106	0.353

注：*** 表示 $p<0.01$。OCBI = 个人导向的组织公民行为；OCBO = 组织导向的组织公民行为。

表7-11　　　　　　　　　　中介效应的回归分析

变量名称		DBI			DBO		
		M5	M16	M18	M6	M17	M19
控制变量	性别	-0.049	-0.059	-0.066	-0.068	-0.078	-0.087
	年龄	0.086	0.047	0.067	0.109	0.068	0.089
	学历	0.052	0.038	0.045	-0.023	-0.038	-0.030
	行业性质	0.103	0.072	0.080	0.057	0.026	0.033
	职位层级	-0.012	-0.041	-0.061	0.033	0.002	-0.021
自变量	伦理型领导	-0.334***	-0.163***	-0.177***	-0.308***	-0.130**	-0.135**
	程序公平		-0.438***			-0.456***	
	领导公平			-0.366***			-0.405***
	R^2	0.132	0.290	0.236	0.122	0.293	0.249
	F	11.784***	26.975***	20.429***	10.718***	27.362***	21.900***
	ΔR^2	0.121	0.279	0.224	0.110	0.282	0.237

注：** 表示 $p<0.01$，*** 表示 $p<0.01$。DBI = 个人导向的偏离行为；DBO = 组织导向的偏离行为。

由表7-10中的M14、M15可知，加入中介变量认同内化后，伦理型领导对组织公民行为两个维度影响的回归系数都有所降低，中介作用成立；伦理型领导对组织公民行为两个维度的影响不再显著（β14 = 0.074, p14 > 0.05；β15 = 0.049, p15 > 0.05），因此认同内化在伦理型领导与组织公民行为中起完全中介作用，假设6得到验证。

同时，表7-11中M16、M17、M18和M19显示，加入中介变量组织公平的两个维度程序公平和领导公平后，伦理型领导对员工偏离行为的两个维度影响的回归系数都有所降低，中介作用成立；伦理型领导对偏离行为两个维度的影响依然显著，但显著性系数有所减小（β16 = -0.163, p16 < 0.001；β17 = -0.130, p17 < 0.01；β18 = -0.177, p18 < 0.001；β19 = -0.135, p19 < 0.01），因此组织公平在伦理型领导与偏离行为中起部分中介作用，假设8得到验证。

7.5　讨论与展望

本研究将伦理型领导作为前因变量，员工的组织公民行为和偏离行为作

7 | 伦理型领导对员工行为的影响
——认同内化与组织公平的中介效应检验

为结果变量,通过回归分析验证了伦理型领导对员工行为的影响,以及认同内化和组织公平的中介作用。通过回归分析的结果可以发现,伦理型领导对组织公民行为有显著的正向影响,对员工的偏离行为有显著的负向影响。伦理型领导分别对组织公平和认同内化有显著的正向影响作用,并且认同内化在伦理型领导与员工个人导向和组织导向的组织公民行为关系中起完全中介作用,而组织公平中的程序公平和领导公平分别在伦理型领导与员工个人导向和组织导向的偏离行为的关系中起部分中介作用。

7.5.1 伦理型领导与员工行为的关系分析

根据社会学习理论和社会交换理论,伦理型领导是影响员工行为的一个重要因素,Bandura(1977)认为:人的伦理行为可以通过学习获得和改变,决定人的伦理行为的是环境,强调外部因素对人们道德行为的影响。个体在情境中观察学习其他个人或组织行为,这个过程称为模仿。模仿和学习榜样的优秀品质和行为对个体获得社会技巧、社会认知和形成道德行为习惯等都具有重要作用。因此,将社会学习理论的榜样教育运用到伦理型领导中来,就是指伦理型领导者通过给下属树立利己和利他的榜样,让下属在组织情境中观察学习并促使其效仿,进而促进员工做出伦理行为的一种教育方法。而社会交换理论认为,员工会将领导的关心、支持、帮助和信任甚至公平的对待当作一种交换资源,基于互惠原则,或者基于下属和成员间的人际交换关系,员工会以表现出更频繁的道德行为或者努力减少给组织带来损失的偏离行为等作为回报。因此,伦理型领导会对组织公民行为有正向的影响,对偏离行为有负向影响。

7.5.2 认同内化和组织公平的中介作用分析

当伦理型领导通过良性的沟通、持续的关怀等形式与员工交流,并不断以高道德标准的行为和高道德要求的组织文化去感染员工时,员工就会逐渐增强对组织的认同,接受组织和领导的思想和观念,并将领导行为和组织文化内化为自己的认知,以与之相匹配的行为表现出来。因此,认同内化中介伦理型领导与员工组织公民行为之间的关系。从中介作用的回归分析中可以看到，加入认同内化这一中介变量以后，伦理型领导对个人导向的组织公民行为和对组织导向的组织公民行为的影响不再显著，认同内化的完全中介作用成立。这一结果表明，伦理型领导是先通过影响员工的认知行为，令员工认同并内化了组织和领导的行为标准和价值观念以后，才以行为表现的形式展现出来的。社会交换理论也曾指出，当员工将组织领导和组织文化以自我概念内化于心以后，才会缩短与组织的距离，增强自己的责任感，为组织目标的实现贡献更多的力量和价值。

社会交换理论认为，当个体受到友好或者公平的对待时，会通过表现积极友好的行为或者不表现消极偏离的行为作为回报。伦理型领导不仅是"伦理的人"，能够与人为善、正直诚信，而且是"伦理的管理者"，能够通过公正的决策和公平的奖惩手段一视同仁地对待员工。伦理型领导的这些特质和行为能够对组织的程序公平和领导公平产生积极影响，会使员工感受到领导和组织对决策和个人都有一个公正客观的标准和评价，并最终会导致员工通过减少偏离行为来回报伦理型领导。因此，组织公平中介伦理型领导与员工偏离行为的关系。从中介作用的回归分析中可以看出，加入组织公平这一中介变量以后，伦理型领导对员工偏离行为影响作用的显著性有所下降，这表明，伦理型领导对员工偏离行为的部分影响作用是通过先作用于组织公平这一中介变量实现的。组织公平在伦理型领导与员工偏离行为的关系中起部分中介作用，但也可能还存在其他变量，在这一影响关系中起中介或调节作用。

7.5.3 管理启示

本研究验证了伦理型领导与员工行为之间的关系，并证实了认同内化和组织公平在这一影响过程中的中介作用。同时对研究结论的分析探索过程为更清晰地理解领导与员工行为之间作用关系提供了帮助，使伦理型领导的作用机制更加丰富和明朗化。

本研究的实证结论也为企业和企业领导者的管理实践活动提供了依据，并对企业的人力资源管理实践提供了一定的启示。

首先,人员的招聘和选拔。领导作为团队的指挥者和决策者,既要能够以合乎伦理规范的形象和行为来促进员工对组织伦理规范的认知,又要能够通过公平合理的奖惩措施来强化员工的伦理道德认知。领导作为员工学习的对象和目标,领导的伦理道德水平直接影响组织的公平以及员工的组织认同、组织承诺等。而伦理型领导的形成受个体因素的影响,因此,企业在招聘或选拔领导的过程中可以通过伦理道德水平测试,侧重招聘和选拔有伦理潜质的领导者。有伦理潜质的领导者本身具有一些潜在的伦理特征,更易通过培养成为伦理型的领导者,进而做出相应的伦理决策和伦理行为。

而在对员工的招聘过程中,不仅需要侧重员工自身的伦理潜质,还要关注员工对组织伦理文化的认同度。有伦理潜质的员工不仅能够自觉地表现出组织公民行为减少偏离行为,并且更易对组织的道德文化和领导者的伦理行为产生认同和内化;而对组织文化认同度较高的员工能够很好地感知领导的伦理行为和伦理决策,并且能够更好地适应组织环境。因此,在员工的招聘过程中要注重招聘选拔有伦理潜质和对组织文化认同感强的员工。

其次,人员的培训和教育。伦理型领导授权、激励、关心和公平公正的特质不仅受领导者个体因素的影响,还会受到外部环境和组织氛围的影响。一个鼓励学习伦理知识的组织,能够很大程度上提高领导者的道德品质。因此,要加强对领导的伦理道德培训,并通过建立科学的评价体系来鼓励领导者在日常工作中表现出公平公正、信任、授权等伦理道德行为。通过对领导的道德培训、选拔和考核提高领导的伦理道德水平,进而激发员工的组织认同,促进组织的公平公正,增加员工的组织公民行为并减少员工的偏离行为。而对员工的培训不仅要注重提高员工对组织道德文化和领导伦理行为的认同,还要通过培训加强员工自身道德水平的提高。通过学习培训不仅能够形成组织伦理氛围和促进组织公平,还能够扩大伦理型领导和伦理型员工在组织成员中的比例。因此,加大组织成员的培训和教育能够在很大程度上提高员工的伦理认同,进而促进员工的组织公民行为的表现。同时,组织成员的培训教育不仅有利于组织伦理文化的形成,还能够提升企业的软实力与市场竞争力。

最后,企业奖惩制度的健全和完善。伦理型领导不仅是伦理的人同时还是伦理的管理者。对员工行为的影响,只靠伦理型领导的关怀、授权、激励和公正是不够的,企业还需要通过表彰、奖励等形式激励符合组织伦理规范的成员，并在组织中树立道德榜样，通过榜样的示范作用，激励和引导员工的行为。另外，企业需要通过建立公正透明的绩效考核和奖惩制度，积极关注员工的需求。一方面，可以提高员工对组织公平的认知，将员工的贡献和员工的利益落实到位，进而提高员工的积极行为的表现，并抑制其消极行为；另一方面，能够建立和形成诚信关怀的企业文化和伦理氛围，进而激发和强化员工的组织认同内化行为，进而促使员工为组织发展做出更大贡献。

7.5.4 本研究存在的不足

虽然学术界对伦理型领导理论的探讨所取得的成果为本研究提供了坚实的理论基础，并且为了保证研究的科学性和有效性，本研究在各个调查环节都力求完整规范。但是由于现实条件的约束和研究经验的不足，本研究在取得一定成果的基础上还存在很多不足。

首先，限于研究的条件，采用了对变量之间因果关系解释有限的横截面数据，未来可以考虑采用纵向研究的方法，从不同时间节点上收集数据，精确验证伦理型领导与员工行为之间的影响关系。另外，本研究中由伦理型领导、认同内化、组织公平、组织公民行为和员工偏离行为五个变量组成的测量问卷都是由员工填写完成，所以不排除收集到的数据存在同源偏差的可能性。

其次，在数据采集的过程使用的五个变量的测量中，只有认同内化和组织公平量表是我国学者结合我国文化反复修订的中文量表，其余的伦理型领导、组织公民行为和员工偏离行为则是采用的国外学者开发的成熟量表。但是由于文化差异对调查研究的影响，这些国外经典量表不一定对中国的组织情境完全适用。因此，研究结果有可能会与实际现象有所出入，未来可以通过开发适用我国本土文化的调查工具展开对伦理型领导作用机制的研究。

再其次，本研究将组织公平和认同内化作为伦理型领导与员工行为之间的中介变量，而研究结果表明，认同内化完全中介伦理型领导对员工的组织公民行为的影响作用，而组织公平部分中介伦理型领导对员工的偏离行为的影响作用。这表明或许存在其他的中介机制或调解机制作用于伦理型领导和员工行为之间的关系，如组织承诺、心理授权、领导成员关系、员工个性等。

最后，本研究单纯将认同内化和组织公平作为独立的中介变量引入伦理型领导对员工行为的影响中来，而没有尝试研究认同内化与组织公平的交互作用，也没有验证认同内化除了可以中介伦理型领导对员工的组织公民行为的影响外，是否还可以同时中介伦理型领导对员工偏离行为的影响。组织公平除了可以中介伦理型领导对员工的偏离行为的影响外，是否也可以同时中介伦理型领导对员工组织公民行为的影响。这些研究设想还有待进一步的验证。

7.5.5 未来研究方向与展望

以往对伦理型领导和员工行为的研究为我们提供了良好的理论基础，本研究也从中介变量的角度验证了伦理型领导与员工行为的关系。对于未来研究的发展方向可以从以下几个方面考虑：

首先，领导是员工组织认知和行为形成的直接作用因素，伦理型领导除了受到个人特质影响以外，家庭环境、宗教信仰、组织氛围等因素也有可能对领导行为、领导方式产生影响。对这些因素影响作用的检验，对于如何培养伦理型领导具有十分重要的意义。

其次，Resick 等（2006）认为不同文化下的管理者所表现的伦理型领导行为在各个维度上存在着显著的不同。不同文化背景下，个体的思想方式和行为模式不同；不同类型的行业，其经营模式和企业核心文化不同；不同层次的领导，其管理职责和管理技能不同。因此，员工与领导的关系以及与领导的沟通认知方式也千差万别。未来研究可以从跨文化、跨行业和跨层次的角度出发，利用多元化的研究方法，突破研究在适用范围上的局限性，为伦理型领导对员工行为的影响提供更有力的支撑。

最后，领导与员工之间的关系复杂微妙，仅仅从中介变量的角度研究两者之间的关系显然是不够的。未来研究可以考虑加入其他中介、调解和控制变量来探讨伦理型领导对员工行为的影响，也可以变化统计分析的方法，采用博弈论、层次分析法等方式对伦理型领导与员工行为之间的影响关系展开论证分析。

伦理型领导发展及其
影响机制研究

Chapter 8

8　伦理型领导对员工行为的影响：领导认同和领导—下属交换关系的中介作用

8.1 引　言

随着国内外非道德事件的频发,学者们对伦理型领导的关注日益增加。有研究表明,伦理型领导对员工建言行为与反生产行为有显著的影响(张永军,2012)。一方面,伦理型领导有助于促进员工积极的行为表现;另一方面,伦理型领导也有助于降低员工的消极行为。为此,人们开始注重企业领导者的道德水平,对企业的伦理型领导的需求也在增加。实际上,要解决经济发展中的经济伦理问题的缺失,除了法律法规的完善、监督机制的完善外,更重要的是需要平衡经济与社会伦理之间的关系,加强自身的伦理建设。可见,加强伦理的非正式约束有极特殊的重要意义。

企业作为市场经济活动的主体,在维护和实践社会伦理标准的同时,促进社会公民道德承诺的建设是一个特殊而重要的使命。但一些企业为获得更大的既得利益,在日益激烈的市场竞争面前,随着企业的经营成本和持续增加的严峻形势,开始认为道德规范和企业绩效之间存在一定的冲突,对伦理道德的重要性认识不足。但是,企业伦理道德对外影响企业形象与利益相关者的认同,对内也会影响到企业管理与运营。相关研究表明,伦理型领导在企业内部对于员工的行为有着不可忽视的重要影响作用。只是这一作用过程的内在机制研究还相对较少。有鉴于此,本研究探讨分析伦理型领导对员工行为的重要作用,以及其间可能存在的中介机制。具体来说,员工是企业的有机组成部分,员工工作绩效和企业绩效有着最为密切的关系。因此,本研究对于员工行为的探讨着重于个人层面上的员工的工作绩效和组织公民行为。另外,本研究基于认知观和关系观两个视角,探讨认知观视角下的员工对领导认同与关系观视角下的领导—下属交换关系在伦理型领导与员工行为间可能发挥的双中介路径。在此,本研究将实证检验伦理型领导对员工任务绩效和组织公民行为的影响,并将领导认同和领导—下属交换关系作为两个中介变量。期望通过本研究,进一步检验伦理型领导的影响效应,以期引起人们对伦理型领导的关注。同时,通过对认知与关系观视角下的双路径模型探讨以促进伦理型领导与员工行为内在关系机制研究的深入发展。

8.2 文献基础与研究假设

8.2.1 伦理型领导的内涵

Enderle 在 1978 年正式提出伦理型领导的概念,它被定义为一种思维方式,即参考伦理原则与标准,通过在管理决策中对有关伦理问题的清晰描述,规范管理决策过程。他认为,道德责任属于领导的一部分,领导行为应包括伦理任务的三个规范要求:开放的现实、诚实的解释现实和创造现实;考虑到他们的决定对其他人的影响;负责公司的目标等。卡农等(1998)认为,领导承担着对所有利益相关者(消费者、员工、政府等)的道德责任。领导者要在组织内形成一个道德环境,使他们以及员工成为一个道德的人。伦理型领导主要体现在以下几点:领导者的出发点都是为员工着想;领导者通过授权的方式影响下属;领导者努力增强自身的道德影响力。

Brown(2005)等对伦理型领导提出了一个更为全面系统的定义。他们将伦理型领导定义为,领导者通过自身行为以及与下属之间的交流,让员工明白如何做才能够符合规范要求,才是恰当的行为。此外,在员工执行规范的过程中,领导采用了与下属双向沟通、强制下属执行等方式,促使员工按照规范要求行动。其中,"规范性、适度性行为"是指,诚实、公平、公正,关心他人。这些行为被下属认为符合其环境背景,符合道德行为准则。这种行为常被下属视为榜样而进行模仿。"采用与下属双向沟通,强制下属执行等方式"是指伦理型领导者在注重自我规范的同时,采用一定的手段引导下属规范的行为。如果下属的行为有悖于规范行为时,会对其进行相应的惩罚,从而采用强制性的方式使下属的行为能够符合伦理道德规范。同时,他还指出,在伦理型领导的不同层次上,员工的感知会有一定的差异。如对于高层、中层以及直接主管的伦理型领导行为感知可能会有所不同。因此,如何让员工感知到更多的来源于领导的关心和尊重,进而提高员工任务绩效、增加其组织公民行为至关重要。

综上所述，本研究采用 Brown（2005）对伦理型领导的定义。

8.2.2 伦理型领导对员工行为的影响

员工行为包括角色内行为和角色外行为。本研究选取员工任务绩效为角色内行为，组织公民行为为角色外行为来探讨伦理型领导对其的影响。

伦理型领导的道德示范可以有助于员工任务绩效的提高（Piccolo，2010）。此外，我国学者王端旭和郑显伟（2014）通过实证研究了伦理型领导与员工角色内行为之间的关系，结果表明伦理型领导可以有效促进员工角色内行为的提高。根据互惠原则，员工为了回报上司的信任，将会在工作上付出更多的努力，进而有助于员工任务绩效的提高。

研究者以社会学习理论和社会交换理论为基础，阐述了伦理领导对员工行为和工作绩效的影响。社会学习理论认为个体可以通过观察学习和模仿榜样角色的价值观和行为来改变或者调整自身的行为表现。一般来说，伦理型领导者主要是通过两个方面来影响员工的行为：一方面，通过自身角色和地位的影响。伦理型领导者的行为会影响员工的价值观和行为，并吸引更多的员工来模仿他们的行为；另一方面，通过设立奖惩措施，达到激励员工规范其行为的目的。由于领导者所处的权威地方的影响，更易使其成为员工模仿的榜样。伦理型领导具有较高的伦理道德水平，其表现出现的伦理行为会让员工模仿同类行为，如在组织中更好地履行自身的角色职责，从而提高其任务绩效水平。同时伦理型领导的伦理强化措施，对员工符合规范的行为进行恰当的激励，从而可以强化员工积极的行为，包括对于角色任务尽心尽力的投入行为。

而社会交换理论是建立在互惠规范的基础上的。当产生有利于他人的行为时，他人会产生责任感，并会用更多的实际行动来回馈对方。实际情况表明，只有当领导公平、正直、诚恳地对待员工时，员工才会发自内心地对领导者产生依恋，并愿意花更多的精力投入到工作中，进而做出更多对领导和集体有益的事情。基于社会交换理论，伦理型领导对待员工的正直与真诚，会让员工产生一种回报的义务。而其中一个重要的回报选择即是将领导规定的角色任务要求更好地完成，即努力提升任务绩效。综上所述，本研究提出如下假设：

假设1a：伦理型领导与员工任务绩效呈显著正相关。

在企业里，下属回报领导者的行为主要表现在愿意花更多的精力投入到工作中，做出更多有益于企业今后发展的行为，包括任务绩效和组织公民行为（李晔、张文慧和龙立荣，2015）。伦理型领导不仅影响属于员工角色内行为的任务绩效，而且对属于员工角色外行为的组织公民行为也有一定的影响作用。Piccolo等（2010）研究成果表明，伦理型领导对员工的组织公民行为具有促进作用。Mayer（2009）的研究发现，伦理领导水平越高，员工的组织公民行为会越多。

基于社会学习理论，伦理型领导可以通过两个方面来影响员工的组织公民行为。第一，依靠领导者的角色和地位。伦理型领导者的行为示范了为他人和组织着想，不计个人得失和乐于奉献的积极伦理品行，从而可以激发员工相应的价值观和行为，并吸引员工来模仿他们的这些积极奉献行为。其中的一个重要表现，即是超出角色明确规定的职责，投入到更多的对组织和他人有益的行为之中，并且不计报酬，即展现出更多的组织公民行为。第二，伦理领导者通过设立奖惩措施，达到激励员工规范其行为的目的。伦理型领导者注重通过相应的激励与奖惩措施，引导组织成员良好的伦理行为，并提高组织的伦理氛围。在此背景下，员工会逐渐形成并发展起更多的良好伦理行为，包括为他人着想，替他人服务，同时积极促进组织进步，体现出所谓的"为大家，舍小家"的积极品质。从而伦理型领导可以促进员工更多的组织公民行为表现。

基于社会交换理论，伦理型领导对员工的影响是在互惠的基础上。当伦理型领导做出有利于员工的行为时，员工会有回报的义务感，从而更努力以给予领导相应的回报。当领导者对每位员工都是诚实的、公平的，员工将更可靠，并愿意努力工作，使他们的领导和组织更有益。其中的一个重要表现即是更多地为组织和他人奉献，如表现出组织指向和个人指向的组织公民行为，希望通过自己越超职责规定之外的主动奉献促进组织更好地发展。据此，本研究提出如下假设：

假设1b：伦理型领导与组织公民行为呈显著正相关。

8.2.3 领导认同的中介作用

组织认同和领导认同是社会认同在组织情境中的两种常见形式，往往交织在一起发挥作用。但是，领导认同在伦理型领导与员工行为之间的中介作用仍需做深入的探讨。根据社会认同理论，身份认同是自我概念形成的重要过程。身份认同的获得是一个与他人关系定位的过程（孙健敏、宋萌和王震，2013）。领导认同是在组织内部领导—下属关系中的具体表现形式，指的是下属对领导个性特征或角色行为产生的认同。伦理型领导作为一种领导风格，有助于员工的态度和行为的改善，达到"以德服人"，进而让下属真正"心悦诚服"（潘清泉和韦慧民，2014），进而对领导认同产生正向影响作用。通过实证研究表明，伦理型领导对于员工任务绩效的提高有以下三个中介变量：领导—成员交换，自我效能以及领导认同（Walumbwa，2011）。伦理型领导通过关心、尊重同事或者下属，激发员工的自尊，让员工感受到自己在团队中的重要性，领导的可依赖性，进而增加对领导的认同感。此外，伦理型领导往往能够培养员工的集体精神，有利于员工之间更好地合作，减少员工之间的竞争，让员工对领导产生更多的认同。

下属与主管之间的关系会影响到下属的动机与绩效，而高水平的领导认同将加深这种关系（Sluss & Ashforth,, 2008; Lord, Brown & Freiberg, 1999）。研究表明，领导认同影响个体的体验与行动（Sluss & Ashforth, 2007），影响新入职者的适应（Sluss, Ployhart, Cobb & Ashforth, 2012），会提高下属的忠诚和服从（Kark et al., 2003）。因为领导认同反映了下属对于其领导的个人依恋程度（Zhang & Chen, 2013）。高水平的领导认同意味着下属对领导更高的个人依恋水平。当下属拥有较高水平的领导认同时，会更重视并渴望维持和发展上下级关系。下属被这种关系预期所激励，一个最为直接的反应就是努力做好工作职责规定的任务，提高员工任务绩效。综上所述，本研究提出以下假设：

假设2a：领导认同在伦理型领导与员工任务绩效之间起中介作用。

较高水平的领导认同不仅会影响角色内行为，还会影响角色外行为，可以促使员工更多地投入到领导所期望的角色外行为中。李晔、张文慧和龙立荣（2015）探讨了自我牺牲型领导对员工行为影响的中介作用，研究表明，自我牺牲型领导对员工角色行为（任务绩效、组织公民行为）正向影响，且领导认同在两者之间起到中介作用。组织公民行为可以提高组织的整体利益，但却无法在正式工作职责或角色要求内进行明确界定，因此自被提出以来就一直被人们视作是角色外绩效。领导者使下属感到尊重和重视，能够增加员工和其他成员的合作，并确定自己在社会中的作用；进一步加强员工的信念，产生更多有利于企业发展的行为，这种信念可以增加员工的组织公民行为。伦理型领导通过自身的榜样示范以及管理措施的伦理强化让员工意识到了，领导不仅是一个口头强调道德的人，还是一个努力践行道德标准的人，从而可以有效提高员工对于领导的认同，而领导认同可以促进员工更多的奉献，包括职责规定之外的组织公民行为，以促进组织的发展。综上所述，本研究提出以下假设：

假设2b：领导认同在伦理型领导与组织公民行为之间起中介作用。

8.2.4　领导—下属交换关系的中介作用

领导行为影响下属的体验与反应，并通过下属的反作用力来影响领导进一步的互动行为，从而构建起了相应的领导—下属关系。而这种领导—下属交换关系会进一步影响员工的态度和行为（魏峰，2006）。领导—成员交换（LMX）反映了领导与下属之间的关系水平。研究表明，领导—成员交换关系存在着显著的差异。不同领导—成员交换关系下，员工受到的待遇都可能有所不同。正是由于领导—成员交换关系的上述客观差异及其重要影响，关注组织内的领导—下属交换关系有着重要意义。

领导下属交流是企业人力资源管理的重要组成部分。高水平的领导—下属交换关系与组织公民行为、角色绩效、工作满意度、创造性工作投入等正相关。相关研究表明，高质量的领导—下属交换对员工的行为产生积极的影响（Graen & Uhl—Bien，1995），但这种影响的过程并没有得到充分的关注。Zhang和Chen（2013）指出，领导与下属之间的关系具有重要的影响效力。我国学者李燕萍（2012）通过在中国情境下的研究，发现领导—部属交换能够提升领导认同。而领导—下属交换关系又可能进一步影响员工的行为。其中，角色内行为是工作职责所要求的产出，代表着员工的基本工作规定与要求。员工任务绩效是衡量员工角色内行为的指标之一。一般来说，高质量的领导—下属交换关系具有的积极影响主要在于，在高水平的领导—下属关系中，员工可以与领导进行更多的工作和情感交流，可以从领导那里获得更多的资源，如更多的信息，正式或非正式的激励，领导的关注和支持，更高程度的工作自由等，这些都有助于他们的工作绩效的提高（Howell & Hall—Merenda，1999；王辉和刘雪峰，2005）。由此，本研究提出以下假设：

假设3a：领导—下属交换关系在伦理型领导与员工任务绩效之间起中介作用。

王惠等（2005）学者探讨了变革型领导与员工行为之间的关系，并分析了领导—下属交换关系在两者之间的中介作用。Townsend 等（2002）学者通过对 150 对领导及下属的研究，发现领导—部属交换关系正向影响员工的组织公民行为。角色外行为一般以组织公民行为来衡量。大量的研究发现，当员工感受到更多的来自领导的关心，他们会更愿意在工作中做出积极的行为，即使这些行为没有被纳入组织的正式考核体系中或是根本就不属于工作范畴之内（吴志明和武欣，2006；沈伊默，2007）。

以往的研究表明，基于社会交换理论（Blau，1964），高质量的领导—下属交换关系中，领导为下属提供较多的信任、资源以及支持，使下属产生"回报组织和领导"的义务感，进而更可能付出超过自己职责范围的努力，期望通过实施组织公民行为进行回报，以保持和平衡这种交换关系。中国学者郑晓涛、郑星珊和刘春继（2015）研究了领导—下属交换关系与员工主动性行为的影响。结果表明，领导—下属交换关系也会影响员工建言行为。同样作为一种角色外的主动行为，组织公民行为不在员工的工作职责之内，甚至不被正式激励系统所奖励。那么，领导—成员交换关系是否影响组织公民行为呢？虽然领导—下属交换关系对组织公民行为这种正向影响得到了众多实证研究的支持，但也有学者认为，现有研究对领导—下属交换关系对组织公民行为影响的这一交换过程的作用机制缺乏清晰的描述，并且两者之间的相关度在不同的研究中出现了较大幅度的差异（Schriesheim, Castro & Cogliser，1999）。例如，Wayne 等（2002）发现了 LMX 与 OCB 之间存在较弱的相关关系，而 Tekleab and Taylor（2003）则认为，两者存在较强的相关关系。针对这一问题，本研究进一步检验领导—下属交换关系对于组织公民行为的影响效应，并且引入伦理型领导作为自变量，探讨领导—下属交换关系在伦理型领导与员工组织公民行为关系中的传递作用。由此，提出以下假设：

假设3b：领导—下属交换关系在伦理型领导与组织公民行为之间起中介作用。

综上所述，本研究提出了如图8-1所示的双中介路径模型。

图8-1 伦理型领导对员工行为影响的双路径模型

8.3 研究方法

8.3.1 研究对象与程序

本研究采用方便抽样法，对广西、湖北、江西、江苏等地的企业员工进行调查，共发放问卷520份，得到有效问卷477份，有效问卷回收率为91.7%。其中，男性所占比重为44.2%；年龄为30岁及以下占76.9%、年龄31~40岁的占16.8%、年龄41~50岁的占6.3%；教育程度为大专及以下的占35.2%，本科占56.2%，硕士研究生及以上占8.6%。

8.3.2 测量工具

现有的研究表明，员工的性别、年龄和文化程度影响员工与领导关系。因此，本研究将员工性别、年龄和教育程度作为控制变量，在探讨伦理型领导对员工行为的影响机制中加以控制。此外，问卷题项均使用Likert 7点量表来衡量，1表示非常不同意，7表示非常同意。

（1）伦理型领导。我们使用了 Brown（2005）的伦理型领导量表（ELS），共有 10 个题目，由员工进行评价。在本研究中，伦理型领导量表的信度为 0.943。

（2）领导认同。本研究的领导认同量表改编自 Shamir（1998）等学者提出的领导认同量表。正式实施共有 5 个题项，由员工进行评价。本研究的领导认同量表的信度为 0.855。

（3）领导—下属交换关系。本研究采用的领导—下属交换关系量表改编自 Graen 和 Uhibien（1995）学者提出的领导—下属交换关系量表，共有 6 个题项，由员工进行评价。在本研究中，领导—下属交换关系量表的信度为 0.869。

（4）员工任务绩效。本研究采用 Tsui 等（1997）提出的量表测量员工任务绩效，共有 4 个题项，由员工进行评价。在本研究中，员工任务绩效量表的信度为 0.835。

（5）组织公民行为。本研究采用 Aryee 和 Budhwa（2002）学者提出的量表测量员工组织公民行为，共有 9 个题项，由员工进行评价。在本研究中，组织公民行为量表的信度为 0.891。

8.3.3 统计方法

为了检验关键变量间的区分效度，本研究采用 Lisrel 9.2 对伦理型领导、领导认同、领导—下属交换关系、员工任务绩效和组织公民行为 5 个关键变量进行验证性因素分析；在此基础上，运用 SPSS 21.0 计算变量的均值、标准差，以及研究变量之间的相关性；最后运用层级回归方法，对文章所提假设依次进行检验。

8.4 数据分析与结果

8.4.1 同源方差检验

处理数据时，采用 Harman 分析法检测同源偏差问题。未经旋转的探索性因素分析得出第一因子对变异解释量为33.257%,未占总变异解释量(63.735%)的大部分;而且验证性因素分析表明,单因子的拟合指数较差,因此,本研究的同源偏差问题并不突出。

8.4.2 验证性因子分析

为了检验关键变量间的区分效度,本研究对所研究变量进行了验证性因子分析。对比了五因子模型(伦理型领导、领导认同、领导—下属交换关系、任务绩效与组织公民行为),四因子模型(领导认同和领导—下属交换关系合并为一个因子)以及单因子模型(五个变量合为一个因子)。验证性因子分析结果如表8-1所示,表明五因子模型的拟合程度最好(RMSEA = 0.072,CFI = 0.874,IFI = 0.874,NNFI = 0.863)。

表8-1　　　　　　　　　　验证性因子分析结果

模型	χ^2	χ^2/df	df	NNFI	CFI	IFI	RMSEA
五因子模型	1791.39	3.46	517	0.863	0.874	0.874	0.072
四因子模型	2880.78	5.53	521	0.748	0.766	0.767	0.097
单因子模型	8523.60	15.67	544	0.183	0.208	0.209	0.175

8.4.3 描述性统计分析

本研究变量的均值、标准差和相关系数如表8-2所示。伦理型领导与领导认同($r = 0.314$,$p < 0.01$)、领导—下属交换关系($r = 0.261$,$p < 0.01$)、员工任务绩效($r = 0.548$,$p < 0.01$)和组织公民行为($r = 0.514$,$p < 0.01$)均呈显著正相关;领导认同与员工任务绩效($r = 0.317$,$p < 0.01$)、组织公民行为($r = 0.320$,$p < 0.01$)显著正相关;领导—下属交换关系与员工任务绩效($r = 0.265$,$p < 0.01$)和OCB($r = 0.311$,$p < 0.01$)显著正相关。结果表明,相关关系符合本研究的预期假设。

表8-2　　　　　各变量的均值、标准差和相关系数

变量	均值	标准差	1	2	3	4	5	6	7	8
1. 性别	1.56	0.497	—							
2. 年龄	1.29	0.578	-0.198**	—						
3. 教育程度	1.73	0.607	0.166**	-0.202**	—					
4. 伦理型领导	4.998	0.955	-0.123**	0.137**	0.033	—				
5. 领导认同	5.925	0.713	-0.022	-0.030	0.008	0.314**	—			
6. LMX	4.702	0.933	-0.010	0.020	0.038	0.261**	0.251**	—		
7. 员工任务绩效	4.479	1.062	-0.134**	-0.006	0.054	0.548**	0.317**	0.265**	—	
8. 组织公民行为	5.277	0.803	-0.061	0.132**	-0.041	0.514**	0.320**	0.311**	0.532**	—

注：** 表示 $p<0.01$。LMX = 领导—下属交换关系。

8.4.4　研究假设的检验

本研究采用层级回归分析方法检验本研究的主效应假设和中介效应假设。进行主效应假设检验的时候，第一层加入控制变量性别、年龄和教育程度。第二层加入自变量伦理型领导。由表8-3层级回归统计结果可知：伦理型领导正向影响员工任务绩效（M6，$\beta=0.549$；$p<0.001$）和组织公民行为（M9，$\beta=0.510$；$p<0.001$）。因此，假设1a和假设1b得到支持。

本研究采用 Baron 和 Kenny 的方法进行中介效应检验，即在第一层引入性别、年龄、学历和工作时间等控制变量，第二层加入自变量伦理型领导，第三层加入中介变量领导认同和领导—下属交换关系。上述主效应检验支持了自变量对于因变量有着显著影响作用。表8-3显示了自变量伦理型领导对于中介变量领导认同（M2，$\beta=0.326$；$p<0.001$）以及领导—下属交换关系（M4，$\beta=0.263$；$p<0.001$）有显著正向影响。

表8-3　伦理型领导对员工任务绩效影响机制的层级回归统计结果

变量	领导认同		领导—下属交换关系		员工任务绩效		
	M1	M2	M3	M4	M5	M6	M7
性别	-0.030	0.006	-0.012	0.017	-0.105***	-0.090*	-0.093*
年龄	-0.034	-0.077	0.026	-0.008	-0.210	-0.093*	-0.082*
教育程度	0.006	-0.020	0.045	0.025	0.075	0.032	0.032

续表

变量	领导认同 M1	M2	领导—下属交换关系 M3	M4	员工任务绩效 M5	M6	M7
伦理型领导		0.326***		0.263***		0.549***	0.477***
领导认同							0.137***
LMX							0.106**
R^2	0.002	0.104	0.002	0.069	0.024	0.315	0.347
调整 R^2	-0.005	0.097	-0.004	0.061	0.018	0.310	0.339
R^2 更改	0.002	0.103	0.002	0.067	0.024	0.291	0.032
F 更改	0.273	54.058***	0.369	33.888***	3.932*	200.749***	11.516***

注：*表示 $p<0.05$，**表示 $p<0.01$，***表示 $p<0.001$。LMX 表示领导—下属交换关系。

此外，自变量伦理型领导对因变量员工任务绩效显著正相关（M6，β = 0.549；$p<0.001$），在加入中介变量领导认同和领导—下属交换关系之后，伦理型领导对员工任务绩效的影响仍然显著但有所下降（M7，β = 0.477；$p<0.001$），且中介变量领导认同（M7，β = 0.137；$p<0.001$）和领导—下属交换关系（M7，β = 0.106；$p<0.01$）对因变量员工任务绩效也具有正向影响作用。因此，领导认同和领导—下属交换关系部分中介伦理型领导与员工任务绩效之间的关系，假设2a和假设3a成立。

如表8-4所示，自变量伦理型领导正向影响因变量组织公民行为（M9，β = 0.510；$p<0.001$）。在加入中介变量领导认同和领导—下属交换关系之后，自变量伦理型领导对因变量员工组织公民行为的影响仍然显著但有所下降（M10，β = 0.418；$p<0.001$），且中介变量领导认同（M10，β = 0.150；$p<0.001$）和领导—下属交换关系（M10，β = 0.165；$p<0.001$）对因变量员工组织公民行为显著正相关。因此，领导认同和领导—下属交换关系部分中介伦理型领导与员工组织公民行为的关系，假设2b和假设3b成立。

表8-4 伦理型领导对员工组织公民行为影响机制的层级回归统计结果

变量	领导认同 M1	M2	领导—下属交换关系 M3	M4	组织公民行为 M8	M9	M10
性别	-0.030	0.006	-0.012	0.017	-0.035	0.021	0.018
年龄	-0.034	-0.077	0.026	-0.008	0.123**	0.056	0.069

续表

变量	领导认同 M1	领导认同 M2	领导—下属交换关系 M3	领导—下属交换关系 M4	组织公民行为 M8	组织公民行为 M9	组织公民行为 M10
教育程度	0.006	-0.020	0.045	0.025	-0.010	-0.050	-0.051
伦理型领导		0.326***		0.263***		0.510***	0.418***
领导认同							0.150***
LMX							0.165***
R^2	0.002	0.104	0.002	0.069	0.019	0.270	0.324
调整 R^2	-0.005	0.097	-0.004	0.061	0.013	0.264	0.316
R^2 更改	0.002	0.103	0.002	0.067	0.019	0.251	0.054
F 更改	0.273	54.058***	0.369	33.888***	3.023*	162.672***	18.748***

注：* 表示 $p<0.05$，** 表示 $p<0.01$，*** 表示 $p<0.001$。LMX 表示领导—下属交换关系。

8.5 讨论与管理启示

8.5.1 结论与讨论

本研究主要探讨了伦理型领导与员工行为之间的关系。研究结果包括：第一，伦理型领导与员工行为（任务绩效、组织公民行为）存在显著正向相关关系；第二，领导认同和领导—下属交换关系在伦理型领导与员工行为（任务绩效和OCB）之间起到了部分中介作用。总体而言，本研究的理论贡献与实践启示主要表现在以下几点：

（1）本研究证实了伦理型领导对员工任务绩效和组织公民行为具有促进作用。通过一个公平符合伦理的管理措施来展示自身高道德水平的领导者，强调道德的价值，恰当的工作授权，鼓励员工参与一项重要任务，可以显著影响员工的任务绩效表现以及主动性行为。绝大多数的个人通过观察别人的道德行为来引导他们自己的行为（柯尔伯格，1969）。伦理领导作为下属的道德行为学习模式，其道德行为的吸引力和诚意会影响员工的行为（班杜拉，1986）。伦理型领导者行为因受到其权威和地位的影响，会更容易成为下属模仿的榜样。这使得下属会更多地关注伦理型领导者的行为模式。良好的道德榜样激发了员工不仅更多地投入到角色内行为以提高任务绩效，还会不计报酬地投入到角色外行为，如更多的组织公民行为。

（2）研究结果表明，伦理型领导通过领导认同和领导—下属交换关系影响员工行为。领导认同作为员工心理上对领导的归属感和依附感，是伦理型领导影响任务绩效和组织公民行为的一条重要通路，在伦理型领导与员工任务绩效和组织公民之间起到中介作用。伦理型领导的榜样示范以及榜样激励会提高员工对于领导的认同感，而高的领导认同则可以促进员工更多的投入，从而提高员工的任务绩效和组织公民行为。另外，伦理型领导对员工真诚与关心等行为，可以有效改善领导—下属交换关系，而高质量的领导—下属关系又可以促进员工更多地服务于组织，即领导—下属交换关系在伦理型领导与员工任务绩效及组织公民之间起到中介作用。

8.5.2　管理启示

本研究验证了伦理型领导与员工行为之间的正向关系，并证实了领导认同及领导—下属交换关系的中介作用。这一结论进一步揭示了伦理型领导对员工组织公民行为和任务绩效的影响机制，有助于更好地理解领导作为个人和组织带头人在影响员工行为过程中的积极作用。

本研究的结论也为企业的管理实践及企业领导者的管理活动提供了实证支持，并对企业的人力资源管理实践有所启示。一是企业应该重视伦理对于员工的影响，采用伦理型领导方式，对领导者的伦理水平进行适当的管理与提升，有助于提高领导者的管理效能；二是在管理中要重视员工的领导认同，通过伦理型领导的方式，提高下属的领导认同感，从而有利于员工角色内行为和角色外行为的产生；三是在企业管理中要注意提高领导—下属的交换关系，在实践中，领导要关心、尊重下属，通过恰当的决策以及自身的积极行为表现展现出对于员工的信任和尊重，从而提高员工的领导—下属交换关系，进而促进员工积极行为的产生。

员工的工作绩效是每个企业非常关注和重视的核心内容，关系到企业的运行和发展，也关系到企业实际利益的获得。对于员工工作绩效的管理是领导者始终关注的焦点。作为一种领导方式，伦理型领导在组织发展的过程中，除了直接关注员工工作绩效之外，还需要注重员工的高层次需求。伦理型领导强调道德标准的现实意义，促进领导与员工之间有效的双向沟通，可以提升员工对于领导的认同感并建立起良好的上下级关系，最终可以促进员工工作绩效的提高。

目前，越来越多的组织倾向于从企业内部培养和选拔优秀的领导者。本研究揭示了伦理型领导对于员工工作绩效的积极促进作用，也提示了组织管理者在选拔与培养领导时要重视伦理型领导的选拔与培养，充分发挥伦理型领导的积极影响作用。一方面，提升伦理型领导者的自身伦理示范作用并制定相应的政策措施强化员工的伦理行为；另一方面，可以通过伦理型领导行为的实施，提高下属对领导的认同，并建立良好的领导—成员交换关系，从而促进员工更多地为组织奉献，促进组织的发展。

8.6 研究局限及未来研究展望

回顾这项研究的过程，由于各方面的制约，本研究仍有一定的局限性和不足之处，希望后续研究能进一步完善。

首先，本研究的量表是在国外的基础上进行翻译和修订的，虽然本研究结果的有效性比较高，但其适用性可能还需要未来进一步的检验。如开发相应的本土化量表进行调查，检验本研究的结论。

其次，本研究未对伦理型领导进行分层研究。在这项研究中，领导的测量是由员工根据他们的直接主管的行为进行评估，而不涉及高层领导行为。不同层次的领导，对于员工任务绩效和组织公民行为影响的内部机制上可能存在差异。所以，后续研究可以尝试探讨不同层次的领导者对员工行为的影响机制。

最后，本研究探讨伦理型领导对员工行为的影响时，角色内行为采用了员工任务绩效作为结果变量；角色外行为采用了组织公民行为作为结果变量。今后可以针对员工行为的其他变量，研究伦理型领导对不同员工行为的影响效应及其内在机制。

伦理型领导发展及其
影响机制研究

Chapter 9

9 伦理型领导、下属的领导信任及员工行为的关系机制研究

9.1 引　　言

人无德不立，国无德不兴。党和国家近年来不断强调伦理建设，明确提出建设社会主义核心价值体系，完善伦理建设体系，推进全社会伦理文明素质，为实现"中国梦"奠定坚实的基础。然而，在经济快速发展的进程中，国内外的企业频频出现伦理滑坡和价值沦丧的现象，如"做假账"（Harris & Bromiley, 2007），制造面向消费者的"危险产品"（Govindaraj & Jaggi, 2004），对第三方群体实施"环境破坏"（Alexander & Coheii, 1996）等严重问题。特别是近些年来我国食品行业企业中频繁披露的质量及伦理问题。以三聚氰胺事件为代表，随后曝光了一系列损害消费者权益的恶性事件，置最基本的商业道德伦理于不顾，挑战着人民的道德底线，丧失了对商业伦理的坚守。人们在斥责这些公司无视他人利益、挑战人类道德底线的同时，也在思考为何非伦理行为在有些组织中能够大行其道，而在其他组织中却无处藏身。在这一过程中，整个社会群体逐渐失去了对企业经营和提供产品与服务最基本的信任。

商业伦理滑坡和价值沦丧事件的不断涌现，究其原因势必与企业领导者的监管不力甚至执法懈怠存在着密切联系。研究发现，伦理是"理想领导"的必要属性，且中国企业员工普遍认为，有效领导与领导伦理行为之间是紧密联系的（黄静和文胜雄，2016）。伦理型领导作为企业内部伦理监管的核心力量，也因此成为大家关注的焦点（张小林，2012）。因为与其他领导行为相比，伦理型领导最突出的特征就是注重伦理管理，他们的道德特质与伦理行为影响着员工的伦理相关行为（莫申江和王重鸣，2010）。伦理型领导不仅是公正、值得信赖的合乎伦理的人，也是经常与下级沟通，设定明确伦理标准，并利用奖罚来监督下级遵守这些标准的合乎伦理的管理者（张永军，2015）。伦理型领导可以在人际交往和互动中展现出合乎规范伦理的行为，并通过与下属的交流、巩固强化以及决策等方式，激发下属的伦理行为（Brown et al., 2005）。并且，国内外研究成果表明，伦理道德和伦理行为在企业绩效和员工行为中起到重要作用。如伦理型领导不仅对员工的个体绩效存在显著的促进作用（Brown, 2005; Piccolo et al., 2010），而且通过加强领导—下属交换、组织认同、组织承诺等提高团队成员工作绩效（Walumbwa，2011，2012；Shukurat，2012），并对员工亲社会行为（包括进谏行为等）（张小林和钟敏，2012；Kacmar，2011）、创新行为（姚艳虹、周惠平、李扬帆和夏敦，2015）有着显著的提升作用；此外，还对反生产行为（Brown & Treviño，2006；张永辉和赵国祥，2015）、偏差行为（Bennett & Robinson，2000；Mayer et al.，2009；黄嘉欣、王林和储小平，2013）等也有明显的抑制作用。然而，正如 Barling 等（2010）提到的，虽然伦理型领导对员工行为的影响已为众人所知，但是，其中的机制是如何发生的，以及怎样发生的，却鲜有研究。一些学者为了全面考察员工行为，将员工行为划分为角色以外和角色以内两大类（Motowidlo & Van Scotter，1994）。鉴于尚未有学者将伦理型领导与员工的角色外行为和角色内行为系统起来进行研究。因此，本研究将考察伦理型领导如何影响员工的角色内行为（即任务绩效）和角色外行为（即组织公民行为），并对其中的影响机制作深入探究。

Bono 和 Charisma（2006）指出，伦理型领导的特质与行为直接影响着员工积极或消极的心理和行为状态。对这种行为关系理解的理论出发点是，将伦理型领导与员工视为一种社会交换关系（Bass，1999）。伦理型领导在对员工施以救助或奖励时，总是会预估员工未来的回报状况，这种预估性回报是以信任为潜在条件的，伦理型领导认为被施以救助或奖励的员工，将会对这部分救助或奖励予以公平的回报（Wayne，Shore & Liden，1997）。伦理型领导向下级传达何为恰当的行为方式时，往往是运用言传身教的方式进行，将自身树立为恰当行为的榜样，并通过双向沟通和多种手段不断刺激和强化（Brown，Treviño & Harrison，2005），对下属的工作态度与行为起到积极的榜样作用。Settoon，Bennett 和 Liden（1996）也认可社会交换关系，并认为其本质是建立在信任的基础上，在此基础上的付出与回报之间存在相关性。所以，伦理型领导的这种道德化的特质和人性化的行为一定是得到了下属的信任，进而才会影响下属的行为。关于信任在领导风格与员工行为方面的研究屡见不鲜，但是主要都集中在魅力型领导、变革型领导、真实型领导等与员工行为的研究上，例如，Conger 等（2000）指出，魅力型领导偏好运用自身内在品行和人格获取下属的尊重，并以此来加深下属对自身的信任，由内在品行和人格引起的情感信任，对下属行为和态度的影响是比较稳定的；此外也有学者指出，变革型领导行为对组织公民行为和态度影响可能是借助于提高的信任，即信任在两者之间起到了间接联系的作用（Podsakoff et al.，1990；Gillespie & Mann，2004）。Walumbwa 等（2011）在团队层面检验并证实了信任在真实型领导与团队绩效和公民行为之间所起的中介作用。在有效组织领导的过程中，领导行为有产生下属信任的功能，反过来，这种信任能够极大地影响下属的态度和行为（Dirks & Skarlicki，2004）。但是，信任在伦理型领导与任务绩效和组织公民行为的关系研究尚有欠缺，因而探讨信任在伦理型领导与员工行为关系中的内部作用机制具有重要意义。

综合上述分析，本研究将进行如下探索：第一，探究伦理型领导对员工任务绩效和组织公民行为的影响；第二，分别探讨认知信任和情感信任这两种维度的信任，在伦理型领导与员工任务绩效和组织公民行为关系之间的中介作用。

9.2 文献基础与研究假设

9.2.1 伦理型领导

在领导行为理论中，伦理型领导（ethical leadership）是指在人际互动关系中领导者表现出的关心帮助他人等伦理行为，并且通过对下属产生榜样示范作用以使得下属的行为也富有伦理性的过程（Zhang，2013）。伦理型领导理论最早源于社会对组织伦理规范问题的关注（张笑锋等，2014）。Enderle（1987）认为，伦理型领导是对管理决策中伦理性行为的规范化过程，以此标志着伦理型领导的相关研究开始出现。其后，Podsakoff 等（2000）分别从组织和个体两个层面进行研究，丰富了伦理型领导的概念。Brown（2006）指出，伦理型领导通过其在个体活动以及与组织成员之间的人际互动中表现出合乎伦理规范的行为，并与组织成员进行双向交流，来强化机制和进行管理决策，进而影响员工产生同类的行为和表现。而后，Mayer 等（2009）通过相关的调查研究，在理论上建立了一个多层次伦理型领导模型。他们强调，组织伦理型领导应包括高层、中层、基层等不同层次的表现，而且中层管理者的伦理型领导作用在高层与基层间起到桥梁作用。

另外，在伦理型领导内涵的界定方面，潘清泉和韦慧民（2014）在总结以往国内外伦理型领导的基础上提出，伦理型领导应涵盖"道德的人"和"道德的管理者"两方面内容。一方面，伦理型领导者应强化自身的伦理理念和思想，为员工树立伦理行为模范；另一方面，伦理型领导应凭借自身的伦理行为的影响力和示范作用，进而达到规范员工行为的目的，取得言传身教的效果，使伦理型领导理论在实践运用探索中走向成熟。因此，本研究将涵盖"道德的人"和"道德的管理者"两种特质的管理者定义为伦理型领导（Treviño，Hartman & Brown，2000）。

9.2.2 员工行为

关于员工的行为，Borman 和 Motowidlo（1993，1997）认为，员工行为不仅指那些对组织的输入和输出活动提供支持以及贡献的直接行为活动，还应包含那些对嵌入在组织活动中的社会和心理情境起作用的行为。基于此，他们将员工行为划分成任务绩效和周边绩效，或者角色内绩效和角色外绩效（Motowidlo & Van Scotter，1994）。而后 Motowidlo（2000）指出，组织公民行为中的行为内容与周边绩效有很大重叠，都描述了相同或者相似的行为概念，所以大部分后续学者们将此行为概念定义为组织公民行为，主要表现为帮助新来的同事适应工作环境、维护公司声誉、提早处理工作事务等（Motowidlo & Van Scotter，1994）。鉴于此，本研究将采用后续学者们广泛运用的行为概念，把员工行为分为任务绩效和组织公民行为两个方面。

9.2.3 下属的领导认知信任与情感信任

Mayer 把信任定义为"与他人合作的意愿"（Mayer，Davis & Schoorman，1995）。McAllister 在前人观点的基础上提出的信任定义得到较广泛的认可，即信任是建立在对对方行为积极预期基础之上的一种心理状态，信任者愿意与对方维持一种关系，并愿意接受由于这种关系带来的风险。对信任的理解应该从情感信任和认知信任两个维度展开，情感信任扎根于双向的人际关怀或情感维系，而把认知信任视为扎根于个体对他人可靠性、可依赖性和能力素质的信念（McAllister，1995）。随着对信任研究的深入，学者的研究视野逐渐扩大到了群体和组织情境中，人际信任不仅是心理状态，也是组织氛围，是员工对自己所处组织环境和谐性、稳定性的主观判别（Dirks & Ferrin，2001）。Cummings and Bromiley（1996）将信任划分为三个维度，分别是情感的、认知的和故意的行为，其中情感和认知维度与Cook和Wall（2005）提出的维度相似，而行为意愿维度则类似于可以作为信任前因的监督行为。但需要指出的是，这些对信任的维度划分大都是停留在理论层面，而缺乏实证的检验。此外，Jones和George（1998）提出了信任可以分为有条件的信任和无条件的信任两个维度，其内容与情感信任和认知信任的定义是基本一致的。其中，有条件的信任是基于了解和对他人的积极预期，而无条件的信任是基于积极的情感和相互的认同。本研究探讨下属对领导的信任关系，在此采用了McAllister的两维度信任概念（McAllister，1995），将人际信任区分为两种基本类型：建立在个体对其交往对象能力基础上的认知信任和建立在人与人之间相互关心和照顾基础上的情感信任。

9.2.4 伦理型领导与员工行为

在组织中，领导者的伦理榜样作用是不可替代的（Resick et al.，2013）。一方面，领导者在组织中所拥有的特殊权力、职责以及行为方式等都易成为员工模仿学习的榜样。如伦理型领导的助人行为（郑晓明和王倩倩，2016）、慈善行为（张菡，2015）、进谏行为（张小林和钟敏，2012）及反生产行为（张永辉和赵国祥，2015）等，都是高质量的伦理行为表现，为员工树立了伦理规范和准则，进而成为下属伦理行为效仿的典范（Yaffe，2011）。另一方面，因伦理型领导在组织中的特殊位置，更容易被下属员工效仿学习。下属员工通过对伦理型领导的学习，更能表现出对组织的忠诚和对工作的努力，因而提高个体的工作绩效。有研究表明，伦理型领导尊重员工的能力并充分考虑员工职业发展的需要，因此员工能在工作中体会到自身的价值，进而努力完成角色内绩效（Motowidlo & Van Scotter，1994；洪雁和王端旭，2011）。Walumbwa等（2011）研究证实了伦理型领导对下属按时完成工作任务具有积极的促进作用。

另外，Brown和Dunford（2013）以社会学习理论为基础，重点分析了伦理型领导与下属的直接作用关系。伦理型领导者自身表现出的专业、友爱等特征都会促进员工产生出类似的行为，引发下属学习模仿的行为（周路路，2011）。如果伦理型领导在决策制定过程中强调社会责任，可以增强团队成员的工作积极性，促使团队成员做出更多的角色外行为，如主动参与社会公益活动和保护公司形象等，进而对组织公民行为产生促进作用（Hansen, 2013）。同时，社会交换理论表明，伦理型领导所具有的伦理特征和行为能使组织成员产生受惠感，并因此而更愿意通过自身更高的工作绩效来回报领导和组织。高质量的交换关系会换来下属以高水平绩效为表现形式的回馈。而且，下属为了保持与领导的高质量互动关系，也会主动表现出超出管理者和组织期望的角色外绩效（Dulebohn et al., 2012；王震等，2012）。有学者指出伦理型领导作为一种积极的、符合伦理规范的领导方式，能够激发和提高下属积极的工作表现，如高水平的角色内绩效和角色外绩效（Avey et al., 2011；Piccolo et al., 2010；ReSick et al., 2013；Ruiz-Palomino et al., 2011）。基于此，本研究提出如下假设：

假设1：伦理型领导与任务绩效显著正相关。

假设2：伦理型领导与组织公民行为显著正相关。

9.2.5 信任的中介作用

伦理型领导注重人与人之间的平等、尊重和真诚，这种人际理念使伦理型领导更容易与其追随者融为一体，让组织成员获取被尊重的情感需求，下属在这种情感氛围中对伦理型领导表现出更多的忠诚度和信任度。De Hough等（2008）认为，伦理型领导具有伦理公平、角色界定、权力分享的特质，以及诚信、利他主义、集体主义和激励等特质。伦理型领导的这些特质正是影响员工信任的主要因素（Resick, 2006）。从信任来源的基础上看，信任主要分为情感基础的人际间信任和认知基础的人际间信任两大类。一方面，认知基础的人际间信任多是基于以往工作角色和工作能力的判断对未来的行为做出预测。而已有研究发现，伦理型领导通过自身的伦理行为会对下属产生模范作用，同时辅以奖惩措施以规范成员的行为，并通过自身的领导专长权与模范作用对下属产生影响（莫申江，2010）。另一方面，情感基础的人际间信任更多地来自人的品性和善意，是一种情感的连接，如正直、真诚、公正、关怀、互助、利人等品德。而伦理型领导关心、尊重和公平对待下属，为他们提供各种有形资源和无形资源。因此，伦理型领导不仅通过自身的伦理行为和组织的奖惩制度对下属的认知基础的人际间信任产生影响，而且伦理型领导这种和善友好的特质使得他们能够与下属产生更好的感情，增强下属以情感为基础的人际信任。鉴于此，本研究提出如下假设：

假设3：伦理型领导对下属的领导认知信任有显著正向影响。

假设4：伦理型领导对下属的领导情感信任有显著正向影响。

许多学者对伦理型领导与员工行为之间的关系进行了研究，当领导者表现出管理者所拥有的公正、以身作则、奖善惩恶等一系列伦理行为时，会增加员工对其的信任，激发下属学习和模仿的动机，从而增加员工有益的工作行为。Mayer等（2009）通过研究得出，伦理型领导与组织层面的公民行为之间存在正向的相关性。另外也有学者指出，伦理型领导与个体层面的公民行为之间存在正向的相关性（De Hoogh & Den Hartog, 2009; Brown & Treviño, 2006）。Rubina（2010）指出，伦理型领导增进了领导与员工之间的关系导向行为，从而提高了员工的任务绩效。James等（2012）认为，伦理型领导增强了员工的归属感，从而进一步提高了员工的任务绩效。

领导与员工行为之间是存在社会交换关系的，信任在这种社会交换关系中扮演了至关重要的角色。一个优秀的领导者对员工行为方式的管理，更多的是依靠自身的人格魅力来获取员工内心的信任与认可，而非仅仅是职务上的权威。从社会交换理论的角度出发，伦理型领导要想使员工从内心深处认可自我，进而最大效度地完成任务，首先要运用恰当的人际关系和自身的人格魅力与员工建立起一种稳固的信任关系（Dirks & Ferrin, 2002）。领导者的人际关怀、公平和人格等都是产生信任的重要因素。Den Hartog 和 De Hoogh（2009）在研究中发现，当员工感受到组织、领导的公平对待或职权分享时，员工会对组织或上级表现出更高的信任度和忠诚度，其回报也会明显增加，即组织公民行为或任务绩效会更加突出。伦理型领导对员工行为激励的重要途径之一，就是增加员工对组织或领导的信任度，使员工从内心深处认可组织或领导，进而确保员工个人目标和价值观与组织的价值观和目标保持一致，最终达到员工行为即组织公民行为和任务绩效激励的效果（见图9-1）。综上所述，本研究进一步提出如下假设：

假设5a：下属的领导认知信任在伦理型领导与任务绩效之间起中介作用。

假设5b：下属的领导认知信任在伦理型领导与组织公民行为之间起中介作用。

假设6a：下属的领导情感信任在伦理型领导与任务绩效之间起中介作用。

假设6b：下属的领导情感信任在伦理型领导与组织公民行为之间起中介作用。

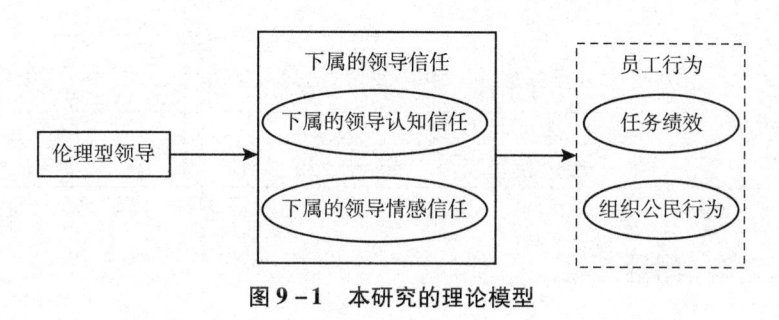

图9-1　本研究的理论模型

9.3　研究方法

9.3.1　研究对象与程序

本研究的样本来源于广西、湖北、湖南、江苏等地区的多家企业，涉及制造业、服务业、金融业等行业。研究者向企业中的员工发放问卷并当场回收。在员工填写问卷前，研究者向调研对象详细说明调研都是匿名展开的。本次调研发出问卷500份，剔除了多处空白以及呈明显规律性的问卷后，最终获得了458份有效问卷，有效回收率为91.6%。

采用SPSS 21.0软件对样本的基本信息进行描述性统计分析，员工的基本分布情况如表3-1所示。由表9-1可知，在员工样本中，从性别来看，男性占44.1%，女性占55.9%，男女比例基本持平；从年龄方面来看，30岁以下占76.9%，31~40岁占16.8%，40~50岁占6.3%；从受教育程度来看，大专及以下占36.2%，本科占55.5%，硕士及以上占8.3%，总体来看员工学历普遍较高。总体而言,本研究的数据具有良好的代表性,样本结构也比较合理,能够较好地反映调查对象在人口统计变量上的基本特征。

表9-1　　　　员工样本的人口统计学分布（N=458）

属性	组别	样本数	占比（%）
性别	男	202	44.1
	女	256	55.9
年龄	30岁以下	352	76.9
	31~40岁	77	16.8
	41~50岁	29	6.3
教育程度	大专及以下	166	36.2
	本科	254	55.5
	硕士及以上	38	8.3

9.3.2　测量工具

（1）伦理型领导。本研究的伦理型领导量表采用的是Brown和Treviño（2005）等的伦理型领导量表（ELS），此量表被多数学者认可,包括10个项目。如:"我的主管会惩罚违反道德标准的下属"等。计分方法采用Likert 7点量表,从"1=完全不同意"到"7=完全同意"。

（2）下属的领导信任。本研究采用McAllister（1995）的信任量表测量下属的领导信任。经预测后的探索性因素分析,删除了认知信任中的一个双重负荷项目和一个因素负荷低于0.4的项目,所以正式研究采用了9个项目,其中4个项目测量对下属的领导认知信任,如"根据我与领导的接触,我没有理由怀疑他的工作能力";5个项目测量情感信任,如"我可以毫无顾忌地跟我的领导谈论我在工作中碰到的困难,并且我知道他很乐意倾听",测量同样采用Likert 7点量表,从"1=完全不同意"到"7=完全同意"。

（3）任务绩效。本研究经过查阅大量文献后发现,国内学者对于任务绩效的测量,普遍采用Tsui等（1997）学者提出的量表测量员工任务绩效,共有4个题项,如"该员工的工作量高于部门平均水平",由领导对其员工进行评价,从"1=完全不同意"到"7=完全同意"。

（4）组织公民行为。组织公民行为量表采用Aryee和Budhwa（2002）学者提出的 Likert 7 点量表测量员工主动创新行为，从"1=从不"到"7=总是"，共计 9 个题项，如"如果有需要，我愿意帮助同事做一些额外的工作"。

（5）控制变量。以往关于伦理型领导和员工行为的研究表明，人口特征变量与组织行为和员工心理反应也常存在一定程度的关联性（如：Chen & Aryee，2007；吴宗佑，2008）。因此，本研究选择组织行为学中常见的人口统计变量，即性别、年龄、教育水平作为控制变量。

9.3.3 统计方法

本研究采用 SPSS 21.0 和 Lisrel 9.2 进行所有的统计分析。具体包括：首先，采用 Lisrel 9.2 针对研究所涉及的变量进行验证性因子分析，以考察所使用量表的区分效度；然后，运用 SPSS 21.0 进行描述性统计分析；最后，采用 SPSS 21.0 进行层次回归考察伦理型领导与员工行为（即任务绩效和组织公民行为）的关系，以及下属的领导认知信任和下属的领导情感信任的中介作用。

9.4 数据分析与结果

9.4.1 同源方差检验

为了控制同源方差，本研究在实施程序上采用匿名调查以及项目变换顺序等方式，搜集了调查数据。另外，本研究采用 Harman 单因素法，检验本研究的同源方差情况。单因素法显示，未经旋转的探索性因素分析分出的第一个因子的解释量为 35.43%，未占绝大多数。而且验证性因素分析表明单因子的拟合指数较差。因此，同源方差并未严重影响本研究的结果。

9.4.2 验证性因子分析

考虑到伦理型领导、下属的领导认知信任、下属的领导情感信任、任务绩效、组织公民行为的测量均为同一来源，本研究做了系列验证型因子分析

进行辨别效度检验,分析结果如图9-2所示。运用验证性因素分析,比较五

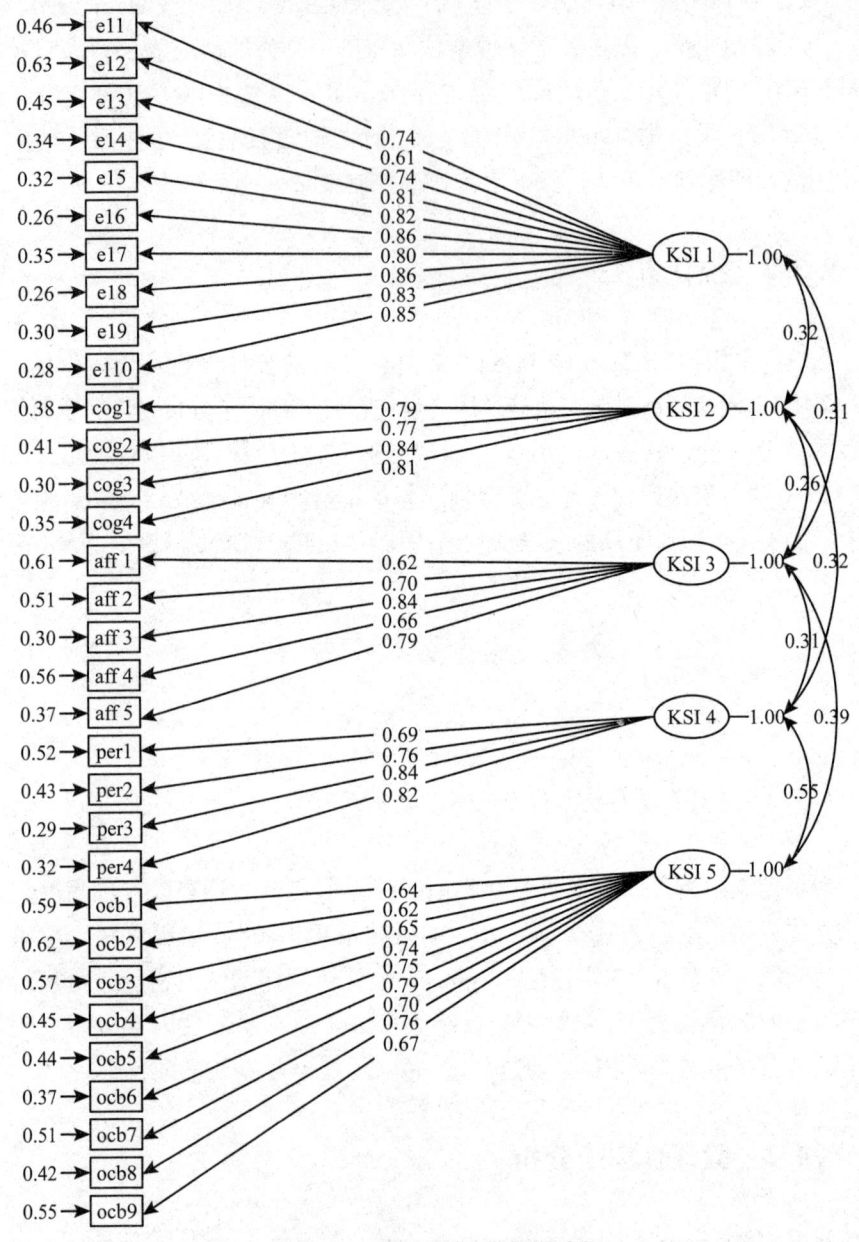

图9-2 五因子验证性因子分析

注:Chi-Square = 1366.88, df = 454, P-value = 0.00000, RMSEA = 0.066。

因子模型、四因子模型（合并下属的领导认知信任和下属的领导情感信任）和单因子模型见表9-2。五因子模型对于数据的拟合显著优于四因子模型和单因子模型。RMSEA小于0.08拟合指数。IFI、CFI均大于0.90，NNFI接近于0.90，卡方和自由度之比接近3，基本达到规定标准，表明五因子测量模型与数据的拟合程度很好，问卷具有较好的区分效度。

表9-2　　　　　　　　　　　验证性因子分析

模型	χ^2	df	χ^2/df	RMSEA	IFI	CFI	NNFI
五因子模型	1366.88	454	3.01	0.066	0.901	0.901	0.891
四因子模型	2175.26	458	4.75	0.090	0.814	0.901	0.891
单因子模型	7602.67	480	15.84	0.180	0.226	0.225	0.199

9.4.3　描述性统计分析

如表9-3可知，本研究所采用问卷的内部一致性信度Cronbach's α值处于0.83~0.95，均超过心理测量学0.70的标准，说明测量具有较高的信度。伦理型领导与下属的领导认知信任（r=0.297，p<0.01）、下属的领导情感信任（r=0.288，p<0.01）、任务绩效（r=0.562，p<0.01）和组织公民行为（r=0.324，p<0.01）均呈显著正相关，认知信任与员工任务绩效（r=0.291，p<0.01）和组织公民行为（r=0.324，p<0.01）均呈显著正相关，情感信任与员工任务绩效（r=0.265，p<0.01）和组织公民行为（r=0.347，p<0.01）均呈显著正相关。说明伦理型领导对下属的领导认知信任和情感信任与任务绩效、组织公民行为均显著正相关，符合研究假设的预期。

表9-3　　　　　　　　　　描述统计和相关系数矩阵

变量	均值	标准差	1	2	3	4	5	6	7	8
1. 性别	1.56	0.50	1							
2. 年龄	1.29	0.58	-0.186**							

续表

变量	均值	标准差	1	2	3	4	5	6	7	8
3. 教育程度	1.72	0.61	0.171**	-0.207**						
4. 伦理型领导	4.99	0.97	-0.129**	0.137**	0.031	(0.943)				
5. 认知信任	5.98	0.72	-0.032	-0.022	-0.016	0.297**	(0.876)			
6. 情感信任	4.81	0.91	0.004	0.021	0.041	0.288**	0.223**	(0.839)		
7. 员工任务绩效	4.49	1.06	-0.138**	-0.009	0.055	0.562**	0.291**	0.265**	(0.858)	
8. 组织公民行为	5.29	0.79	-0.083	0.140	-0.036	0.525**	0.324**	0.347**	0.520**	(0.895)

注：* $p<0.05$；** $p<0.01$；*** $p<0.001$；对角线上括号内为各变量的 Cronbach's α 值。

9.4.4 研究假设的检验

通过层次回归分析检验伦理型领导对于下属的领导认知信任、下属的领导情感信任、任务绩效和组织公民行为的直接影响效应。第一步，加入控制变量，包括成员的性别、年龄、教育程度。第二步，加入自变量伦理型领导，回归结果见表9-4和表9-5。伦理型领导对任务绩效（M6：β=0.563，$p<0.001$）和组织公民行为（M9：β=0.518，$p<0.001$）有显著正向影响，说明伦理型领导对员工的任务绩效和组织公民行为显著正相关，假设1和假设2得到支持。同样，伦理型领导与下属的领导认知信任（M2：β=0.308，$p<0.001$）以及下属的领导情感信任（M4：β=0.518，$p<0.001$）之间也是相当显著。因此，伦理型领导对下属的领导认知信任和下属的领导情感信任显著正向相关，假设3和假设4得到了支持。

表9-4　伦理型领导、信任与任务绩效关系的层级回归统计结果

变量	领导认知信任		领导情感信任		任务绩效		
	M1	M2	M3	M4	M5	M6	M7
性别	-0.035	0.001	-0.059	0.002	-0.155	-0.089	-0.092
年龄	-0.032	-0.072	0.013**	-0.004	-0.022	-0.096	-0.086
教育程度	-0.017	-0.041	0.001	0.061	0.077	0.033	0.035
伦理型领导		0.308***		0.518***		0.563***	0.499***
领导认知信任							0.117**
领导情感信任							0.097*

9 | 伦理型领导、下属的领导信任及员工行为的关系机制研究

续表

变量	领导认知信任		领导情感信任		任务绩效		
	M1	M2	M3	M4	M5	M6	M7
R^2	0.002	0.094 ***	0.003	0.085 ***	0.026	0.331 ***	0.356
调整 R^2	-0.005	0.086 ***	-0.004	0.077 ***	0.019	0.326 ***	0.326
R^2 更改	0.002	0.092 ***	0.003	0.083 ***	0.026	0.306 ***	0.024
F 更改	0.315	45.805 ***	0.393	40.970 ***	4.02	207.053 ***	8.410

注：* 表示 $p<0.05$，** 表示 $p<0.01$，*** 表示 $p<0.001$。

表 9-5　伦理型领导、信任与组织公民行为的层级回归统计结果

变量	领导认知信任		领导情感信任		组织公民行为		
	M1	M2	M3	M4	M8	M9	M10
性别	-0.035	0.001	-0.059	0.002	-0.059	0.002	-0.005
年龄	-0.032	-0.072	0.013 **	-0.004	0.013 **	-0.004	0.074
教育程度	-0.017	-0.041	0.001	0.061	0.001	0.061	-0.038
伦理型领导		0.308 ***		0.518 ***		0.518 ***	0.412 ***
领导认知信任							0.160 ***
领导情感信任							0.193 ***
R^2	0.002	0.094 ***	0.003	0.085 ***	0.023 *	0.282 ***	0.347 ***
调整 R^2	-0.005	0.086 ***	-0.004	0.077 ***	0.017 *	0.275 ***	0.339 ***
R^2 更改	0.002	0.092 ***	0.003	0.083 ***	0.023 *	0.259 ***	0.066 ***
F 更改	0.315	45.805 ***	0.393	40.970 ***	3.580 *	163.134 ***	22.654 ***

注：* 表示 $p<0.05$，** 表示 $p<0.01$，*** 表示 $p<0.001$。

运用 Baron 和 Kenny（1986）的中介回归程序检验下属的领导认知信任和下属的领导情感信任在伦理型领导和任务绩效与组织公民行为之间的中介效应。分别检验三个程序：程序1，中介变量对自变量的回归；程序2，因变量对自变量的回归；程序3，因变量同时对自变量和中介变量的回归。中介效应存在的条件是：程序1和程序2的回归系数显著，并且当中介变量加入程序3时，自变量对因变量的影响效应显著下降。从表9-4和表9-5可知，自变量伦理型领导对中介变量下属的领导认知信任（M2：$\beta=0.308$，$p<0.001$）以及下属的领导情感信任（M4：$\beta=0.518$，$p<0.001$）显著正相关，同时，自变量伦理型领导也显著正相关于因变量任务绩效（M6：$\beta=0.563$，

151

$p<0.001$）和组织公民行为（M9：$\beta=0.518$，$p<0.001$）。在程序 3 中加入中介变量下属的领导认知信任和下属的领导情感信任后，伦理型领导对员工任务绩效（M7：$\beta=0.499$，$p<0.001$）的影响仍然显著，且下属的领导认知信任（M7：$\beta=0.117$，$p<0.01$）和下属的领导情感信任（M7：$\beta=0.099$，$p<0.05$）对员工任务绩效也具有正向影响作用。因此，下属的领导认知信任和情感信任在伦理型领导与任务绩效之间具有部分中介作用，假设 5a 和假设 6a 成立。

同理，在程序 3 中加入中介变量下属的领导认知信任和下属的领导情感信任后，伦理型领导对员工组织公民行为（M10：$\beta=0.412$，$p<0.001$）的影响仍然显著，而下属的领导认知信任（M10：$\beta=0.160$，$p<0.001$）和下属的领导情感信任（M10：$\beta=0.193$，$p<0.001$）对员工组织公民行为也具有正向影响作用。因此，下属的领导认知信任和情感信任在伦理型领导与组织公民行为之间具有部分中介作用，假设 5b 和假设 6b 得到了部分支持。

9.5 结果讨论与管理启示

9.5.1 结论与讨论

在本研究中，探讨了伦理型领导与员工行为之间的关系，并证实了下属的领导信任在两者之间的中介作用。研究结果主要包括：第一，伦理型领导与员工的任务绩效存在显著正向相关关系；第二，伦理型领导与员工的组织公民行为存在显著正向相关关系；第三，下属的领导认知信任和下属的领导情感信任在伦理型领导与任务绩效和组织公民行为的关系中起到了部分中介作用。总体而言，本研究的理论贡献与实践启示主要表现在以下几点：

（1）本研究证实了伦理型领导对员工行为即任务绩效和组织公民行为具有促进作用。因为绝大多数个体通过观察其他人的伦理行为来指导自己的行为（Kohlberg, 1969），伦理型领导作为下属伦理行为学习的榜样，其伦理行为的吸引力和真诚是影响下属行为的关键（卿涛、凌玲和闫燕，2012）。伦理型领导者行为的吸引力来自领导者的权威和地位,这使得下属关注伦理型领导者的行为模式。真诚也是提高伦理型领导效能的重要因素。如果伦理型领导者被感知为真诚的,将赢得下属的领导信任,如果行为是言出必行的,其行为将对下属行为产生显著的影响。

（2）伦理型领导之所以会对员工行为产生影响,在很大程度上是由于它影响或塑造了员工的相关心理状态或认知,进而才会对员工行为产生影响。鉴于此,本研究在考察伦理型领导与员工行为之间直接关系的基础上,进一步深入分析了对下属的领导信任在其中的中介效应。伦理型领导对下属行为具有积极影响,如果领导者具有较高道德品质,愿意与下属建立平等关系,而且积极主动关心下属,体恤下属遇到的困难和挑战,并及时给予指导,在领导者伦理行为的影响下,领导者对下属形成强大的感召力。下属自然愿意接受这样的领导。所以伦理型领导通过自身的伦理特质,有助于提高下属的忠诚度、敬业度、工作满意度、建言行为和同事之间的利他行为,并有助于降低下属的离职意愿（孙利平等,2014；孟慧等,2014；刘晓丽,2015）。此外,伦理型领导愿意给下属授权、关心他人,通过社会学习,伦理型领导行为使组织团队受到感染和影响,所以所有下属表现出更多的积极行为（王震等,2012；芦青等,2011）。显然,当员工在观念、行为方面与他的领导一致,他会将这种知觉作为自我定义的一部分（Kark,2003）。具体来讲,当下属对其领导产生强烈的信任后,这样就意味着下属对伦理型领导产生了认同,并且以这些行为来指导和规范自己行为。

本研究的理论贡献主要有以下几点：一是本研究突破了伦理型领导领域相关研究关注的视角的窠臼,首次聚焦于伦理型领导对员工行为的两个方面的影响,将员工组织公民行为和任务绩效纳入研究框架,这有助于更通透地理解伦理型领导对员工行为的影响,进而对伦理型领导影响结果的现有成果形成有力的扩充和拓展,并为未来学者在这方面进行更广泛的探讨奠定基础。二是以往研究在探讨伦理型领导对员工行为的作用机制时,主要涉及组织认同、工作满意度、心理安全感这三种中介变量。与这些研究不同,本研究从下属的领导信任这一角度分析伦理型领导对员工行为的影响过程,采用McAllister的两维度信任概念,将下属的领导信任分为情感信任和认知信任,更加详细、具体地解释了这一过程,为伦理型领导对员工行为的影响机制研究提供了新的理论视角。

9.5.2 管理启示

本研究验证了伦理型领导与员工行为之间的正向关系，并证实了下属的领导信任在其中的中介作用。这一结论进一步揭示了伦理型领导对下属的任务绩效和组织公民行为的影响机制，同时也有助于更好理解领导作为个人和组织带头人的榜样示范角色在影响员工行为的过程中可能发挥积极作用的内在机制。本研究的结论也为企业的人力资源管理实践及企业领导者的管理活动提供了实证证据，并对企业的人力资源管理实践提供了一定的启示。

对员工招聘和晋升方面，企业在人员选拔时应该加强道德和伦理标准因素的考量与测评，将具有伦理型领导特征的员工选拔为领导者。通过这样的方式扩大具有伦理型领导特征的领导者在管理层中的比例，不但促使下属表现出更多的组织公民行为和任务绩效，也有利于形成伦理型文化，从而增强企业的竞争力。

对企业激励制度的建立和完善方面。一方面，企业应当在组织内树立伦理榜样。由社会学习理论可知，组织中的榜样更可能激发员工的学习和模仿行为。企业在组织内通过公开表彰、制作宣传手册、编辑故事等方式，树立宣传道德榜样，可以激发员工积极学习和模仿这些伦理行为，使他们的行为符合道德和伦理标准，表现出更多对组织有利的行为。另一方面，企业应该加强对下属的领导信任的管理。企业通过制定公开、公正的管理制度，积极关注员工需求，建设诚信关怀的企业文化等管理活动激发和强化下属的领导信任，使员工认同组织和领导的价值观，将自己的命运与组织的命运联系在一起，促进员工为组织做出更大的贡献。

另外，伦理型领导理论属于领导行为理论，伦理型领导是一种领导行为，它强调的既是领导者表现出符合伦理的行为，也强调领导者本身所具有的伦理特质，因而伦理型领导的行为是可以被激发和模仿的。因此，企业在日常的管理中应当通过培训、绩效考核、薪酬设计等方式鼓励领导者表现出伦理领导行为。通过人力资源管理的牵引机制、约束机制等，促使领导者以高道德和伦理标准要求和约束自己的行为，公平、诚信、信任的对待下属，以尊重和体恤的方式与下属建立良好的互动关系。通过这种领导风格，激发员工的领导信任，增强员工为组织做贡献的意愿。

9.6　研究局限及未来研究展望

9.6.1　研究局限

首先，在本研究中，检验了伦理型领导影响员工行为的心理机制（即下属的领导认知信任和下属的领导情感信任）。这两个变量可能并没有完整地反映伦理型领导影响员工行为的心理机制。例如，李劲松（2013）从追随者的视角发现，领导—成员交换和下属对权力距离的倾向也影响员工行为。将来的研究可以从不同的理论角度来探索其他可能的中介机制。

其次，为了确保研究的信度和效度，本研究使用的伦理型领导、下属的领导信任、组织公民行为以及任务绩效问卷都是直接引用国外学者反复验证过的成熟量表，虽然这些量表在国外有很高的信度和效度，但基于国情、文化、认知、行为习惯等方面的差异，这些成熟的量表在我国实施中，其信度和效度必然会受影响，不可避免地造成测量结果存在一定的偏差性。伦理型领导与员工行为关系的探讨是各国学者比较热衷的课题，由于各国对信任、人际沟通和人格等多方面的理解存在偏差，本研究所得结果是否在各国中具有一定的代表性，需要时间和实践的进一步检验。

最后，由于各种主客观原因的限制，本研究尚存在一些局限，在后续研究中需要进一步完善。本研究对变量间相关性的研究是利用截面数据进行的，而没有考虑时间效应的因素，难以考量在信任的基础上，伦理型领导对员工行为影响的动态过程。为了使研究的相关变量间的因果关系更具显著性，继续深入探究的研究者可采用时间序列设计，利用动态的数据变化来说明伦理型领导、信任与员工行为各变量间的相关性及其强弱。

9.6.2 未来研究展望

本研究在调研过程，紧紧把握调研资料的可靠性与齐备性、调研对象的代表性与合理性、结构的系统性与完整性等原则，确保研究的各个环节步骤经得起科学的推敲。但在实际研究中受各种不可控因素的影响，加上时间、资金、被测人员的情感波动等因素，使得该调研仍有不足之处，仍需进一步探讨，还望各位读者指出，不吝赐教。未来研究可以采用追踪设计，基于本土化的测量工具，一方面，检验本研究探讨的伦理型领导、下属对领导的认知信任与情感信任、员工行为之间的关系结论；另一方面，可以加入领导—成员交换关系或者领导认同等中介变量，进一步拓展研究伦理型领导影响员工行为的内在中介机制。同时还可以加入下属的权力距离知觉、组织伦理氛围等作为调节变量进行检验，以进一步明晰伦理型领导影响员工行为中可能存在的边界条件。总之，伦理型领导的影响效应研究是一个仍然有着无限探究空间的领域，未来研究者可以通过更全面地挖掘其中的中介机制与边界条件，可以更深入地把握伦理型领导的效应机制。

9.7 小　　结

在本研究中，着重分析了伦理型领导、下属的领导信任以及员工行为的关系机制，通过结合员工行为的相关文献，推动了伦理型领导研究的发展。伦理型领导作为一个新的构念是否能够持续地受到关注取决于其是否能够解释重要的结果变量（Mayer, Aquino, Greenbaum & Kuenzi, 2012）。本研究以伦理型领导的特点和维度出发，严谨地阐述了其通过两种心理中介机制来影响员工的任务绩效和组织公民行为的作用机制，进一步证实伦理型领导作为"道德的人"和"道德的管理者"所发挥的理论价值，这为推进伦理型领导的今后研究提供了一些新的思路。此外，伦理作为中国传统文化的精髓，随着市场经济的冲击和全球化的发展，人们的伦理意识、伦理行为的观念等不仅发生较大变化（廖建桥、赵君和张永军，2010），对伦理和道德模范也不再像以前那样如此效仿随从,伦理和道德模范的影响力面临巨大挑战(樊浩,2009)。因此,在中国文化背景下,领导的道德素质和伦理行为对员工行为的影响研究显得尤其重要。管理者们应该在推进企业伦理规范建设中扮演重要的角色,不仅应该身体力行,树立伦理榜样,而且需要在管理过程中强调树立伦理标准,建立良好的企业伦理氛围。这对于企业长远的组织创新发展是非常有必要的。

伦理型领导发展及其
影响机制研究

Chapter 10

10 伦理型领导对员工建言行为的影响机制：组织心理所有权和组织自尊的作用

10.1 引　言

21世纪是知识经济的时代，随着经济全球化和一体化速度的加快，我国的企业面临着瞬息万变的市场竞争。这使得企业不得不加快推进组织变革与创新的步伐，而组织的创新不仅需要管理者敏锐的战略眼光，更需要全体员工特别是知识型员工富有创造性的意见和建议（Van Dyne et al.，1998）。早在春秋战国时期，思想家孔子就曾提出"良药苦口利于病，忠言逆耳利于行"的忠告；《邹忌讽齐王纳谏》也讲述战国时期齐国谋士邹忌劝说君主纳谏的典故，使之广开言路，改良政治，从而深受百姓爱戴；唐代丞相魏征对唐太宗的进谏更是被传为千古美谈。鉴于员工建言对组织生存和发展的重要性，近年来越来越多的研究开始关注员工建言行为的产生原因及其作用机制。

在管理学领域，对于建言的概念至今没有一个权威的定义，学者们对于建言行为的研究始于20世纪70年代。Hirschman（1970）最早提出"建言"一词，他认为员工在对组织不满时，会做出离职或建言两种行为。Van Dyne等（1998）提出建言是一种挑战性的促进性行为，并在2003年将建言行为定义为：基于合作的目的，表达与工作有关的意见、信息和观点的行为（Dyne et al.，2003）。早期的研究都主要集中在建言行为的促进性方面。Liang和Farh（2008）在此基础上提出了二维建言模型——促进性建言（promotive voice behavior）和抑制性建言（prohibitive voice behavior），促进性建言是指个体主动提出改善组织运营的新想法和新建议，抑制性建言是指员工针对他们所关注的不利于组织的工作实践、事件或员工的行为而表达其想法或意见。前者能为组织发展提供创造性的思路，后者则使上级主管或同事意识到组织中出现和存在的问题，两者均属于工作职责范围之外的行为。

尽管建言对于组织的运营和发展至关重要，但员工的建言行为是一种自愿行为。由于它经常涉及对于组织现状的批评或挑战，如果建言不当极有可能使上级难堪，因而员工建言行为往往伴随着较大的风险性（Morroson & Milliken，2000），现实中许多员工并不愿意毫无顾忌地做出建言行为。员工建言对象通常是其上级领导，上级领导往往是组织制度的实施者，掌握着组织内部的奖惩权，其对建言的态度就会成为员工评估建言得失的标准，因而领导因素是影响员工建言行为的一个重要因素，已有研究发现领导特征与管理风格对员工建言行为具有显著影响（Liu et al.，2010）。Detert 和 Burris（2007）在研究领导风格与员工建言行为时，将员工心理安全感作为中介变量，考虑到建言行为是一种有风险的行为，建言不当很可能遭受领导的报复，因而员工只有在感觉安全的情况下才会建言。而严丹（2012）等的研究表明员工的心理安全感并非是影响建言行为的决定性因素，正如赫茨伯格的双因素理论所示，心理安全感只是影响员工的保健因素，如果员工感觉不安全肯定不会建言，但并不是说员工有了心理安全感就一定会建言，建言行为应该有更深层次的激励动机。

与传统的领导模式相比，近几年兴起的一种领导模式——伦理型领导，由于其自身具备较高的伦理道德，并且能够通过沟通或奖励等措施强化和督促下属遵从伦理道德标准（Zhang et al.，2013），能够真正实现"以德服人"，进而让下属真正地"心悦而诚服"（潘清泉和韦慧民，2014），因而其对员工建言行为内源性动机的影响十分值得关注。因此，本研究将在以往研究的基础上，深入探讨中国文化背景下伦理型领导影响员工建言行为的中介心理机制。具体来说，本研究将根据社会学习理论（Bandura，1977）和社会交换理论（Blau，1964）分析伦理型领导对员工促进性建言和抑制性建言的影响效应，并提出组织心理所有权（psychological ownership for organization）这一中介变量来阐明其作用机制。组织心理所有权源于个体对组织的归属感和认同感，也伴随着对组织的责任与负担共担（burden sharing），它将激发个体的信息搜寻、组织公民行为等（Pierce et al.，2001）。此外，在此基础上，进一步检验组织自尊对组织心理所有权与建言行为之间关系的调节效应，组织自尊反映了个体对自己在组织中地位和身份的认知，有可能激发个体建言行为的深层动机，从而发挥调节作用。

10.2　文献回顾与研究假设

10.2.1　伦理型领导与建言行为

伦理型领导的概念最早由 Enderle（1987）提出，将其界定为一种思维方式，希望通过明确描述在管理决策中存在的伦理问题，参照伦理原则将管理决策过程进行规范。Ciulla（1995）从领导的能力要求出发，指出伦理型领导包含领导者在组织、社会和全球处于变化的背景下，保持道德基本观念的能力，如关心和尊重他人、公平正义以及诚信等。Treviño 等（2000）的伦理型领导双支柱模型认为伦理型领导应包含两方面的内容：一是合乎伦理的个人，即领导者应具备诚信、正直等个体特征，并执行公平的、符合伦理规范的决策；二是合乎伦理的管理者，即关心他人和组织利益，并采取会影响组织价值观、道德观以及下属行为的符合伦理规范的策略。Brown 等（2005）在前人研究的基础上，基于社会学习理论把伦理型领导定义为，通过个人行为以及人际互动，向下属表明什么是规范的、恰当的行为，并通过双向交流、强化和决策制定，促进下属的这种行为。借鉴上述学者对伦理型领导的阐释，本研究认为伦理型领导是指企业领导者将伦理道德标准内化为个人价值观，通过榜样行为，向员工清晰界定何为规范的、恰当的行为，并通过双向沟通、制度、流程或强制方式，影响员工的伦理行为和组织决策，引导和促使员工遵照执行，从而有效达成组织目标的过程。

目前关于伦理型领导对员工工作态度和行为方面的研究主要集中在对员工工作满意度、组织承诺及组织公民行为等方面的影响（Piccolo et al.，2010；Ponnuch et al.，2009）。Neubert 等（2009）的实证研究发现，伦理型领导能够增加员工的组织承诺和工作满意度。Michele Kacmar 等（2011）通过 288 对"主管—员工"的匹配样本，发现伦理型领导同时与聚焦个人的组织公民行为以及聚焦任务的组织公民行为正相关。如前所述，建言行为是为了合作的目的，表达与工作有关的意见、信息和观点的行为，实质也是一种具有创新导向的公民行为，属于组织公民行为中公民美德的维度。由社会学习理论（Bandura，1977）可知，个体不仅能通过直接亲身经验进行学习，还可以通过观察他人的行为进行学习。在组织中，员工往往通过观察他人的行为来指导自己的行为，领导无疑是被学习和模仿的主要对象。伦理型领导正直、诚信、言行一致，内化责任，并从事他们认为是道德的事，鼓励有益于他人的行为，并限制伤害他人的不良行为，通过个人行为与人际关系积极践行自己的伦理准则，起到积极的角色典范作用（莫申江和王重鸣，2010）。在这种领导风格下成长的员工往往具有较高的伦理道德，一旦感觉到某些行为不符合组织中整体价值观和道德观念时，他们敢于提出建言。此外，伦理型领导通常会关心、尊重下属，从而使下属增强了对伦理型领导的信任和好感，这样伦理型领导和员工之间就会形成良好的社会交换关系。根据基于互惠基础上的社会交换理论（Blau，1964），员工会对领导者产生感恩之情，从而通过投入一些积极的工作来回报领导和组织（Zallars et al.，2003），如积极建言献策等。在实证研究方面，Walumbwa 和 Schaubroeck（2009）的研究则表明伦理型领导能够提升员工的建言行为，在这种领导风格下的员工更敢于在组织中提出自己的意见。

早期的研究将员工建言行为界定为单维的结构，随着建言行为被划分为促进性建言和抑制性建言二维的结构，员工建言行为的研究也增加了新的视角。现有的研究大多关注的是促进性建言行为，而对抑制性建言的研究还比较少见。这两种建言行为在内容、功能、面临的后果方面存在着差异，促进性建言强调提出新的想法，改进现有的工作实践，而抑制性建言是对工作中已经存在或可能出现的不良局面的质疑，可能直接或间接地与利益相关者产生争议，从而引发冲突（Liang & Farch，2008）。鉴于此，本研究将有针对性地分别探讨伦理型领导对促进性建言和抑制性建言的影响效应。

根据上述分析，本研究提出以下假设：

假设1a：伦理型领导对员工的促进性建言具有正向影响。

假设1b：伦理型领导对员工的抑制性建言具有正向影响。

10.2.2　组织心理所有权的中介作用

心理所有权（psychological ownership）这一概念由法学领域的所有权概念衍生而来。Furby（1978）指出心理层面上的所有权是种占有感（feeling of possession），它使得人们把占有物视为自我的延伸，进而影响着人类的态度、动机和行为产生。Pierce（1991）等认为心理所有权是人们对客体（物质形态的或非物质形态的）所产生的拥有感，并首次提出了组织心理所有权（psychological ownership for organization）这一概念，它是心理所有权思想在管理学领域的拓展与应用。Van Dyne 和 Pierce（2004）将组织心理所有权定义为个体把组织作为目标的占有感，是组织成员认为其赖以生存的组织是属于他的或他们的一种认知理念，它能够满足人类的三种基本需要：家的感觉（home）、自我效能感（self-efficacy）以及自我认同感（self-identify）。家的感觉是有归属感的基本要求，对可象征"家"的物质的占有可以给个体提供安全感；自我效能感是个体通过感觉他们可以控制占有物或促使事情发生而获得胜任感；自我认同感是一种典型的自我需要感，占有物和"我的"感觉之间的联系有助于人们认识自我，这三种需要共同促进了员工组织心理所有权的形成。在组织中，心理所有权的目标可以指向作为整体的组织或者组织的某个具体方面，如工作团体或工作本身，同时由于个体和具体情境的不同，所有权的目标也不断发生着变化，本研究主要将组织整体作为员工心理所有权的目标。

在组织中，领导作为组织的代理人与员工发生互动，他们的管理风格和行为表现会影响到员工的工作态度和行为（李锐等，2012）。由前面可知，效能感是员工组织心理所有权产生的重要根源之一（Pierce et al.，2001）。在组织情境下，增强工作的自主性和提高决策参与度均有助于改善员工的控制感和效能感，进而促使员工产生较高的所有权知觉（Lin，Hsiung & Lin，2003）。伦理型领导通过鼓励员工创新、提出问题、发表意见等方式充分激发员工的潜能，使员工能够参与到组织的决策中来，进而使其产生较高的责任感和自我效能感。另外，伦理型领导通过关怀、爱护下属，为员工创造良好的成长环境，关心员工的发展，能够使员工感受到家的温馨，从而使员工更有可能将自己视为组织的一分子，进而增加员工在组织中的自我投入（Furby，1978）。此外，伦理型领导与其他类型领导相比更强调伦理价值观，并通过与下属双向沟通道德价值观，向下属表明什么是规范的、恰当的行为，从而使员工自觉接受组织的基本价值观和组织目标，并以组织成员的身份为荣，进而引发了员工的组织认同感（Pierce & Rodgers，2004）。综合上述分析，伦理型领导能够使员工对组织产生"家"的感觉，获得较高的自我效能感和组织认同感，这些情感体验均能够有效促进员工组织心理所有权的产生，产生"这个组织是我的"信念。相关研究表明，组织心理所有权较之组织承诺、工作满意度、心理安全感等变量在解释员工工作态度和行为的预测中更为有效（Wagner，2001；王沛和陈淑娟，2005）。

在组织心理所有权的影响效果方面，Pierce等（2001）指出，组织心理所有权不仅意味着享有权利，也伴随着对组织的责任，因此它将会引发个体的信息搜寻、组织公民行为等与权力和责任相关的行为。此方面的实证研究也证实了心理所有权对员工积极工作态度（如组织承诺、工作满意度）和行为（如工作绩效、组织公民行为）的促进作用（Van Dyne & Pierce, 2004；吕福新和顾姗姗，2007）。Furby（1978）认为，个体对某一目标产生心理所有权的体验之后，就会把该目标看作是"自己的"，从而对之产生更强的责任感，进而影响个体之后的行为反应。根据社会交换理论，具有较高水平组织心理所有权的员工，他们感知到了伦理型领导对他们的关怀、信任和尊重，作为回报，员工愿意付出超出职责范围的努力，自觉为组织发展做出贡献，以期望能在交换中实现互惠的责任（Blau, 1964）。另外，组织心理所有权包含的"家"的感觉，能够使员工感到在组织中是安全的，不用担心建言可能带来的一系列负面后果，使下属产生较高水平的心理安全感，从而降低员工建言的风险（Edmondson & Milliken, 2003）。此外，组织心理所有权对建言行为的影响还可以从自我概念（self-concept）（Rosenberg, 1979）的角度来解释，组织心理所有权使得员工把组织看作自己的一部分，增强员工对组织的归属感和认同感，形成一种组织内部人身份的感知，而这种内部人身份感知到的自我定位与认知会影响到员工的行为，从而激发保护和改善组织的角色外行为（Van Dyne, 1995；Pierce et al., 2001）。姜定宇和郑伯埙（2003）也指出，认知为组织自己人的员工，会对组织有强烈的归属感和忠诚感，愿意将组织的利益置于个人利益之上，主动为组织付出。对于建言而言，无论是促进性建言还是抑制性建言，均属于员工自愿做出的角色外行为的范畴，并且对组织的发展具有重要的意义。

基于以上论述，本研究提出以下假设：

假设2a：组织心理所有权在伦理型领导与促进性建言之间起中介作用。

假设2b：组织心理所有权在伦理型领导与抑制性建言之间起中介作用。

10.2.3　组织自尊的调节作用

组织自尊是组织成员在组织环境下，通过角色实现来满足其高层次需求，是个体在组织环境下对自我价值的整体评价。组织自尊水平高的员工会将组织视为满足自己各种需求的载体，更倾向于将组织融入他们的生活，进而将组织的目标和价值体系作为他们自身目标和价值体系的一部分（Pierce, Gardner, Cummings & Dunham, 1989）。因此，组织自尊反映了作为组织成员的个体通过组织环境中的行为知觉到的自我价值，一个具有高组织自尊的个体认为自己在组织中是重要的、有意义的和有价值的。值得注意的是，组织自尊和组织心理所有权既有一定的联系又有某些区别。两者的联系在于员工的自我概念、组织心理所有权与个体自我概念相关（Furby, 1991），而自我概念是个体对自己各方面认知而形成的综合观念，当个体形成对自己的胜任感、重要感和价值感体验时，就产生了组织自尊（Brockner, 1988）。组织自尊经常受到周围环境给他的暗示、社会重要人物给他的信息（评价与期望）和个体在人事中所经历胜任感与效能感的影响（Korman, 1976）。虽然组织自尊高的员工和组织心理所有权高的员工都会觉得自己是组织中的重要成员，但这两种感知的内涵是不同的，组织自尊主要源于个体对自己胜任力的判断（尹俊等，2012），而组织心理所有权是员工对其组织的归属感、责任感和认同感，形成这些感知的来源是外生的，是个体感知到组织对自己的判断。

已有的研究表明了组织自尊的重要性，它对员工的工作绩效、工作满意度、组织公民行为及员工建言行为都具有积极的影响（Pierce et al., 1989; Bowling, 2010）。组织自尊决定着员工的动机、工作态度和工作行为以及个人与组织绩效，组织自尊高的人对自身在组织中的评价较高，认为自身有能力为组织做出贡献，自身的存在对组织具有重要意义，这种心理提高了他们的工作动机（Van Dyne & Pierce, 2004）。Lee 等（2002）指出，组织自尊与好的组织公民行为显著相关。但是目前关于组织自尊的研究大多将其作为中介变量来研究（Pierce, 1989; Hui, 2000; Van Dyne & Pierce, 2004），对组织自尊的调节作用的研究还比较少。Pierce 等（1993）验证了组织自尊对主管支持和员工绩效之间关系的调节作用，我国学者尹俊和王辉（2012）等的研究表明组织自尊在内部人身份感知与组织公民行为之间具有正向的调节作用。

如前所述，高水平组织心理所有权的员工会把组织看作是自己的一部分，从而更愿意向组织建言，但本研究认为意愿和行为之间还存在着一定的差距，员工向组织建言的意愿能否最终化为实际的行动还会受到一些个体和情境因素的影响（尹俊等，2012）。决定员工建言行为的因素主要包括意愿和能力，当员工既有建言的意愿，又有能力建言并感知自己的意见和建议对组织的发展是有利的情况下，那么员工最有可能采取建言的行动。组织心理所有权激发了员工对组织的归属感、认同感和责任感，反映了员工有做出建言行为的意愿，而组织自尊则是员工对自己作为组织成员的胜任力的判断（Pierce et al., 2004; Cumings & Dunham, 1989），反映了员工有建言的能力。根据赫茨伯格的双因素理论，保健因素的具备不足以促使员工建言行为的发生，真正促使建言行为发生的是激励因素，是员工基于自己在组织中的角色、地位、价值等自我概念的认知而表达自己的观点（严丹，2012），也就是说由自我概念而形成的组织自尊对员工建言行为的产生具有很强的内在驱动作用。我们知道组织心理所有权水平较高的员工会倾向于向组织建言，如果员工有更高的组织自尊，相信自己能够胜任在组织中担任的角色，他们认为自己的建言对组织是有价值的，那么可以推想他们会表现出更多的建言行为；而如果员工组织自尊比较低，他们会有一种心有余而力不足的感觉，担心自己的建议对组织来说没有价值，那么就会减少建言甚至是不建言。Rank 和 Nelson 等（2009）在研究组织自尊在调节变革型领导与员工绩效的关系时也认为，组织自尊水平低的员工会怀疑自己的行为，如怀疑自己提出的意见对组织是否有价值等。鉴于此，本研究认为组织自尊在组织心理所有权与员工建言行为之间可能具有调节作用。当员工组织自尊水平较高时，组织心理所有权与员工建言行为之间的关系更强，即员工更愿意建言且能够实施建言行为，包括促进性建言和抑制性建言。基于以上论述，本研究提出以下假设：

假设3a：组织自尊对组织心理所有权与促进性建言的关系具有调节效应。员工的组织自尊水平越高，组织心理所有权对员工促进性建言的积极影响越大。

假设3b：组织自尊对组织心理所有权与抑制性建言的关系具有调节效应。员工的组织自尊水平越高，组织心理所有权对员工抑制性建言的积极影响越大。

综合而言，本研究的理论假设模型如图10-1所示。

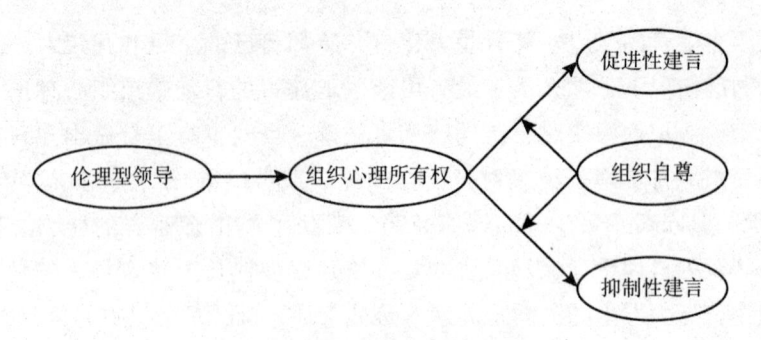

图 10 –1 本研究理论假设模型

10.3 研究方法

10.3.1 研究对象与研究程序

本研究的问卷在全国不同省份的企业单位进行发放与回收。为避免产生同源偏差（common method bias），本研究采取了主管与员工配对研究，其中员工的促进性建言行为和抑制性建言行为由其直接主管进行评价，伦理型领导、组织心理所有权以及组织自尊由员工个人评价。本研究的调查问卷包括员工问卷和直接主管问卷，每份问卷用一个大信封封存，并在大信封上加上员工的编号和姓名，一方面，便于主管填写时记住对应的员工，另一方面，便于后续数据整理过程中员工和直接主管的对应。问卷均贴好密封胶，主管和员工填写完毕后将问卷密封，最后集中交回研究者。在调查过程中，告知参与者所填写的答案严格保密、问卷不记名、数据输入电脑后问卷会被销毁、问卷只包含整体数据不含任何个人资料和信息等。

此次调查共发放问卷120份主管问卷和500份员工问卷，通过对回收的问卷进行筛选，最后的有效数据包括95份主管问卷和427份员工问卷，有效回收率分别为79.2%和85.4%。在主管样本结构中，以男性居多，占70.5%；从年龄来看，30岁以上居多，占65.3%；从受教育程度来看，大专及以下学历者占36.8%，本科占44.2%，硕士及以上占18.9%；从工作年限来看，5 年及以下占 46.3%，6~10 年占 11.6%，10 年以上占 42.1%。在员工的调查样本中，男性占 45.9%，女性占 54.1%；从年龄来看，30 岁以下占 28.6%，30~40 岁占 46.6%，40 岁以上占 24.8%；在教育程度方面，大专及以下学历占 28.1%，大学本科学历占 58.8%，硕士及以上占 13.1%；工作年限主要以 1~10 年为主，占 63.7%。参与者的基本特征反映了本研究的调查对象具有良好的代表性。

10.3.2 测量工具

为了保证各变量测量工具的信效度，本研究均采用国内外现有成熟量表进行测量。对于国外量表均采用"翻译—回译"的办法，不断修改和完善，直至形成比较理想且通俗易懂的中文量表。本研究包含的变量有：伦理型领导、组织心理所有权、组织自尊、促进性建言和抑制性建言。所有量表中均采用 Likert 5 点记分，除对建言行为的评价要求调查对象对描述的行为从"1 表示从不"到"5 表示非常频繁"做出评价，其他量表的评价要求调查对象对相关描述的同意程度做出判断，从"1 表示非常不同意"到"5 表示非常同意"。

（1）伦理型领导。本研究采用 Brown 等（2005）所开发的伦理型领导测量问卷（ELS）。ELS 为单维结构，是目前伦理型领导实证研究采用比较多的量表，共有 10 个测量题项，如"我的上司总能听取下属的意见"，在本研究中，量表的 Cronbach'α 系数为 0.904。

（2）组织心理所有权。采用 Chi 和 Han（2008）的中文版组织心理所有权量表，该量表根据 Van Dyne 和 Pierce（2004）的量表翻译、修订而来，共 4 个题项，如"我感觉这是我的公司"。在本研究中，该量表的 Cronbach'α 系数为 0.914。

（3）组织自尊。采用 Pierce 等（1989）开发的英文量表的中文翻译版本来测量组织自尊。此量表已经被广泛使用于中国情境下的实证研究，并显示出良好的信度（0.91）。该量表包含 10 个题项，如"周围的人对我很有信心""我感觉单位很信赖我"等。在本研究中，量表的 Cronbach's α 系数为 0.884。

(4) 建言行为。采用 Liang 和 Farh 所开发的二维建言量表，量表包含 11 个项目，要求主管对下属表现行为的频率做出评价。促进性建言共 5 个题目，包括"我的员工会积极提出使单位受益的新项目方案"等；抑制性建言共 6 个题目，如"当单位出现问题时，我的员工敢于提出其看法和建议"等。本研究中，促进性建言和抑制性建言的 Cronbach's α 系数分别为 0.843 和 0.825。

(5) 控制变量。考虑到在以往的研究中员工的性别、年龄、教育水平、工作年限等因素都可能对建言行为产生影响（LePine & Van Dyne，1998），本研究将它们作为控制变量加以控制。在数据的分析过程中，对个体的性别进行虚拟变量处理，男性为 1，女性为 0；年龄分为 30 岁以下、30~40 岁、40 岁以上 3 个等级；教育程度分为大专及以下、大学本科、硕士及以上 3 个等级；工作年限分为 1 年以下、1~5 年、6~10 年及 10 年以上。

10.3.3 统计方法和分析思路

本研究采用 SPSS 21.0 和 Amos 21.0 进行所有的统计分析。具体进行的统计分析包括：采用 AMOS 针对研究所涉及的变量进行验证性因素分析，以考察所使用量表的区分效度；运用 SPSS 进行描述性统计、相关、内部一致性信度等统计分析；采用结构方程模型考察伦理型领导、组织心理所有权、组织自尊和建言行为之间的关系。

10.4 分析结果

10.4.1 验证性因子分析结果

为了检验本研究中涉及的 5 个变量之间的区分效度，针对 5 个研究变量（伦理型领导、组织心理所有权、组织自尊、促进性建言和抑制性建言）对调查所获得的数据进行了验证性因子分析（CFA）。本研究通过模型比较的方法考察各变量的区分效度（结果见表10-1）。由表10-1可见，与另外7个模型相比，五因子模型对实际数据拟合得最为理想，χ^2/df 小于3，RMSEA 低于0.05，GFI、CFI 都高于0.9，说明本研究所涉及的5个变量的确代表了5个不同的概念，表明各变量之间的区分效度良好，所测量的内容存在显著差异。

表10-1　　　　　　　　　验证性因子分析结果

模型	χ^2	df	χ^2/df	RMR	GFI	CFI	RMSEA
五因子模型：EL、OPO、OBSE、PV、PVB	1035.18	548	2.24	0.03	0.92	0.93	0.048
四因子模型：EL、OPO、OBSE、PV+PVB	1520.76	551	2.76	0.04	0.88	0.91	0.056
四因子模型：EL+OBSE、OPO、PV、PVB	1785.24	551	3.24	0.05	0.85	0.87	0.069
四因子模型：EL+OPO、OBSE、PV、PVB	2496.03	551	4.53	0.06	0.82	0.84	0.087
三因子模型：EL+OPO、OBSE、PV+PVB	3759.75	557	6.75	0.08	0.77	0.82	0.114
三因子模型：EL+OBSE、OPO、PV+PVB	4010.40	557	7.20	0.09	0.73	0.78	0.125
二因子模型：EL+OPO+OBSE、PV+PVB	5051.01	559	9.04	0.11	0.65	0.67	0.137
单因子模型：EL+OPO+OBSE+PV+PVB	5997.17	560	10.71	0.13	0.56	0.58	0.150

注：EL 代表伦理型领导，OPO 代表组织心理所有权，OBSE 代表组织自尊，PV 代表促进性建言，PVB 代表抑制性建言。"+"代表因子合并。

10.4.2　变量的描述性统计分析结果

各变量的均值、标准差和相关系数如表10-2所示。从表10-2可以看出，伦理型领导与组织心理所有权呈显著的正相关关系（r = 0.562，p < 0.001）；伦理型领导与促进性建言行为、抑制性建言行为均具有显著的正相关关系（r = 0.457，p < 0.001；r = 0.344，p < 0.001）；组织心理所有权与促

进性建言行为、抑制性建言行为呈显著的正相关关系（r = 0.397，p < 0.001；r = 0.415，p < 0.001）；组织自尊与促进性建言行为、抑制性建言行为呈显著的正相关关系（r = 0.401，p < 0.001；r = 0.313，p < 0.001）。这些结果为本研究的相关假设检验提供了初步的支持。

表 10 – 2　　　　　　　　　本研究变量的描述性统计

变量	M	SD	1	2	3	4	5	6	7	8
1. 性别	1.54	0.499								
2. 年龄	1.96	0.731	−0.118*							
3. 教育程度	1.85	0.625	−0.161**	−0.023						
4. 工作年限	3.11	0.947	−0.131**	0.681***	0.011					
5. 伦理型领导	3.758	0.726	−0.211***	0.228***	−0.048	0.300***				
6. 组织心理所有权	3.711	0.970	−0.027	0.266***	−0.149**	0.266***	0.562***			
7. 组织自尊	3.827	0.639	−0.141**	0.218***	−0.001	0.294***	0.644***	0.528***		
8. 促进性建言	3.176	0.677	−0.107*	0.237***	0.046	0.268***	0.457***	0.397***	0.401***	
9. 抑制性建言	3.317	0.602	−0.030	0.299***	0.029	0.369***	0.344***	0.415***	0.313***	0.704***

注：* 表示 p < 0.05，** 表示 p < 0.01，*** 表示 p < 0.001。

10.4.3　假设检验

10.4.3.1　主效应检验

我们使用结构方程模型分析法对伦理型领导与促进性建言、抑制性建言进行了潜变量路径分析，结果见图 10 – 2。该模型各项拟合指标均达到要求（$\chi^2 = 506.77$，df = 187，$\chi^2/df = 2.71$，GFI = 0.92，CFI = 0.94，NFI = 0.95，RMSEA = 0.068），表明模型拟合度较好，能够与实际数据很好的契合。路径分析结果表明，伦理型领导与促进性建言之间的标准化路径系数达到了 0.45（p < 0.001），伦理型领导与抑制性建言之间的标准化路径系数达到了 0.40（p < 0.001），表明伦理型领导对促进性建言和抑制性建言均具有显著的正向影响，因此，本研究的假设 1a 和假设 1b 均得到了支持。

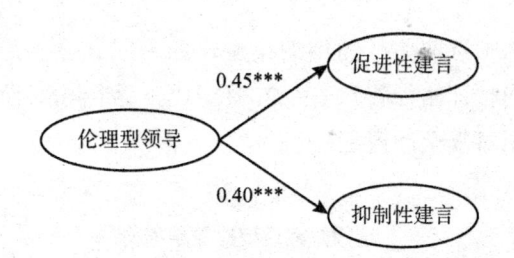

图 10-2 伦理型领导与员工建言行为的关系模型

注：*** 表示 p<0.001。

10.4.3.3 中介效应检验

根据 Baron 和 Kenny（1986）的建议，在检验中介效应时应首先验证各变量之间（自变量与因变量、自变量与中介变量、中介变量与因变量）是否显著相关，由图 10-2 可知伦理型领导与促进性建言、抑制性建言显著正相关，由图 10-3 可知伦理型领导与组织心理所有权显著正相关，路径系数为 0.61（p<0.001），组织心理所有权与促进性建言、抑制性建言也显著正相关，路径系数分别为 0.24（p<0.001）和 0.33（p<0.001），满足中介效应检验的前提条件。为了进一步检验组织心理所有权在伦理型领导与促进性建言和抑制性建言之间是完全中介还是部分中介，本研究使用结构方程建模法构建了一个完全中介模型（假设模型）和一组部分中介模型（竞争模型）进行比较。对嵌套模型比较的依据是它们的 χ^2 差异（$\Delta\chi^2$）及 df 差异（Δdf），

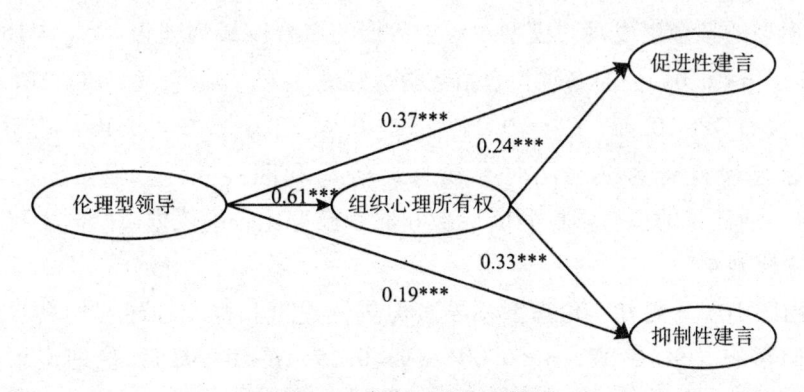

图 10-3 修正后的中介模型

注：* 表示 p<0.05，** 表示 p<0.01，*** 表示 p<0.001。

如果差异不显著，则选取路径简洁的模型；如果差异显著，表明两个模型的拟合水平显著不同，即路径相对复杂的模型优于路径相对简洁的模型，因而选取拟合较优的相对复杂的模型。

表 10-3　　　　　　　　　　结构方程模型比较结果

模型	χ^2	df	χ^2/df	GFI	NFI	CFI	RMSEA	$\Delta\chi^2(\Delta df)$
模型1（假设模型）	726.24	272	2.67	0.92	0.94	0.94	0.065	
模型2	723.57	271	2.67	0.92	0.94	0.94	0.065	2.67 (1)
模型3	720.86	271	2.66	0.92	0.94	0.94	0.063	5.38 (1)
模型4	715.50	270	2.65	0.92	0.94	0.95	0.061	10.74 (2)

注：模型2：基于假设模型增加伦理型领导→促进性建言的直接路径。模型3：基于假设模型增加伦理型领导→抑制性建言的直接路径。模型4：基于假设模型同时增加伦理型领导→促进性建言和伦理型领导→抑制性建言的直接路径。模型2~模型4的$\Delta\chi^2(\Delta df)$值为模型2~模型4与假设模型之间的卡方和自由度变化比值。

在表10-3中，模型1是完全中介模型（假设模型），模型2在模型1的基础上增加了一条伦理型领导到促进性建言的直接路径；模型3在模型1的基础上增加了一条伦理型领导到抑制性建言的直接路径；模型4同时增加了从伦理型领导到促进性建言和抑制性建言的直接路径，以探讨伦理型领导对建言行为是否同时具有直接效应和间接效应。通过比较假设模型与竞争模型的拟合度发现，模型4对于数据的拟合度最为理想（$\Delta\chi^2 = 10.74$，$\Delta df = 2$，$p < 0.01$），且各项拟合指数均达到最佳（$\chi^2 = 715.50$，$df = 270$，$\chi^2/df = 2.65$，$GFI = 0.92$，$CFI = 0.95$，$NFI = 0.94$，$RMSEA = 0.061$），表明伦理型领导与建言行为之间同时存在直接效应和间接效应，根据温忠麟等（2004）所建议的拟合指标判断标准和嵌套模型比较的依据，倾向于接受部分中介模型4。

由图10-3可知，伦理型领导对促进性建言和抑制性建言均具有显著的正向影响（$\gamma = 0.37$，$p < 0.001$；$\gamma = 0.19$，$p < 0.001$）；伦理型领导对组织心理所有权具有显著的正向影响（$\gamma = 0.61$，$p < 0.001$）；组织心理所有权对促进性建言和抑制性建言均具有显著的正向影响（$\gamma = 0.24$，$p <$

0.001；γ=0.33，p<0.001），表明伦理型领导对促进性建言和抑制性建言的影响既有直接效应，又有间接效应，且这一路径的间接效应分别为 0.15（0.61×0.24）和 0.20（0.61×0.33）。由此可见，组织心理所有权在伦理型领导与促进性建言、抑制性建言之间均起到部分中介作用，假设 2a 和假设 2b 得到支持。

10.4.3.2 调节效应检验

本研究根据温忠麟和吴艳（2010，2011）提出的结构方程模型中的题项打包策略和潜变量调节效应的建模方法来检验组织自尊分别在组织心理所有权与促进性建言、抑制性建言之间的调节作用。具体来说，首先将组织心理所有权和组织自尊的每个题项进行中心化处理；然后将组织自尊的 10 个题项打包为 4 个题项（组织心理所有权有 4 个题项），并按因子负荷"大配大，小配小"的原则进行配对乘积，构建出调节效应潜变量的 4 个观测指标（温忠麟和吴艳，2010，2011）；最后考察调节效应潜变量对促进性建言、抑制性建言的影响，研究结果如图 10 - 4 所示。

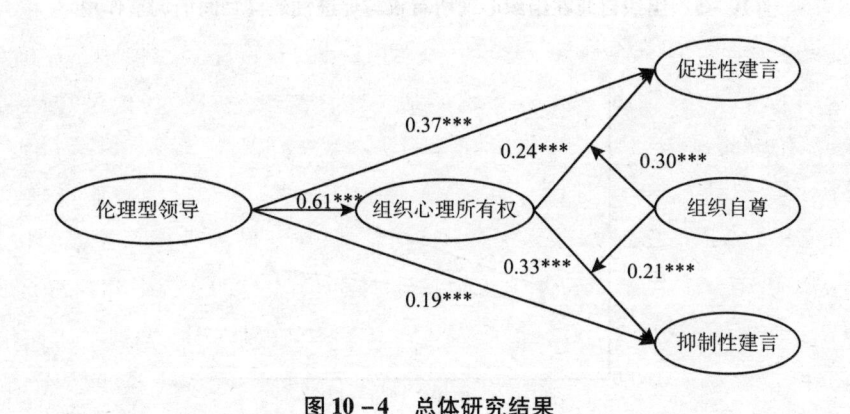

图 10 - 4　总体研究结果

注：* 表示 p<0.05，** 表示 p<0.01，*** 表示 p<0.001。

由图 10 - 4 可知，组织自尊在组织心理所有权与促进性建言之间的关系具有显著的调节效应（γ=0.30，p<0.001）；组织自尊在组织心理所有权与抑制性建言之间的关系也具有显著的调节效应（γ=0.21，p<0.001）。为了更好地展示调节效果，本研究采用 Split - Plot 分析方法进一步检验调节作用

的方向，绘制了阐释调节作用的图 10-5 和图 10-6（Cohen，1983）。由图 10-5、图 10-6 可知，当员工组织自尊较高时，组织心理所有权与促进性建言、抑制性建言之间的正向关系相对陡峭；而当员工组织自尊较低时，组织心理所有权与促进性建言、抑制性建言之间的正向关系相对平缓。因此，假设 3a 和假设 3b 均得到支持。

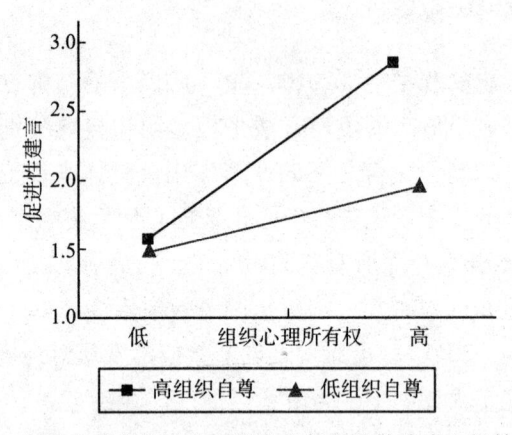

图 10-5 组织自尊在组织心理所有权与促进性建言之间的调节作用

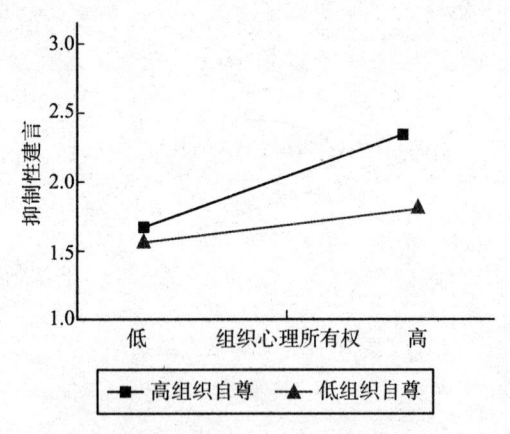

图 10-6 组织自尊在组织心理所有权与抑制性建言之间的调节作用

10.5 结论与讨论

10.5.1 研究结论

本研究基于社会学习理论和社会交换理论探讨了中国文化背景下伦理型领导对员工建言行为的影响机制，提出了研究模型，并采用结构方程模型对模型进行了检验。分析结果表明：第一，伦理型领导对员工的促进性建言和抑制性建言均有显著的正向影响，假设1a和假设1b得到支持；第二，组织心理所有权在伦理型领导与员工促进性建言、抑制性建言之间均具有部分中介作用，假设2a和假设2b得到支持；第三，组织自尊在组织心理所有权与员工促进性建言、抑制性建言之间均起到正向的调节作用，员工的组织自尊水平越高，组织心理所有权与员工促进性建言、抑制性建言的关系越强，假设3a和假设3b得到支持。实证研究结果较好地支持了研究假设和研究模型。

10.5.2 理论意义

首先，本研究证实了伦理型领导对促进性建言和抑制性建言均具有积极的影响，丰富了领导风格与员工建言的关系研究。伦理型领导与变革型领导、魅力型领导以及愿景型领导之间有许多类似之处，例如，这些领导都关心他人、诚实、正直，能够起到角色典范作用，但伦理型领导更强调伦理标准与道德管理。伦理型领导不仅积极践行伦理行为，而且也看重员工一切与组织伦理价值有关的行为，包括敢于公开说出组织在发展中存在的问题，在这种领导风格下的员工理所当然会投其所好，主动向领导报告组织中存在的问题以改进组织运作，而不会过多计较个人得失。根据Bandura（1977）的社会学习理论，伦理型领导会在组织中树立一个榜样作用来影响员工，员工也会通过模仿或学习领导关于伦理道德方面的行为，当看到组织中存在不符合道德规范的行为时敢于说出来。除此之外，伦理型领导还有较强的责任感，在工作中除拥有自身的责任外，同时也要求下属敢于承担责任。伦理型领导善于与员工进行双向沟通，关心和尊重下属，会使下属对领导产生更多的信任和依赖，根据社会交换理论，员工和领导之间会形成良好的社会交换关系，为了回馈领导，员工就会更加努力工作，进而激发了更多的促进性或抑制性建言。该研究结论表明了领导风格确实是影响员工建言行为的重要情境因素，支持了已有的研究成果。

其次，本研究还进一步探索了伦理型领导对员工建言行为影响效应的内在心理机制。与以往的研究不同，本研究从组织心理所有权的视角分析了伦理型领导对下属建言行为的影响机制，为解释伦理型领导对建言行为影响的作用机制提供了新的理论视角。伦理型领导之所以能让员工产生组织心理所有权是因为伦理型领导通过关心、尊重员工，向员工传递了"家"的感觉，对组织有"家"的信任，意味着组织是安全的，能够为员工建言特别是抑制性建言提供心理上的安全保障。另外在组织中伦理型领导非常强调伦理价值观，并通过与下属双向沟通道德价值观，使下属自觉接受组织的基本价值观和组织目标，进而引发了员工的组织认同感，从而把组织看作是自己的一部分，对组织产生归属感和责任感。对组织产生的责任感，会使员工愿意将组织的利益置于个人利益之上，主动为组织付出，不再把向组织建言作为分外的事情。研究结果表明虽然组织心理所有权在伦理型领导与员工促进性建言、抑制性建言之间均具有部分中介作用，但作用效果不同，伦理型领导对促进性建言的直接效应大于抑制性建言，但间接效应却小于抑制性建言，这一结论证实了促进性建言和抑制性建言确实属于两个相互独立的维度。其原因可能在于，促进性建言主要涉及员工为改善组织工作提出的建设性的意见与方法，而抑制性建言则是对组织当下的行为、观念及政策提出异议或公开反对，相比促进性建言具有更大的风险性，而组织心理所有权较高的员工受责任感的驱动更可能提出抑制性建言，来验证和延续组织对自己的支持和认可。已有研究有相似的发现，如 Liang 和 Farh（2012）发现心理安全感对于抑制性建言具有更大的影响，而变革的义务感对促进性建言有更强的影响。

最后，本研究还发现组织自尊在员工组织心理所有权和两种建言行为之间具有正向的调节作用。在组织中，有的员工虽然组织心理所有权较高，但其基于组织的自尊比较低，对自己的建言能否有利于组织的发展持怀疑态度，因而就不会表现出更多的建言行为。相反，具有高组织自尊的员工，对自己的建言能否为组织做出贡献有强烈的自信心，肯定自身存在对组织的价值，这种心理作用提高了他们工作积极性，进而表现出更多的建言行为。该结果也表明个体的行为会受到个体特征的调节，这对相关的理论研究具有一定的指导意义。

10.5.3 实践意义

本研究的结论对企业管理实践也具有重要的指导意义，员工的建言行为对企业的发展和创新具有重要的作用，同时也是提高企业综合实力的关键因素，其对企业的管理启示表现为以下几个方面：

首先，组织应重视对伦理型领导的招聘与选拔。既然伦理型领导能够对员工的建言行为产生积极影响，组织就应该重视对伦理型领导的招聘与选拔工作。组织在招聘与选拔实践中可通过个性测试、诚实性测验、结构化面试以及一些伦理困境的情境设计，重点考查候选人的个性特征和对待非伦理行为的态度，以此排除那些责任心差、缺乏诚信、个人主义以及对待伦理困境态度不明确、处理方式不当的个体，从而保证具有成为伦理型领导潜在特质的员工进入组织。

其次，虽然伦理型领导对员工的促进性建言和抑制性建言均具有积极的影响，但是其作用机制不同。因此，组织可以通过形成鼓励员工建言的氛围，如定期对收到的建议进行建设性的反馈，对有价值的建议进行奖励，来激发员工的促进性建言；而对于员工的抑制性建言，组织应给予员工更多的信任和授权，对抑制性建言者进行及时的公正的评价，让员工感觉自己在组织中有更高的地位，对组织有更强的责任感，从而产生更高的组织心理所有权，以此来增强员工的抑制性建言。

最后，组织应通过有针对性的培训，如提升管理者促使员工参与决策的意愿、技能及有效性，进而产生更多的促进性和抑制性建言。同时，通过培训提升管理者的沟通技能，使管理者遵守沟通中的伦理标准，如尊重员工、礼貌待人等，使得员工感受到组织对他们的关怀和重视，从而产生较高的组织心理所有权，也有助于间接增强员工的建言行为。另外，基于组织自尊水平不同的员工而言，组织心理所有权对员工建言行为的促进作用是不同的，因此，领导者应给于员工更多的尊重和信任，提高员工的组织自尊水平，从而促使他们做出更多的建言行为。

10.5.4 研究的局限性和未来研究的方向

首先，本研究采用的伦理型领导的量表为参考国外学者开发的成熟量表，虽然已经证明具有较高的信效度，但是该问卷在中国文化背景下进行研究的效果还有待进一步验证。因此，在以后的研究中，应对该问卷进行本土化考量，最终在中国文化背景下开发一套适合中国企业的伦理型领导问卷。

其次，本研究中数据为同一时间点取得的横断面研究，不可能准确地反映出各变量间的因果关系。鉴于此，今后的研究可以采取时间跨度较大的纵向研究设计，即在收集相关前因及中介和调节变量的数据之后间隔一段时间再测量结果变量，这会使相关变量之间更具说服力。

再次，本研究虽然选取了员工的年龄、性别及受教育程度等作为控制变量进行研究，但其实影响伦理型领导、组织心理所有权、组织自尊及员工建言行为的因素还有很多，本研究可能遗漏了一些对变量具有重要影响的人口学统计变量。因此，未来的研究应尽可能多地寻找对该模型有更大影响的人口学统计变量，从而使研究结论更精确。

最后，本研究没有把文化因素作为调节变量参与研究，因此，尽管各假设都得以证实，但该结论能否适应其他文化背景的情境还需进一步研究。未来的研究应探索中国文化因素在激发建言行为中的作用，比如传统型、上下级关系以及面子等因素，为组织更有效的激发员工建言行为提供理论支持和实践指导。

伦理型领导发展及其
影响机制研究

Chapter 11

11 伦理型领导对员工建言行为的影响：
心理安全感与情感承诺的中介作用

11.1 引　　言

经济全球化的背景下，企业间的竞争日趋激烈，企业需要具备持续不断的创新才能更快地适应快速变化的环境。企业的创新很大程度上来源于内部员工，员工提出合理的建议，进而改善企业存在的问题，这对企业的发展显得极其重要。世茂集团一直鼓励员工积极地提出建议以改进企业的工作。如一名普通的工程管理人员提出了建筑结构改进的方案，大幅度降低了楼面的生产成本，直接为企业节省 200 万元利益。这是世茂集团员工积极建言的事例，也让我们看到了员工建言在企业的价值所在。思念食品工人在包装阶段发现有异物残留却未做出任何反应，也没有将生产线为何出现异物这一情况向管理者反映，导致被媒体曝光思念食品的质量安全问题，致使公司遭遇危机公关，蒙受损失。可见员工不建言对企业产生了巨大的负面影响。同时，以上事例也让我们意识到员工建言对企业的重要性。对于企业来说，让员工自由地表达思想，使组织能够更好地倾听员工的声音，是人力资源管理中最重要的一环（马贵梅，2015）。如果组织所有员工不积极主动的建言，组织所存在的问题可能会给日后企业的发展造成巨大的损失，它会让组织失去持续活力。相反，一个令人鼓舞的组织，通常也是一个有凝聚力的组织，员工在组织中会有较高的归属感，员工更愿意为组织的发展做出贡献，提出自己的建议。

目前在企业中，大多数员工在实施建言之前会有诸多考虑，如针对企业的政策是否实施以及领导人的风格异同等。郑晓明等（2016）提出，下属向上级管理者反映问题的积极性受到伦理型领导的影响，这说明员工的建言行为可能会受到伦理型领导的影响。伦理型领导在我国一直是一种常见的领导风格，在工作和组织中越来越强调道德，并且组织也依靠着各级领导的道德行为管理组织的正常运转。伦理型领导为组织树立道德榜样，通过自己在道德上的模范作用帮助员工塑造正确的道德意识和价值观，建立健康的企业文化，鼓励员工积极建言，提高领导效率，从而使组织获得更多的竞争优势。伦理型领导是表现出更高水平的道德领导，不仅减少非道德行为和提高公民行为，也影响下属的态度和行为（Mayer，2012；Resick，2013；Walumbwa，2011；Walumbwa & Schaubroeck，2009）。Thomas 和 Feldman（2013）提出，员工会效仿领导者行为，如领导者的公平、公开、诚实的行为，亲社会行为、人际公平行为等。员工通过表现上述类似的积极社会行为，从而促进他们组织的积极发展。

　　为企业的长远发展考虑，员工需要对企业的发展提出积极的建议。员工的建议有利于提高企业的运作效率，增加组织绩效，对企业的长远发展有着重要的作用（张永军，2012）。但对于有关工作人员提出的不同意见，可能会引起自己与上司或同事之间的紧张关系，并最终影响个人职业生涯发展。而员工会考虑到提出建议的效果，如会担心他们的建议不被接受，从而可能会做出沉默的选择。因此，员工是否建言可能会考虑多种因素。Dertert 和 Burris（2007）提出，心理安全感较高的员工会对企业产生一定的认可度，因此，企业如果出现了问题，员工会希望帮助企业解决问题。在此过程中，员工会产生积极的建言行为，说明心理安全感会直接影响员工的建言行为。Bentein（2010）提出，高情感承诺的员工有着对上级的特别态度，他们更关心组织未来的发展，说明情感承诺也直接影响员工建言。对于企业或组织来说，如何促使员工放下内心的防御，当发现企业出现问题的时候多提建议，这是企业所面临的考验。在领导层面，伦理型领导是通过怎样的路径影响员工的进谏行为，探讨这个问题有利于企业管理者正视自身的领导风格。对于以上这些问题都值得我们去探究。之前有研究探讨了中国企业中伦理型领导与单维度的员工建言行为的关系。而员工建言行为可以分为促进性建言以及抑制性建言。有研究表明，不同维度的建言行为的驱动因素可能有所差异。关于伦理型领导对员工建言行为上述两个不同维度的影响作用还没有更加深入的研究。鉴于此，本研究主要考察研究了伦理型领导对下属员工两个不同维度的建言行为的影响，并且引入心理安全感和情感承诺两个中介变量来探讨。从下属角度验证了他们在伦理型领导作用于员工建言行为过程中存在着的重要影响，解释了它们在伦理型领导与员工建言行为的两个不同维度中的中介作用，从而确定了伦理型领导作用发挥的中介机制。

11.2 文献基础与研究假设

11.2.1 伦理型领导与员工建言行为

Gini（1997）认为，伦理型领导是在互动过程中做出符合伦理的决策。Kanungo（2001）指出，伦理型领导是领导的参与行为，是克制自己，减少伤害别人的行为，并且这种行为有益于他人。Brown 和 Treviño（2006）提出，伦理型领导在做决策时，有自身特定的原则。第一，伦理型领导是合乎伦理的个人，即具备公平诚信等特质的个人去执行那些合乎伦理规范的决策；第二，伦理型领导是合乎伦理的管理者，即实施合乎伦理规范的策略并对组织的道德观有重要影响的管理者。

领导容易成为组织或团队中学习和模仿的对象，尤其是具有完整性和公平性的优秀道德领导。伦理型领导也会对下属产生一个示范作用，下属员工对企业的行为态度也会直接或间接地受到伦理型领导的影响。据此推测，伦理型领导是激发员工建言动机的因素之一。马贵梅等（2015）认为，员工建言行为是一种角色外行为，是员工的一种自发行为，最终可以促进组织的有效运作。

让员工敢于自由表达他们的思想，使得企业能更好地倾听员工的声音，已成为企业人力资源管理最重要的环节之一。Morrison 和 Milliken（2002）认为，建言行为是公开表达自己对于组织和工作的建议，以及对工作中的他人的意见和建议。此后，Morrison（2011）也提出，企业鼓励员工的建言行为是指即使其他人不同意，员工也会提出创新改变的建议和修改标准。Van Dyne（2011）等则认为，当组织中存在或出现运转经营问题时，员工会提出改善这种状况的建议。员工表现出这种行为的出发点是避免组织遇到发展的障碍。段锦云（2014）结合了中国特定的文化背景，将建言行为定义为，为了达到变革的目标而采取的一种主动性的行为。Liang 和 Farh（2008）认为，在中国特定的文化情境下，下属员工的建言行为是被分为两个维度的变量，

11 | 伦理型领导对员工建言行为的影响：心理安全感与情感承诺的中介作用

分别是促进性建言和抑制性建言。其中，促进性建言是员工积极主动为组织提出的一些观点和看法的行为，旨在改善组织的运作情况和优化工作流程，最终提高组织的工作绩效；抑制性建言指的是员工发现企业在日常运作管理中所出现问题的基础上，敢于向管理者或组织提出建议的行为。

伦理型领导是合乎道德的管理者（Brown & Treviño, 2006）。当下属遇到问题时，伦理型领导会本着公平、公正的原则来对待下属（Gao & Janssen, 2013）。所以伦理型领导这一管理风格也更易触发员工建言的动机。Thomas 和 James（2013）认为，建言其实是员工职业道德中的伦理要求。建言行为是一种自发的组织公民行为，员工要想通过积极地建言献策来获得上级的肯定与认可，在工作过程中，他们有自己的角色要求与追求，并期望上级领导可以公平公正地对待他们。当员工获得上级的公正对待后，他们会产生知恩图报的行为来报答领导。员工这一感知会使得他们产生建言行为动机（Resick & Hanges, 2006），进而表现出积极主动为组织提出工作改进的一些观点和看法的行为，即促进性建言；当企业在发展中存在问题时员工敢于提出问题。因为领导者是道德的管理者，并不会无原则的打压下属，同时自己提出建言是对企业有帮助的。因此，当领导表现为合乎道德的管理者特征时，下属就敢于主动为企业做贡献，敢于提出建言，并不担心遭到上司的打击，即大胆地表现出抑制性建言。因此，本研究做出以下假设：

假设 1：伦理型领导与员工建言行为显著正相关。
假设 1a：伦理型领导与员工的促进性建言行为显著正相关。
假设 1b：伦理型领导与员工的抑制性建言行为显著正相关。

11.2.2 心理安全感在伦理型领导与员工建言行为之间的中介作用

Kahn（1990）首先提出了心理安全感这一概念。心理安全感，是指员工对于环境安全程度的心理感知。Tynan（2005）通过研究心理安全的定义，提出了心理安全感是指在某种程度上，个人可以感知到的他人对自身安全的影响。Tynan 对于心理安全感的定义被学者们广泛认可。因此本研究采用 Tynan 对于心理安全感的定义。

Edmondson 和 Tynan（2005）认为，个体所感受到的心理安全在一定程度上取决于上司对他们的影响，所以员工心理安全感的高低很大程度上取决于领导者的风格。伦理型领导具有高度的自我意识、高尚的道德观、平衡处理信息的能力等特质。伦理型领导乐于接受来自员工的不同观点以弥补自身的不足，同时对不同的观点持开放和包容的态度。在伦理型领导的管理风格下，员工的心理安全感会更高。洪雁和王端旭（2011）也认为，伦理型领导主要是通过心理安全感和伦理氛围影响团队成员的工作绩效，通过工作特征和领导—部属交换影响团队成员的工作态度。这些都表明伦理型领导对员工的心理安全有着积极的影响。

建言行为是一种自发的组织公民行为，员工要想通过积极地建言献策获得上级的肯定与认可。单靠专业知识还不够，还需要一定的情景触发员工的建言动机。员工的心理安全感是触发员工建言行为动机的一个重要因素（Resick, Chirstian & Michael et al., 2014）。心理安全感作为高质量人际关系和学习行为的中介机制促进了学习行为的发生（杨齐，2014）。当员工处在一种安全的组织环境中时，他不必担心工作或学习之外的事情，可以把更多的精力投入在工作和学习行为上。员工在建言时，会考虑到建言所带来的风险，因为如果建言不当或者建言挑战了上司的权威，那么员工就会担心自己会被领导"穿小鞋"，甚至导致工作不保。这样的风险对员工是特别敏感的，最终导致员工为了避免可能存在的风险而选择保持沉默，而不愿意冒险建言。如果上级非常善于纳谏，类似于古代唐太宗对于魏征那样，那么员工感受到的心里安全程度就会比较高。有研究表明，高的心理安全感会降低员工建言所带来的担心，可以消除员工的人际风险感知，从而投入到更多的建言行为之中（Mayer, 2012）。因此作为个体心理层面的变量心理安全感对员工的建言行为具有一定的影响作用。

建言行为包含或明或暗地对组织的批判，同时领导也有权决定对建言者进行惩罚或奖励。领导的个人行为很可能被下属用来评估个人主动实施的建言行为是否会给他自己带来危险的关键因素（Milliken, 2003）。伦理型领导能够听取不同的意见及建议，这就有利于提升员工对于建言行为的心理安全感。Walumbwa 等（2009）研究发现，伦理型领导高度重视公平的传递、信息的完整性和下属之间的人际互动。当下属感知到上级是仁慈、正直和有良好道德的人时，他们的心理安全感会得到提升。因为在这样的领导管理下，下属会认为自身做出正确的行为不会存在太多风险，因此会产生建言行为。从本质上来看，伦理型领导是一种公正的管理风格，它往往会提升领导与员工之间的关系质量（刘骏，2013），降低员工心理压力，提高员工的心理安全感。当员工认为领导是光荣的模范，心理上的安全感会增加，从而影响员工的行为，更多地提出恰当的建议。当员工心理安全感增加时，一方面，员工会主动积极的建言，因为在工作过程中员工对于领导会有知恩图报的心理（李锐、凌文辁和方俐洛，2010），员工积极建言可以为改善企业绩效做贡献；另一方面，员工的心理安全感提高，员工也敢于建言，员工不用过分担心建言会产生负面影响，也不会遭遇领导者的报复，因为员工的建言是为了组织发展更好。因此，心理安全感在伦理型领导与员工建言行为关系中，起着中介作用。由于在组织中人际关系存在着一定的不确定性，而员工个人感知到的心理安全程度能够提升其人际关系安全度的感知，进而促进员工建言行为的产生。心理安全感较高的员工，他们能对组织积极地建言献策。段锦云等（2014）也有实证研究得出了类似的结论，不过国内学者并没有将员工的建言行为分为促进性建言与抑制性建言来分别验证。简而言之，伦理型领导使员工有一种安全的心理感知，最终影响员工的建言行为。鉴于此，本研究提出以下假设：

假设2：心理安全感在伦理型领导与员工建言行为之间起着中介作用。

假设2a：心理安全感在伦理型领导与员工促进性建言行为之间起着中介作用。

假设2b：心理安全感在伦理型领导与员工抑制性建言行为之间起着中介作用。

11.2.3　情感承诺的中介作用

组织承诺是员工对组织的一种积极的态度或心理倾向。Meye 和 Allen（1997）提出将组织承诺划分为三个维度的概念，包括持续承诺、规范承诺和情感承诺。持续承诺，指员工一直留在企业可以持续长期工作的承诺；规范性承诺，是员工个人价值观与企业相匹配愿意在组织内继续工作的承诺。

贺伟和蒿坡（2014）指出，情感承诺是指员工对企业有深厚的感情，在情感上认可企业，愿意在企业内一直工作。也有研究者指出，员工的情感承诺被认为是员工的一种态度，情感承诺是企业留住人才的稳定的力量（刘生敏，2015）。而 Chen（2002）将员工情感承诺定义为，员工对于组织的一种情感联结与依赖。这是被广泛认可的研究概念。因此，本研究也将采用 Chen 对员工情感承诺的定义。

社会交换理论主张我们所做的行为都可以交换到报酬。我们所进行的活动是一种交换过程（De Hoogh & Den Hartog, 2008）。基于社会交换理论，个体相信自己的某种付出将会在以后的某个节点获得补偿。这里的交换既包含物质交换（如努力工作和高薪资），同时也包含社会交换（如认同、安全、支持和意愿等）。Solinger（2008）认为，情感承诺清晰地代表了员工对领导的态度，反映员工对领导的情感依附。社会交换理论解释了伦理型领导可能可以让下属产生更高水平的情感承诺（Huang, 2010）。Brown（2005）认为，伦理领导通过以身作则树立角色榜样，传递给下属什么是符合伦理的标准或者规范要求。在这个过程中，员工可以通过对榜样的学习来强化是非对错，以此作为工作执行和决策制定的基石。另外，伦理型领导经常与下属沟通，并给他们表达自己的机会。在中国文化背景下，有很多体现互惠原则的例子，荣辱与共、风雨同舟都是互惠原则。鉴于领导者负责实施组织政策，下属会正确的处理伦理型主管对于他们的友善，员工会表现出较高的情感承诺（徐燕和赵曙明，2014）。伦理型领导可能会导致更高的承诺，当员工有参与决策的机会，在他们的工作中会将参与决策作为一个更大的责任的标志，从而会投入更多的努力以表明他们的上级让其参与决策的正确性，这也是一种社会交换过程的体现。同样，由于更多地参与决策，下属也可能表现出更大的情感回报义务，向领导展现出较高的情感承诺（刘远和周祖城，2015），说明伦理型领导有助于激发下属的情感承诺。

当一个员工的预期回报得到满足时，员工的情感承诺会提高。这种高情感承诺将使员工保持原来的积极行为方向，同时对于领导和组织产生强烈的认同感、信任感和忠诚感。当企业出现问题时，员工基于对领导的认同感和忠诚度会选择积极主动提出建议（Piccolo & Ronald, 2014），以改善企业的状况。这种建言被称为促进性建言。而且,高情感承诺的员工也敢于对组织存在的问题提出批评,指出问题所在,因为员工不用担心自己的这种建言挑战了管理者的威严,而致使自己的工作前景受到影响,这种建言行为被称为抑制性建言。相反,情感承诺比较低的员工,对于企业或组织出现的问题没有太多关心,也不愿意付出,不会采取建言行为。由此说明,情感承诺有助于促进员工提出建言。

李锐、凌文辁和柳士顺(2009)提出,情感承诺在主管支持感与员工建言行为关系中发挥中介作用。曾垂凯(2012)认为,员工的情感承诺会影响其自身的离职倾向,情感承诺高的员工离职倾向低。员工感受到领导者给予的支持,出于对领导的感谢,会以积极的态度对待工作,对企业或组织注入新的能量,对领导也产生高的情感承诺,持续为组织的发展做出贡献等。在这些正向工作反应的作用下,员工的负向反应自然会受到抑制。当碰到企业问题时,不再保持沉默,而是投入到建言行为之中。本研究重点关注员工对领导的情感承诺,当员工感知到领导积极表现时,根据互惠理论,将会以友善的行为作为回报。同时,员工可以更加有信心地去完成那些角色外的行为(Morrison,2011),如建言。伦理型领导制定合乎伦理规范的决策,影响着组织的道德观,进而影响员工个人的道德观(Ng & Feldman, 2012)。伦理型领导对员工的情感承诺起着驱动力的作用,员工觉得跟随伦理型领导会受到符合道德的公正对待,对领导会有情感附属,积极提出促进性建言。而在伦理型领导的管理下,员工对于领导有情感依附,当企业出现问题时,员工也敢于建言。因为员工不用担心自己的建言挑战到上司的权威,而致使自己的饭碗不保。简而言之,伦理型领导会影响员工对领导的情感承诺并最终影响到员工的建言行为。因此,本研究做出以下假设:

假设3:情感承诺在伦理型领导与员工建言行为之间起着中介作用。

假设3a:情感承诺在伦理型领导与员工促进性建言行为之间起着中介作用。

假设3b:情感承诺在伦理型领导与员工抑制性建言行为之间起着中介作用。

综上,本研究提出如图11-1所示的理论模型。

图 11-1 理论模型

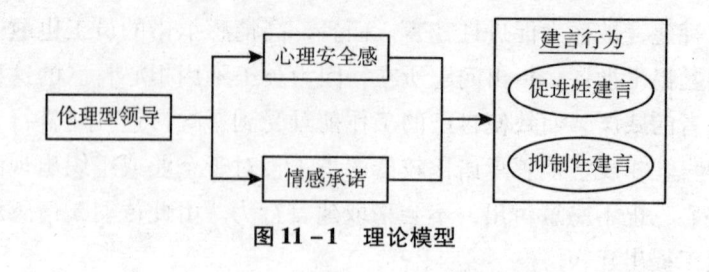

11.3 研究方法

11.3.1 研究对象与程序

本研究选取企业的员工作为数据采集对象，样本来源于广西、湖北、湖南、江西与江苏等地。这些采集对象主要是就职于国有、外资、民营企业，行业遍布 IT 业、制造业、服务业、金融业等。本研究问卷主要采用电子邮件和现场发放两种形式进行调查，发放问卷共 495 份，实际回收 420 份，剔除无效问卷，其中有效问卷 390 份，有效回收率为 78.79%。采用 SPSS 21.0 软件对样本的基本信息进行描述性统计分析，员工的基本分布情况如表 11-1 所示。

表 11-1　员工样本的人口统计学分布（N=390）

属性	组别	样本数	占比（%）
性别	男	166	42.6
	女	224	57.4
年龄	30 岁以下	302	77.4
	31~40 岁	64	16.4
	41 岁以上	24	6.2
教育程度	大专及以下	132	33.8
	本科	224	57.4
	硕士及以上	34	8.7

由表 11-1 可知，在员工样本中，从性别来看，男性占 42.6%，女性占 57.4%；从年龄方面来看，30 岁以下占 77.4%，31~40 岁占 16.4%，40 岁以上占 6.2%；从受教育程度来看，大专及以下占 33.8%，本科占 57.4%，硕士及以上占 8.7%。

11.3.2 测量工具

（1）伦理型领导。本研究的伦理型领导量表采用的是 Brown 和 Treviño（2005）等的伦理型领导量表（ELS），这是被大多数学者认可的量表，包括 10 个项目。计分方法采用 Likert 7 点式测量方法，1 代表"完全不同意"，7 代表"完全同意"。量表的内部一致性系数为 0.948。

（2）员工建言行为。本研究中员工建言行为采用的测量量表是 Liang 和 Farh（2008）开发的量表，学者普遍认可，一共包括 11 个题项，两个维度分别为促进性建言和抑制性建言，其中促进性建言 5 个题项，抑制性建言包括 6 个题项，代表性问题如"就单位中可能出现的问题，我会进行思考并提出自己的建议""就可能会造成单位损失的严重问题，我也会实话实说"等。计分方法采用 Likert 7 点式测量方法，1 代表"完全不同意"，7 代表"完全同意"。促进性建言量表的内部一致性系数为 0.843，抑制性建言量表的内部一致性系数为 0.876。

（3）心理安全感。针对个体层面的心理安全感量表在中国情境下引用最多的是李宁和严进（2007）开发的，包括 6 个题项，样题如"我在工作中表达的都是自己的真实想法""我在工作中表达的看法都是自己真实的感受""在工作中，我可以随意地展示自己"，计分方法采用 Likert 7 点测量方法，1 代表"完全不同意"，7 代表"完全同意"。量表的内部一致性系数为 0.854。

（4）情感承诺。本研究选取引用最多的 Allen（1993）等开发的情感承诺量表。计分方法采用 Likert 7 点测量方法，1 代表"完全不同意"，7 代表"完全同意"。量表的内部一致性系数为 0.837。

（5）控制变量。由于已有研究表明，员工的性别、年龄和教育程度等也可能影响员工的建言行为。因此，本研究将员工的性别、年龄、教育程度等作为控制变量。

11.3.3 统计方法

统计工具使用 SPASS 21.0 和 Lisrel 9.2。首先采用 Lisrel 9.2 针对研究伦理型领导、建言行为、心理安全感和情感承诺进行验证性因子分析，检验量表的区分效度的情况。然后，描述性统计分析采用 SPSS 21.0 进行分析。最后，采用层次回归分析方法检验伦理型领导与员工建言行为的关系，检验员工的心理安全感在伦理型领导与员工的促进性建言及抑制性建言之间的中介作用，以及检验情感承诺在伦理型领导与员工的促进性建言及抑制性建言之间的中介作用。

11.4 数据分析与结果

11.4.1 同源方差检验

由于问卷是由一个人填写的，容易导致共同方法偏差。在这项研究中，首先，采用过程控制来减少同源偏差。向被试者说明问卷为"匿名填答"并且严格保密。另外，将自变量和因变量条目分开以避免答题者猜测进行过程控制。其次，进行统计控制。根据 Podsakoff 等建议，进行探索性因素分析，未经旋转的，特征值大于 1 为标准提取因子。经过检验，结果表明一共有 5 个特征根都大于 1 的因子，并且第一个因子的变异量解释为 31.80%，未占到绝大部分，说明本研究的同源偏差问题不严重，不会影响到最终的研究结论。

11.4.2 验证性因子分析

首先采用 Lisrel 9.2 针对研究伦理型领导、促进性建言、抑制性建言、心理安全感和情感承诺进行验证性因子分析。本研究在此主要比较了五因子模型（伦理型领导、促进性建言、抑制性建言、心理安全感和情感承诺）、四因子模型（促进性建言和抑制性建言合并为一个因子）、三因子模型（促进性建言和抑制性建言合并为一个因子；心理安全感和情感承诺合并为一个因子）以及单因子模型（五个变量合并为一个因子）。具体的验证性因子分析结果见表 11 – 2。结果表明，与其他因子模型相比，五因子模型拟合度最好（χ^2 = 1554.55，df = 485，χ^2/df = 3.205，RMSEA = 0.075、NNFI = 0.855、CFI = 0.866、IFI = 0.867），说明区分效度良好。因此，本研究调查包含了伦理型领导、促进性建言、抑制性建言、心理安全感和情感承诺五个变量。

表 11 – 2　　　　　　　　　　验证性因子分析

模型	χ^2	df	χ^2/df	RMSEA	NNFI	CFI	IFI
五因子模型	1554.55	485	3.205	0.075	0.855	0.866	0.867
四因子模型	2223.21	489	4.546	0.095	0.766	0.783	0.784
三因子模型	2668.30	492	5.423	0.106	0.780	0.728	0.729
单因子模型	6927.15	511	13.556	0.179	0.172	0.199	0.200

注：五因子模型：伦理型领导、促进性建言、抑制性建言、心理安全感、情感承诺；四因子模型：伦理型领导、建言行为、心理安全感、情感承诺；三因子模型：伦理型领导、建言行为、心理安全感 + 情感承诺；单因子模型：伦理型领导 + 建言行为 + 心理安全感 + 情感承诺。

11.4.3　描述性统计分析

在此对各个变量进行描述性统计分析，包括均值、标准差和相关系数。前面的描述性统计分析涉及变量的均值和标准差是用来衡量问卷数据中各变量自身的离散和集中程度。而相关分析则是衡量各个变量之间存在的相关性是强是弱。相关关系是分析变量间关系的基本条件，是对变量间回归分析的前提。Pearson 系数是一种常用的相关分析系数，系数 r 反映了相关的强度水平。相关系数 r 的范围是在 – 1 ~ 1 之间的，如果 r = 0，那么说明两个变量之间无线性相关关系；r < 0 即表明两变量具有相关关系且是负的线性关系；反之，是正的线性相关关系。在此主要利用 SPSS 21.0 的线性相关分析方法分析伦理型领导、促进性建言、抑制性建言、心理安全感、情感承诺这五个变量之间的相关性。

平均值，标准偏差和各变量的相关系数如表 11-3 所示。伦理型领导与心理安全感呈显著正相关（r=0.557，p<0.01）、伦理型领导与情感承诺呈显著正相关（r=0.250，p<0.01）、伦理型领导与促进性建言呈显著正相关（r=0.338，p<0.01），伦理型领导与抑制性建言呈显著正相关（r=0.258，p<0.01），心理安全感与促进性建言（r=0.344，p<0.01）和抑制性建言呈显著正相关（r=0.348，p<0.01），情感承诺与促进性建言（r=0.239，p<0.01）和抑制性建言呈显著正相关（r=0.374，p<0.01）。

表 11-3　　　　　　　变量描述性统计分析结果

变量	均值	标准差	1	2	3	4	5	6	7	8
1. 性别	1.57	0.495	—							
2. 年龄	1.29	0.573	-0.266**	—						
3. 教育程度	1.75	0.603	0.158**	-0.222**	—					
4. 伦理型领导	5.01	0.954	-0.196**	0.167**	0.002	—				
5. 心理安全感	4.73	0.830	-0.178**	0.058	0.005	0.557**	—			
6. 情感承诺	4.55	0.857	-0.145**	0.195**	-0.134**	0.250**	0.461**	—		
7. 促进性建言	5.92	0.702	-0.024	-0.005	0.015	0.338**	0.344**	0.239**	—	
8. 抑制性建言	4.73	0.933	-0.035	0.060	0.040	0.258*	0.348**	0.374**	0.298**	—

注：* 表示 p<0.05，** 表示 p<0.01，*** 表示 p<0.001。

11.4.4　研究假设的检验

11.4.4.1　伦理型领导对员工建言行为的影响

本研究假设提出伦理型领导正向影响员工的建言行为。采用层级回归分析检验伦理型领导对建言行为的影响，首先引入员工人口统计学变量作为控制变量，其次，以伦理型领导作为自变量，以促进性建言和抑制性建言作为因变量分别进行层级回归，回归分析结果如表 11-4 所示。

11 | 伦理型领导对员工建言行为的影响：心理安全感与情感承诺的中介作用

表 11-4　伦理型领导对建言行为的层次回归分析结果

变量		促进性建言行为		抑制性建言行为	
		模型 1	模型 2	模型 3	模型 4
控制变量	性别	-0.042	0.043	-0.051	0.030
	年龄	-0.011	-0.070	0.107	0.051
	教育程度	0.021	-0.003	0.091	0.068
自变量	伦理型领导		0.260***		0.250***
R^2			0.119		0.069
F			51.506		25.528
ΔR^2			0.110		0.059

注：*** 表示 $p < 0.001$。

由表 11-4 可知，在模型 1 中加入控制变量性别、年龄和教育程度，然后，在模型 1 的基础上加入伦理型领导，促进性建言对伦理型领导的回归系数达到显著水平（$\beta = 0.260$，$p < 0.001$），表明伦理型领导对促进性建言有着显著的正向影响，假设 1a 得到验证。在模型 3 中加入控制变量性别、年龄和教育程度，然后，模型 4 是在模型 3 的基础上加入伦理型领导，抑制性建言对伦理型领导的回归系数达到显著水平（$\beta = 0.250$，$p < 0.001$），表明伦理型领导对抑制性建言有着显著的正向影响，假设 1b 得到验证。

11.4.4.2　中介效应检验

上述各变量假设检验结果的基础上，进一步探讨心理安全与情感承诺的中介效应。在本研究中，伦理型领导对心理安全感存在显著影响，心理安全感在其中起着中介作用。中介效应存在的条件是，当自变量与中介变量同时代入回归方程解释因变量时，中介变量的效应显著且自变量的效应消失（完全中介效应）或者减弱（部分中介效应）。第一步在模型 1 中加入控制变量和自变量伦理型领导，以心理安全感作为因变量，检验心理安全感对伦理型领导的回归；第二步在模型 2 中同时加入控制变量和中介变量心理安全感，以促进性建言为因变量，检验促进性建言对心理安全感的回归；第三步在模型 3 中同时加入控制变量、自变量伦理型领导和中介变量心理安全感，以促进性建言为因变量，检验促进性建言对伦理型领导和心理安全感的回归。同理，可以按照上述程序检验心理安全感在伦理型领导与另外一个维度变量抑制性建言之间的中介作用。层级回归分析的结果如表 11-5 所示。

表 11-5　心理安全感在伦理型领导与建言行为之间的中介效应检验

变量	心理安全感 M1	心理安全感 M2	情感承诺 M3	情感承诺 M4	情感承诺 M5	促进性建言 M6	促进性建言 M7	抑制性建言 M8	抑制性建言 M9	抑制性建言 M10
性别	-0.179	-0.086	-0.091	-0.054	-0.030	0.030	0.052	-0.027	0.016	0.046
年龄	0.019	-0.055	0.151	0.122	-0.009	-0.057	-0.062	0.066	0.031	0.005
教育程度	0.037	0.006	-0.086	-0.099	0.018	-0.003	0.008	0.059	0.044	0.071
伦理型领导		0.549***		0.219***		0.353***	0.233***		0.256***	0.101
心理安全感							0.171**			0.167**
情感承诺							0.122*			0.288***
R^2	0.033	0318***	0.054***	0.100***	0.001	0.119***	0.166***	0.007	0.069***	0.193***
调整 R^2	0.026	0.311***	0.047***	0.090***	-0.007	0.110***	0.153***	-0.001	0.059***	0.181***
R^2 更改	0.033	0.285***	0.054***	0.045***	0.001	0.118***	0.047***	0.007	0.062***	0.124***
F 更改	4.423	160.720***	7.390***	19.453***	0.134	51.506***	10.752***	0.935	25.528***	29.526***

注：* 表示 $p<0.05$，** 表示 $p<0.01$，*** 表示 $p<0.001$。

伦理型领导对于员工心理安全感（β = 0.549，p < 0.001）、情感承诺（β = 0.219，p < 0.001）均有显著正向影响。伦理型领导对促进性建言（β = 0.353，p < 0.01）和抑制性建言（β = 0.256，p < 0.001）均具有显著的正向影响。说明自变量伦理型领导对中介变量心理安全感和情感承诺均有显著影响，自变量伦理型领导对因变量促进性建言和抑制性建言有显著影响。中介变量心理安全感对因变量促进性建言（β = 0.171，p < 0.01）和抑制性建言（β = 0.167，p < 0.05）均显著正向影响。中介变量情感承诺对因变量促进性建言（β = 0.122，p < 0.05）有显著正向影响，对抑制性建言（β = 0.288，p < 0.001）有显著正向影响。同时，在加入中介变量员工心理安全感和情感承诺后，伦理型领导对员工的促进性建言行为的影响显著但有所下降（β = 0.233，p < 0.001），对抑制性建言的影响显著下降（β = 0.101，ns）。所以心理安全感和情感承诺在伦理型领导和促进性建言之间起部分中介作用，在伦理型领导和抑制性建言之间起完全中介作用，假设2和假设3得到支持。

11.5　讨论与管理启示

员工建言行为是目前组织行为学与人力资源领域的一个热点议题，国内外学者近年来针对员工建言行为进行了很多深入的探究，并且取得了非常丰富的成果。当然现有的研究也还存在一些不足之处，例如，没有将建言行为划分维度细化研究其与伦理型领导之间的关系。本研究基于此，细化建言行为的不同维度，探讨伦理型领导对不同维度建言行为的主效应及其中介机制，通过实证分析，对提出的模型进行检验。

11.5.1　结论与讨论

首先，本研究证实了伦理型领导是促进员工建言行为的重要情境因素。领导者展现个人道德与道德管理者的作风显著激发了员工的建言行为。关于主效应研究，细化了国内该领域研究，丰富了伦理型领导对不同维度建言行为影响的认识。本研究对伦理型领导、心理安全感、情感承诺和员工建言行为四者之间的关系进行深入研究和探讨，在一定程度上能够拓展该领域的研究范畴，理清相关关系，证明了心理安全感和情感承诺的中介作用。伦理型领导行为是一个重要的领导层变量，心理安全感是员工的个体体验，员工的建言行为是个体行为。本研究从伦理型领导出发研究了双中介模型，也为今后的研究提供了一个新的角度。

其次，员工的建言行为是推动企业未来发展的动力所在，本研究探讨影响员工建言的领导行为因素。伦理型领导这种风格使得员工的心理安全感高，进而促进员工的建言这一实证检验结论对于伦理型领导理论也有一定的贡献。新时代经济的背景呼唤更多人关注组织中存在的伦理道德问题，期望通过研究伦理问题来提高员工心理安全感改善员工的建言，本研究完善了这部分理论的实证研究。

最后，伦理型领导可以提高追随者的道德意识（Shahidul，2014），因此增加领导的道德水平是有一定意义的。例如，通过培训，创建一个和谐融洽的氛围也对推动员工建言有帮助。伦理型领导会让员工认识到道德规范的价值，并提升组织的伦理氛围。伦理型领导力的发展会影响员工的情感承诺和员工的建言行为（Bradley & Wright，2015）。伦理型领导注重强调领导中的道德因素，领导者通过建立下属的心理安全感来影响下属的工作态度。由此可知，对伦理型领导的研究能够拉近领导者与员工之间的关系，激发下属建言的动机。对员工的心理安全感的中介作用也证实了马贵梅（2015）所强调的观点，即在员工进行工作决策或表现工作行为时心理安全感具有非常重要的考量价值。领导者在组织中的伦理行为不仅有利于领导干部自身的伦理思想的发展，不仅有利于领导与下属的沟通，也有利于员工的道德行为。为员工示范自己的伦理标准，伦理型领导能够提高员工的伦理行为（Gary Yukl，2014）。这也为整个组织营造健康、正面的组织文化提供了可能性，为促进员工的情感承诺，促进员工积极建言提供了一个良好的氛围和环境。在现今这个充满伦理危机和商业丑闻的时代，如何改善组织和社会的关系、重新塑造组织的商业信用和道德规范成为发展重点。很显然，伦理型领导的研究能够给出一个很好的解答，通过对伦理型领导的研究促进组织和社会的和谐发展不失为一个合理科学的办法（芦青、宋继文和夏长虹，2011）。

如何提高员工对企业的建言行为是本研究的一个重点，希望通过伦理型领导对员工促进性建言和抑制性建言行为的影响及其作用机制，为企业推进员工建言行为提供借鉴。通过对伦理型领导对建言行为各个维度的回归得出，伦理型领导对促进性建言的影响程度小于伦理型领导对抑制性建言的影响，这说明伦理型领导不仅对建言行为的发生有重要作用，对研究抑制性建言行为也有一定意义。这是因为在组织中，相对于主动提出可以提升组织绩效的新思路与方法的促进性建言，抑制性建言对现状的挑战以及针对工作中有碍发展问题的建议，员工往往会出于这样那样的担心，更少做出抑制性建言。伦理型领导具有注重过程、对待下属公正公平、注重道德规范的品质，这样的领导在与下属互动的过程中，常常会倾听下属的想法，而领导也是一个实施影响的过程，在上司角色榜样的推动下，员工相信只要是有益于组织发展的问题，领导会鼓励员工表达自己的观点，提出自己的看法，即使不被采纳也不会带来负面的影响（Walumbwa, 2009），从而员工也敢于建言。在企业正常的运营中由于受到长时间的潜移默化，员工也渐渐学习并模仿领导的特质，有不合理的地方会指出来；另一方面基于社会学习理论，由于领导的重视和公正，员工会更加努力的工作作为回报，积极出谋划策也是一种表达方式。

11.5.2 理论意义

本研究的理论贡献主要有以下几点：第一，本研究将伦理型领导纳入研究框架，确证了这一强调道德的人与道德的管理者的领导风格对于下属建言行为的促进作用，这无疑对于我们更透彻地理解建言行为背后的深层制约和促进机制具有很好的帮助。第二，前人主要对建言行为单维度进行了研究。与这些研究不同，本研究分析并检验了伦理型领导对员工建言行为两个不同维度的影响过程。第三，本研究将情感承诺作为中介变量，论证了情感承诺在伦理型领导与员工建言行为中的中介作用。员工对领导产生较高的情感承诺，会持续为组织的目标和利益付出努力积极建言。

11.5.3 管理启示

本研究的管理启示如下：首先，对于领导者而言，领导者必须建立自己的道德领导风格，通过实施伦理领导行为，可以有效提高员工的内心的安全感，从而激发员工的促进性建言和抑制性建言行为，可以提高组织创造力的培育，更好地适应越来越激烈的市场竞争。伦理型领导还可以通过对企业文化建设和对工作目标的设置使员工感知到安全的组织氛围，增强其心理安全感。其次，通过通畅的沟通和反馈体系，加强上下级之间的交流，感受上司在人际互动过程中表现出来的公平公正，使员工认识到在这样的领导手下工作，只要不违反伦理道德，就不会有人际风险。最后，管理者可以通过在其团队或者部门中组织各种活动联谊等，使员工对组织和团队更为熟悉，以利于工作之时感到轻松和自由，同时获得高质量的人际关系，从而提高员工心理安全感以促进员工建言。研究结果还显示，随着员工文化程度变化、职位层级的变化和组织性质的变化，员工情感承诺不同，因此管理者应针对不同的人在不同的阶段采取不同的管理措施提高员工对组织的认可，并进一步提升员工对领导的情感承诺以促进员工建言行为。

对于组织层面，组织可以通过采取激励性的人力资源管理措施与支持性方案提高员工情感承诺，具体包括了指导职业生涯规划，提供培训发展机会，改善工作设计和工作环境，加强企业团队建设等。企业还应加强企业各项制度建设，加强信息的沟通与反馈，帮助员工明确工作的要求和目标，为员工提供开放性思维的空间。越来越多的企业开展各项活动促进员工"建言献策"，例如，微博、网络投票、年度提案等。这些活动的实施有助于企业改善流程和制度，而且还可以鼓励员工建言的积极性。此外，企业的人性化管理能够为员工提供开放性思维的空间。促进员工建言的人性化管理具体可以表现为：改善员工工作环境，提供适合独立思考的工作空间等。

对于员工层面，员工与领导之间需要加强沟通交流，创造自由轻松的氛围，增强员工自身的心理安全感以及对领导的情感承诺。员工应提高工作自主性以及挑战性，尽力减少烦躁、厌倦的工作情绪，将单调乏味的工作变成

11 伦理型领导对员工建言行为的影响：心理安全感与情感承诺的中介作用

了有意义的工作。提高工作自主性，不仅仅是促进工作技能的开发，同时能够提高情感承诺，促进自己的建言行为，提高工作效率和工作质量。

11.6 研究局限及未来研究展望

本研究在研究过程中尽可能让每个研究环节符合科学研究的标准和原则，但是受到研究时间、地点及其他不可控因素影响，在调研过程中存在很多不完善的地方，需要加以探讨和研究。具体表现为：第一，横向研究的局限。由于时间的限制，研究数据的收集是在同一时间完成的，然而伦理型领导影响员工建言行为，往往需要一段时间。因此，在未来的研究中，可以选择纵向研究设计。在不同时间点收集数据并验证，在影响机制的解释上更有说服力，进一步完善伦理型领导、心理安全感、情感承诺和员工建言之间的因果关系检验。第二，在西方的文化背景和组织背景下开发的测量工具的稳定性虽然已经在中国和西方的样本中证明，但是未来可以开发相应的本土化测量量表，检验本研究结论的适应性。第三，本研究考察心理安全感和情感承诺在伦理型领导与员工促进性建言行为及抑制性建言行为之间的中介作用，但是此外伦理型领导的影响效应可能还受到其他一些因素的影响。在未来的研究中可以探讨伦理型领导对员工建言行为的调节变量，如上下级关系。此外，本研究只是探讨了伦理型领导风格如何促进员工的建言行为，未来的研究可以换个视角对比变革性领导、交易型领导、伦理型领导等不同领导风格，探讨哪种领导风格更能促进员工建言。后续研究可以进行这些方面的探索。第四，由于资源条件的限制，本研究调研的样本企业性质和企业地域的局限性可能会对研究结果造成一定的影响，不利于研究结果的推广。所以，以后在选择调研对象时还可以选择不同性质、不同地域的企业，以检验本研究的效度。

伦理型领导发展及其
影响机制研究

Chapter 12

12 伦理型领导对组织公民行为的影响：角色模糊的调节作用

12.1 引　　言

伦理道德是企业核心竞争力的重要源泉，是企业在市场中保持竞争优势的法宝（潘清泉和韦慧民，2014）。人们纷纷意识到，企业的伦理道德不但对企业自身的发展产生重要的影响，还会对社会产生重要的影响。例如，三聚氰胺问题、毒疫苗问题等，这些都是企业缺乏必要的伦理道德，片面追求利益最大化造成的。要协调好企业追求利益最大化与构建伦理型商业组织之间的关系，企业需要重塑自身的伦理观，让成员正确理解其主张，进而逐步实现与多种利益相关者的行动匹配和利益共赢（莫申江和王重鸣，2010）。在这一过程中，企业领导发挥着举足轻重的作用，伦理型领导便在这一条件下应运而生。

所谓的伦理型领导是组织的领导者在个人行动和人际关系方面展现出符合规范的行为，并通过相互交流、强化以及决策制定的过程激发下属的同类行为（郑晓明和王倩倩，2016）。伦理型领导的概念自提出以来便在学术界引起了极大的研究兴趣和热情。有相关研究表明，伦理型领导会与组织的一些积极的行为后果密切相关，如员工的公平感（金杨华和谢瑶瑶，2015）、助人行为（郑晓明和王倩倩，2016）、建言行为（焦凌佳、彭纪生和吴红梅，2012）、知识共享（杨齐，2014）、创造力自我效能感（王永跃与叶佳佳，2015）等等。

从以上的文献梳理中我们可以看到，领导的风格会对企业员工的行为产生一定的影响。如隋杨等（2012）等实证研究发现，变革型领导可以有效提升企业的绩效以及员工的满意度（隋杨、王辉、岳旖旎和Fred Luthans，2012）。绝大部分的研究表明，伦理型领导对下属成员的积极行为具有一定的促进作用，而对下属的消极行为具有一定的抑制作用。组织公民行为是下属自觉表现出来的，不为组织正式报酬系统所认可和奖励的行为，这种行为能有效促进组织效能（Organ，1988）。因此，组织公民行为对组织而言是一种积极的行为，但伦理型领导是否对组织公民行为具有积极的促进作用还未引起学术界的重视，国内暂时还鲜有相关的研究。

既然组织公民行为是一种积极的主动行为，那么实施这种主动行为的动机必然受员工其自身对在组织中所承担角色认知的影响。Wallance（2005）指出，当员工感受自身承担了过高的工作需求或工作角色压力而难以应对时，就会产生心理抑郁（Wallance，2005）。林美珍（2007）认为，管理人员的领导行为是下属角色压力的主要影响因素，一旦下属承担的心理负担过重，那么必然会影响到其主动行为的实施。虽然有研究认为，角色模糊会对下属的主动行为产生影响（娄玮瑜，2011），但角色模糊是否在伦理型领导与组织公民行为之间起着加强或减弱的作用还尚未引起学术界的研究。因此，本研究尝试引入角色模糊这一变量，研究其在伦理型领导与下属组织公民行为之间的影响。期望通过角色模糊这一边界条件对于伦理型领导与下属组织公民行为之间关系所发生的影响作用的探讨，促进伦理型领导影响效应的边界条件的理论研究，同时也可以为组织应用伦理型领导促进员工积极工作的相关行为提供实践指导。

12.2　文献基础与研究假设

12.2.1　伦理型领导及其对组织公民行为的影响

伦理型领导是指领导者在进行相关的管理工作中展现出较高的伦理行为，并且这种行为通过组织的相关机制有效传递给下属，从而使得下属也能产生同样的行为（Brown，Treviño & Harrison，2005）。同交易型领导、变革型领导以及真实型领导相比较，伦理型领导与上述领导风格有一个共同之处，即都注重诚实正直的品质，都会体谅下属，为下属梳理典范，但是伦理型领导更加强调伦理在管理实践中的作用，如不仅强调自身的伦理示范作用，同时也突出伦理型领导会借助于一些政策措施的激励作用激发员工的伦理相关行为（Brown，Treviño & Harrison，2005）。

伦理型领导对个体会产生积极影响，能够实现"以德服人"，进而让下属"心悦而诚服"（潘清泉和韦慧民，2013）。从伦理型领导的定义可以看出，伦理型领导不但要求其自身需要比较高的伦理水平，同时也需要通过建立组织的奖惩机制来使得下属也能够具有比较强的伦理水平。因此，伦理型领导作为一种特殊的领导行为和领导风格的结合体，既是"伦理的个人"，也是"伦理的管理者"（Treviño, Brown & Hartman, 2003）。为了发挥伦理型领导对员工的道德影响力，必然需要领导者具有有效的领导行为，如正确的价值观、树立道德榜样以及构建企业的相关伦理制度等。Brown 等（2005）的研究突出了领导行为的有效性，他们认为伦理型领导可以通过自身的行为和在人际关系方面树立恰当的行为典范，从而影响员工的工作态度和行为绩效。

基于以上观点，我们认为同一般领导相比，伦理型领导具有正直、可信的良好品质，他们除了在践行伦理道德的同时，会释放出独特的伦理型领导的人格力量，使得下属的正面品质得到发展（徐战平，2015）。因此，伦理型领导一则具有榜样的力量，下属员工不但可以从自身的直接经验分析得出哪些行为是被组织许可的，而且还能从观察身边同事的所作所为当中获得相关信息。二则领导者基于更高层次的信任和公平感，利用社会情绪交换影响员工的态度与行为（Brown & Treviño, 2006），从而推动组织发展。

组织公民行为是一种没有得到正式组织奖赏，同时也未被纳入组织正式报酬体系之中的一种自发的行为。这些行为有效地提升了企业的绩效（Organ, 1988）。其概念自 20 世纪 80 年代提出以来，便一直受到广泛关注。但是国内有关组织公民行为的研究始于 20 世纪 90 年代（许多和张小林，2007）。组织公民行为自提出以来一直被人们视作是角色外绩效，这是由于该行为难以在正式工作职责或角色要求内进行明确界定，但该行为有助于提高组织的整体利益。其理论基础是社会交换理论和个体的积极情感，是一种基于社会交换的意愿性的回报行动。从某种程度上来看，下属成员的这种回报行为是源自于对领导行为的感知。当领导展现出较高的伦理型行为并展现出对下属的信任、认同和重视时，下属便会对领导产生积极的情感，作为对领导的回报，下属便自觉地展现出较高的组织公民行为。

一直以来，学者们致力于对组织公民行为的前置影响因素和维度进行探讨，例如，有研究发现组织中的程序是否公平、分配是否公平、员工对工作是否满意、组织对员工的承诺以及情感等都影响着下属的组织公民行为

(Konovsky & Organ, 1996; Lee & Allen, 2002)。但基于领导风格来研究此类相关问题的还较少，而且现有研究视角也比较单一，对于其中的影响机制的探讨主要是基于领导心理方面的，而较少从下属的角度来研究伦理型领导内在的作用机制。实际上，伦理型领导对于下属态度和行为的影响可能是通过下属的内在心理状态的改变而发挥作用。例如，吴志明和武欣（2007）的研究表明，变革型领导对组织公民行为的影响是通过心理授权这一中介机制传导的。不过，究竟伦理型领导风格是否也会通过下属的心理因素发挥影响作用，或者说，下属的心理因素在伦理型领导风格效应机制中可能产生的影响是什么？这些问题还需要未来进一步的研究检验。

变革型领导可以对下属的组织公民行为具有积极促进作用的相关研究已经被国内外许多专家学者所证实（李超平、孟慧和时勘，2006）。高中华和赵晨（2014）通过实证研究发现，服务型领导可以有效促进下属的组织公民行为，而如果下属感知到更强的组织认同的话，那么这种促进作用的关系则更强烈（高中华和赵晨，2014）。王震、孙健敏和张瑞娟（2012）等通过研究领导的核心自我评价对组织公民行为的影响，发现领导核心自我评价越高的领导能使下属产生更多的组织公民行为。而储小平和周妮娜（2010）通过研究苛责式的领导后发现其对下属的组织公民行为产生了消极的影响，不利于组织的发展。而目前关于组织公民行为的维度研究，学术界还没有一个统一的认识，鉴于本研究样本的限制，因此本研究并没有将组织公民行为进行分维度研究。本研究在此聚焦于伦理型领导对于员工组织公民行为的影响，同时纳入下属心理因素的考虑。

从以上有关组织公民行为的研究梳理发现，对不同领导风格与组织公民行为的视角比较单一，基于中国情境下的伦理型领导对组织公民行为的本土研究更是少之又少。但从伦理型领导的概念我们可以看到，伦理型领导具有一些比较优良的品质，除此之外，还具有较强的伦理道德水平，使得下属一些正面品质得到发展（徐战平，2015）。有研究指出，伦理型领导对下属员工的创造力具有显著的提升作用（王永跃和叶佳佳，2015）。组织公民行为作为一种自愿的有助于促进组织正向绩效的行为，既然实施这种行为的主体是员工，那么当员工的自我效能感比较强烈的时候，他们能够更加努力的工作，在工作中更加注重奉献。杨齐（2014）认为，伦理型领导通过影响下属对组织的认同从而会对员工的知识共享产生一定的影响,下属如果对组织有较强的认同感的话,下属也更具有奉献精神。郑晓明和王倩倩(2016)在实证研究后发现,伦理型领导对下属员工的助人行为和幸福感均具有显著的促进作用。金杨华和谢瑶瑶(2015)的研究得出,伦理型领导对知识型员工生活满意度和社会公正感有显著的正向影响,员工的幸福感和满意度强烈了,也就更能够与其他人建立更好的人际关系。陈玉锋(2014)认为,如果一家企业领导的伦理道德水平普遍偏高的话,那么这家企业会更加积极的承担社会责任。另外,组织中的伦理型领导在通过向下属展示自身的伦理行为以及与下属的互动交流中,通过一些正式的或非正式的机制向下属传递什么是正确的能够被组织接受的行为,而哪些行为是不被接受的,是会受到惩罚的行为,通过奖惩措施促进员工遵从企业的道德标准(Brown, Treviño & Harrison, 2005)。因此,伦理型领导能够强化下属成员对组织和领导的信任,作为对领导的回报,下属成员通过实施更多的有利于组织发展的组织公民行为。基于以上分析,我们提出如下假设:

假设1:伦理型领导有助于促进组织公民行为。

12.2.2 角色模糊的调节作用

组织中的角色是人们对某一社会组织中个体所期望的一系列行为规范与要求的规定。这体现了一个人在组织中的地位,能够反映出其相应的权利、义务以及职责。如果一个人在组织中的角色定位不清晰,或者一旦周围的同事对某一个体所完成的工作有不同的期望的时候,会让个体产生无所适从的感觉,以致会造成个体进退两难的境地,这个时候会引发角色模糊,也叫角色混淆。换句话来说,角色模糊是个体对某一角色采取行动的不确定性(赵燕,2007)。Jackson等(1985)的元分析结果表明,角色模糊会对工作绩效产生显著的负面影响。Kahn等(1964)认为角色模糊与个体的消极态度有关,如较低的自我效能感。Schwab和Iwanicki(1982)发现,角色模糊会使得教师这一群体产生强烈的成就感缺失的感觉。另外,Behrman和Perreault(1984)的研究结果发现,角色模糊会对下属员工的满意度产生一些负面影响,同时会增加下属成员的工作压力,从而不利于组织的发展。Deluga和

Winter（1990）的研究结果表明，角色模糊对员工的工作满意度及工作压力具有负面的影响。相对于实证研究、综述类的文章也较多。学者们主要研究了个体形成角色模糊的原因，其表现以及对企业的影响，也提出了一些解决组织中角色模糊问题的方法，但对于领导风格与角色模糊的相关研究在国内还较少涉及。

Lavinia等（2010）研究指出，角色模糊会对领导的有效性产生影响。不同的领导风格会对下属产生差异性影响，对伦理型领导而言，其对下属成员组织公民行为的影响或许会受到团队成员认知差异的影响。下属成员角色模糊在伦理型领导影响下属成员组织公民行为中的影响体现在以下几个方面：第一，下属成员较高的角色模糊会使得成员压力增大，团队成员心理就容易出现一系列问题。当员工承受过大的工作需求或工作角色压力时，就会产生一些心理上的问题，如说心理抑郁（Wallace，2005）。当员工意识到其没有充足的时间和精力去完成某项工作任务时，就会倾向于动用分配给原本使用在其他领域的资源（时间或精力），从而会导致这两个领域的冲突（Matthews，Winkel & Wayne，2013）。冲突的产生以及心理的抑郁必然使得下属成员的组织公民行为下降。第二，当企业成员对自己在企业中所担任的角色不明晰的情况下，领导所做的决策与指示并不能很好地被下属成员所理解、接受与执行，在对所从事的工作不理解的情况下极易造成下属在工作的主动性下降。第三，儒家文化在中国有非常重要的影响（Ralston，Holt，Terpstra & Cheng，2008），它反映了中国人对社会层级结构的保护和维护，儒家文化倡导"安定有序，各司其职"的社会生活秩序，反映在企业管理的研究中便是组织中成员个体对其扮演的角色及所承担的任务具有清晰的认识，一旦出现组织成员间的角色模糊与冲突，便会使得成员内心失序，从而不利于组织公民行为的建设。可见，伦理型领导对于员工行为的影响可能会受到下属心理认知的调节作用。其中，影响组织内行为的一种重要的心理认知因素就是角色定位。模糊的角色定位会使得个体对于角色定位与职责缺乏明晰的认识，从而可能增加角色压力。而为了应对这一角色压力，个体可能需要增加资源的投入。由于资源的有限性，使得资源总量有限的情况下，个体将增加一部分资源用于工作领域之中，可能会消耗本可以用于家庭或者其他非工作领域的资源，从而可能导致工作与非工作的冲突。有研究表明，这种工作—非工作冲突可能引发诸多的问题，包括降低员工的生活满意度，提高情绪耗竭等。另外，研究也揭示，动用本可以用于家庭的资源而导致的工作对家庭的冲突还可能产生负面溢出效应，反过来影响工作的积极性与工作绩效表现。这种负面溢出效应可能还会影响员工对于工作领域的其他方面表现，如降低的组织公民行为。而且，由于组织公民行为是非职责规定的，没有明确的奖励激励的行为。所以，角色模糊带来的压力增大与资源的额外损耗可能使得伦理型领导本应具有的积极影响效应受到减弱，可能会降低员工的组织公民行为。因此，从以上的分析我们得出：

假设2：角色模糊在伦理型领导与组织公民行为之间起着负向的调节作用，具体表现为，角色模糊水平越高，伦理型领导与组织公民行为之间的正向关系越弱；角色模糊水平越低，伦理型领导与组织公民行为之间的正向关系相对较强。

基于上述分析，本研究构建了如图12-1所示的理论模型。

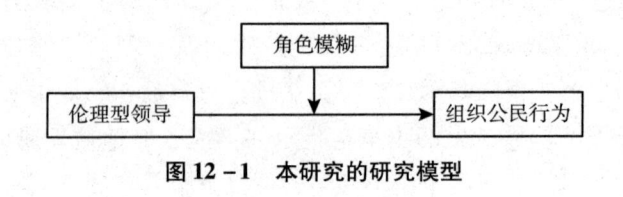

图12-1 本研究的研究模型

12.3 研究方法

12.3.1 研究对象与程序

本研究采用调查问卷的方法收集数据，通过向下属员工发放问卷来收集本研究所需要测量的变量的数据。本研究样本来源于湖北、北京、上海、江苏、安徽、广西等地区的企业。调查企业主要涉及服务业、制造业、金融服务业等。

本研究发放问卷500份，最终收到有效问卷416份，问卷有效回收率为83.2%。有效问卷样本构成中，性别构成方面：男性176份，占比42.3%，女性240份，占比57.7%；年龄构成方面：30岁以下323人，占比77.6%，31~

40岁70人，占比16.8%，41~50岁23人，占比5.5%；在受教育水平构成方面，大专及以下学历144人，占比34.6%，本科学历235人，占比56.5%，硕士及以上37人，占比8.9%。

12.3.2 测量工具

（1）伦理型领导。本研究的伦理型领导量表采用的是Brown和Treviño（2005）等的伦理型领导量表（ELS），包括10个项目。如"我的主管会惩罚违反道德标准的下属""我的主管总能听取员工的意见"。量表采用Likert 7点计分1 = 非常不同意，7 = 非常同意。在本研究中，该量表的内部一致性系数为0.936。

（2）角色模糊。本研究中的角色模糊量表采用经过预测后形成的正式量表，包括6个题项。角色模糊量表采用反向记分，最终得到调查对象的角色模糊分数。量表采用Likert 7点计分，1 = 非常不同意，7 = 非常同意。在本研究中，角色模糊量表的内部一致性系数为0.845。

（3）组织公民行为。对于组织公民行为的测量量表，本研究采用Aryee和Budhwa（2002）学者提出的量表测量员工的组织公民行为，共有9个题项，由下属成员自评。量表采用Likert 7点计分，1 = 非常同意，7 = 非常不同意。在本研究中，组织公民行为量表的内部一致性系数为0.888。

（4）控制变量。对于控制变量的选取，本研究借鉴以往的研究，选择组织行为学中常见的人口统计变量，即性别、年龄和受教育水平。在探讨伦理型领导对于组织公民行为影响机制的研究中，将员工的性别、年龄和受教育水平作为控制变量加以控制。

12.3.3 统计方法

本研究所采用的工具是SPSS 21.0和Lisrel 9.2。首先，通过信度分析和验证性因素分析，检验问卷的信度和效度；然后，进行相关分析和描述性统计分析；最后对本研究所拟探讨的变量关系机制采用层次回归分析，检验伦理型领导对组织公民行为的影响，以及角色模糊在伦理型领导与下属组织公民行为关系间的调节效应。

12.4 数据分析与结果

12.4.1 同源方差检验及变量效度检验

由于本研究所有变量均在同一时间点使用同一种方法进行调查，可能会存在时间和数据采集方式带来的同源方差问题。根据 Podsakoff 等（2003）的建议，本研究采用 Harman 单因子检验对本研究可能存在的同源方差问题进行检验，结果显示，未经旋转的探索性因素分析提出的第一因子对变异的解释的方差占 34.178%，没有占到绝大多数，而且从验证性因子分析表明，单因子的拟合度较差，因此，本研究不存在严重的同源方差问题。

对于验证性因子分析结果如表 12-1 所示，从表 12-1 中我们可以看到，观测数据和假设模型（三因子模型）拟合度较好（$\chi^2 = 1050.65$，RMSEA = 0.083，CFI = 0.872，IFI = 0.873，NNFI = 0.859），从单因子模型检验结果来看，模型和实际观测数据之间的拟合度较差（$\chi^2 = 5480.38$，RMSEA = 0.207，CFI = 0.148，IFI = 0.149，NNFI = 0.121），χ^2 检验与模型拟合指数都显示三因素假设模型同单因素竞争模型之间的关系差异显著，并且三因素模型的拟合指数均较好。因此可以说明本研究的三个变量具有良好的区分效度，能够代表三个不同的构念。

表 12-1　　　　　　　　　验证性因子分析结果

模型	χ^2	DF	RMSEA	NNFI	CFI	IFI	P - value
三因子模型	1050.65	272	0.083	0.859	0.872	0.873	0.000
单因子模型	5480.38	291	0.207	0.121	0.148	0.149	0.000

12.4.2 描述性统计分析

各变量的均值、标准差和相关系数如表 12-2 所示。从表中我们可以发现伦理型领导与组织公民行为之间存在着极其显著的相关关系，初步验证了本研究的假设，本研究在下一部分将进一步检验这二者之间的关系，并考虑角色模糊在二者之间的调节作用。

表12-2　　　　　　　各变量的描述性统计分析结果

变量	均值	标准差	1	2	3	4	5	6
1. 性别	1.58	0.495	1					
2. 年龄	1.28	0.559	-0.174***	1				
3. 教育程度	1.74	0.608	0.150**	-0.214***	1			
4. 伦理型领导	4.947	0.919	-0.124*	0.096+	0.060	1		
5. 角色模糊	4.648	0.812	0.019	-0.033	0.091+	0.232***	1	
6. 组织公民行为	5.243	0.771	-0.057	0.110*	-0.038	0.448***	0.274***	1

注：+表示 $p<0.1$，*表示 $p<0.05$，**表示 $p<0.01$，***表示 $p<0.001$。

12.4.3　回归结果分析

本研究采用的分析工具为 SPSS 21.0，并且采用分层回归的分析方法对本研究的假设进行检验。本研究假设1提出，伦理型领导正向影响组织公民行为。为检验伦理型领导的这一主效应，本研究进行了层级回归。第一层放入控制变量，即年龄、性别和教育程度；第二层放入自变量伦理型领导。回归结果如表12-3所示，从表12-3模型2中我们可以发现，伦理型领导与组织公民行为呈显著的正相关关系（$\beta=0.448$，$p<0.001$）。因此较好验证了本研究的假设 H1。

表12-3　　伦理型领导、角色模糊和组织公民行为回归分析结果

变量	模型1	模型2	模型3	模型4
性别	-0.037(-0.747)	0.017(0.383)	0.011(0.256)	0.005(0.114)
年龄	0.101*(1.998)	0.058(1.278)	0.065(1.456)	0.050(1.119)
受教育水平	-0.011(-0.215)	-0.055(-1.208)	-0.067(-1.505)	-0.067(-1.517)
伦理型领导		0.448***(10.038)	0.403***(8.974)	0.392***(8.805)
角色模糊			0.189***(4.260)	0.207***(4.680)

续表

变量	模型 1	模型 2	模型 3	模型 4
伦理型领导 × 角色模糊				-0.145*** (-3.358)
R^2	0.014	0.208	0.241	0.262
ΔR^2	0.006	0.200	0.232	0.251
F 值	1.901	100.766***	18.144***	11.273***

注：*表示 $p<0.05$，括号内为 t 值。

本研究假设 2 提出，员工的角色模糊在伦理型领导与员工的组织公民行为关系间发挥调节作用。为验证调节效应，本研究采用层级回归进行分析，第一层加入自变量性别、年龄和教育程度，第二层加入自变量伦理型领导，第三层放入调节变量角色模糊，第四层放入自变量与调节变量的交互项。层级回归分析结果如表 12-3 所示。从表 12-3 模型 4 可以发现，角色模糊与伦理型领导的交互项与组织公民行为呈显著的负相关关系（$\beta=-0.145$，$p<0.001$），说明角色模糊在伦理型领导与组织公民行为之间起着显著负向的调节作用。角色模糊的调节效应图如图 12-2 所示，表明角色模糊水平越低，伦理型领导与组织公民行为之间的正向相关关系越强，而角色模糊水平越高，伦理型领导与组织公民行为之间的正向关系越弱。

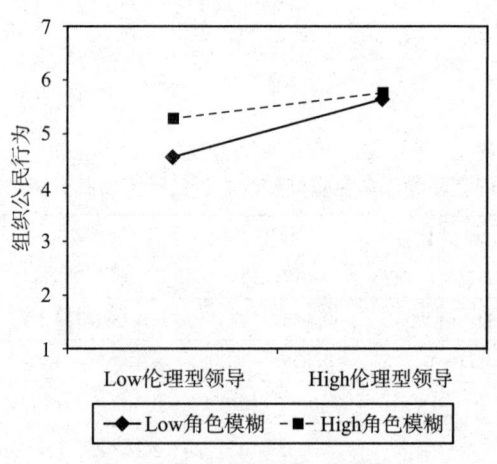

图 12-2 角色模糊的调节效应

12.5　讨论与管理启示

12.5.1　结论与讨论

有关伦理型领导的研究自其概念提出以来便引来极大的研究关注。赵瑜等（2015）基于资源保存理论提出，伦理型领导能够显著减少员工的挑战性和阻断性压力源，而员工这些压力源感知会在伦理型领导与公正感、心理授权等方面起着中介作用。王永跃和叶佳佳（2015）通过对308名员工样本的问卷调查发现，伦理型领导与员工的创造力自我效能感显著正相关。李锡元（2014）等研究发现，伦理型领导对下属成员的沉默行为具有负面的影响，传统性则正面强化了伦理型领导对下属员工的沉默行为。张永军（2012）发现，伦理型领导与反生产行为显著负相关。金杨华和谢瑶瑶（2015）认为，伦理型领导能有效促进下属的公正感以及满意度。可见，伦理型领导风格对于员工的态度和行为均有着重要的影响作用。一般而言，伦理型领导可以促进员工积极态度与积极行为的增加。

不过，综上所述，国内在有关伦理型领导影响效应的相关研究中，对其是否会对组织公民行为产生积极的影响还较少涉及。当然有不少学者认为变革型领导会对组织的公民行为产生积极的影响（丁琳和席酉民，2007），但是变革型领导比伦理型领导更加强调组织愿景、价值观和脑力激励，而伦理型领导则更加强调道德标准和道德管理（张笑峰和席酉民，2014），因此变革型领导的相关研究并不能完全套用到伦理型领导的研究之中。究竟伦理型领导是否有助于员工组织公民行为的增加，同时其中还可能存在什么边界来影响这一主效应，还是一个未有明确答案的问题。基于此，本研究从伦理型领导入手，研究其对下属组织公民行为的影响，并研究了下属角色模糊在这其中的调节效应，这对现有研究来说是一大补充。

通过回归分析结果，我们发现伦理型领导有助于下属组织公民行为的增加，可以提高下属的工作奉献精神、促进下属成员的人际关系以及促下属更加勇于承担组织责任。一方面，可能是由于伦理型领导在日常的工作和生活中能够对下属产生积极的行为示范，并且伦理型领导者所具有的可贵品质及在组织中制定的伦理制度等，都可以使得下属潜在人格中的正面品质得到发展。而这些正面的品质以及高尚的人格使得团队当中充满着和谐的气氛，使得团队人际关系更为融洽，从而有助于下属组织公民行为的增加。另一方面，有研究指出伦理型领导可以有效减少员工的挑战性和阻断性压力源（赵瑜、莫申江和施俊琦，2015），当员工处于不是特别强的压力下，其身心能够得到健康的发展，能够对组织产生强烈的归属感，从而有利于其实施更多的组织公民行为。有研究认为伦理型领导会对下属的反生产行为产生抑制的作用（张永军，2012）。既然伦理型领导有助于降低团队成员的反生产行为，反生产行为的降低则有利于提升团队成员完成任务的积极性，从而有利于提升下属的组织公民行为。当团队成员获得较高的自主权和控制权时，成员可以根据自身所面临的情况动态地对领导所安排的任务情况进行调整，从而可以提高其组织公民行为。因为组织公民行为是组织正式规定之外员工产生的积极行为。伦理型领导由于自身的道德示范引领以及对于组织道德规范标准的强化与激励管理措施，将使得员工更愿意投入到积极的组织奉献之中，并且受到伦理管理的激励作用而出现积极奉献的良性循环，从而促进员工更多地投入到虽未受奖励但对组织有益的组织公民行为之中。

另外，我们发现角色模糊在伦理型领导与组织公民行为之间起着负向调节作用，具体而言，当下属成员角色模糊度较高时，伦理型领导对下属的组织公民行为影响减弱。这是由于下属成员如果对自己在团队中所担任的角色产生模糊，会极有可能导致团队成员的角色冲突从而增加成员的交易成本，使得其心理负担较重从而不利于其组织公民行为的实施。相对而言，角色模糊度较低，员工会更清楚地自我定位，有着较明确的角色职责意识，一方面，较小的压力可以节省个人资源消耗，另一方面，也更清楚参照伦理型领导的积极引领所应投入的行为方向，从而可能增加对于组织有益的组织公民行为。

12.5.2 理论意义

本研究的主要贡献有如下几点：第一，本研究从员工角色角度构建了领导与下属组织公民行为模型，为组织公民行为的影响因素研究提供了一个新的研究方向，鉴于以前的研究并未将角色模糊纳入研究，本研究将角色模糊纳入研究框架，这是对现有研究的一大补充。第二，本研究从实证角度检验了伦理型领导对下属组织公民行为的影响结果及其边界条件，有助于更深入地推进伦理型领导效应研究的进一步发展。

12.5.3 实际意义

本研究管理启示如下：通过实证的研究方法，探讨了伦理型领导对下属组织公民行为的影响，并考虑角色模糊在伦理型领导与下属组织公民行为之间的调节作用。这一研究结论的实践意义在以下几点：第一，在实际的管理工作中，由于领导者的领导风格较难改变，因此在招聘企业领导者时，我们应该招聘那些具有良好伦理道德的领导者，这样不但能提升企业的伦理道德水平，还能提升下属的组织公民行为，从而有利于企业绩效的提升。第二，在企业进行领导力培训当中，应该加强伦理型领导方面的培训，并且应该加强对员工认知方面的训练，提升下属成员的认知水平和能力。因为下属明确的角色认识有助于增强伦理型领导风格的积极影响效应。第三，企业在设计职位说明书的时候，应该详细具体，防止企业成员对于在组织中的角色定位模糊，从而影响企业中领导有效性的发挥。

12.5.4 研究局限与未来展望

虽然本研究是对现有研究的一大补充和深化，具有一定的理论和现实意义。但本研究依然可能会存在以下问题：第一，样本范围较小，可能会对本研究的研究结果具有一定的影响。第二，本研究采用调查问卷的方法收集数据时仅由员工进行自我报告。虽然本研究统计检验表明调查数据不存在显著的同源偏差。但是为了更好地检验本研究的假设,未来研究可以采用不同来源获取数据,即可以是领导—下属配对调查方法。通过领导与下属的不同变量数据来源可以进一步检验本研究结论的效度。第三,基于认知视角的研究在国内还比较匮乏,角色模糊和认知复杂性被认为是影响个体认知能力的重要变量,因此未来可以考虑将下属成员的认知复杂性纳入相关研究,进一步检验伦理型领导影响下属态度与行为中的调节效应。

伦理型领导发展及其
影响机制研究

Chapter 13

13 伦理型领导对员工非伦理行为的影响：道德脱离的中介作用分析

13.1 引　　言

　　近年来，很多企业出现了危害消费者和社会的行为，引发大众对企业商业伦理的思考。几年前的三鹿毒奶粉事件，使得大众对大陆生产的奶制品"望奶生畏"，导致中国奶制品品牌信誉遭受重创。多个国家禁止了中国乳制品进口。回想此事件，到现在还让大家心有余悸。2016年"3·15"又曝光了饿了么藏黑心作坊，美食诱惑图片背后的实体店，却是油污横流、触目惊心的"脏乱差"。消费者的权益不断受到侵犯，无良商家为了私利危害社会，有关商业伦理的讨论不绝于耳，一次次触发大家敏感的神经，引发大家对企业伦理的思考。人们在对这些一次次损害他人利益、挑战人类道德底线的企业进行声讨的同时，也在思考为什么这些企业频频爆出各种非伦理行为，在其他企业怎么没有发生过。商业伦理问题的频频发生，究其原因与企业监管者的监管不力有很大的关系。作为企业内部主要监管者的伦理型领导，成功地吸引了大家更多的注意（张小林，2012）。一个企业需不需要伦理型领导呢？拥有伦理型领导就代表着企业是伦理型企业吗？有学者提出，企业的伦理道德水平，很大程度上是由企业各级领导的伦理道德水平决定的（潘清泉和韦慧民，2014）。这就需要了解伦理型领导在企业中是如何影响员工的伦理行为的。伦理型领导对下属采取"以德服人"，为下属树立标杆，能够很好地规范下属的行为，奖惩结合，使得整个企业表现出很高的道德水平。

　　国内外研究成果表明，伦理型领导在员工的行为中起到重要作用。如伦理型领导可以明显促进员工亲社会行为（包括进谏行为等）（张小林和钟敏，2012；Kacmar，2011）。尽管组织中可能无法完全避免非伦理行为（Peterson，2004），但是伦理型领导完全可以更多地激发下属的伦理行为。通过在日常工作中表现出规范的伦理行为，给下属以正确的引导（Brown et al.，2005）。员工表现出较多非伦理行为的企业，在很大程度上是因为缺少伦理型领导。当员工表现出非伦理行为，会对企业本身以及企业中的人造成很大的负面影响。Jones（1991）给非伦理行为下了个定义，他认为非伦理行为是违背了大部分人所共同接受的社会规范的行为，且这一行为是对他人或者组织有害的。

企业中的大部分员工在企业中遵循的伦理标准很大程度上来源于企业的领导者，而且中国传统文化又强调个人服从集体和领导。因此，领导者在员工伦理行为中的影响愈来愈受到人们的重视。员工频频表现出非伦理行为，其中一个重要因素是伦理型领导者的缺失。在研究中发现，员工表现出非伦理行为而没有受到自己道德的谴责，也是员工容易产生非伦理行为的一个关键因素。道德脱离是一种认知机制，可以影响伦理行为（潘清泉，2009），道德脱离与员工出现的非伦理行为有很密切的关联。也有学者把道德脱离翻译为道德推脱（杨继平、王兴超和高玲，2010；杨继平和王兴超，2015）。本研究采用道德脱离这一翻译。关于道德脱离的概念，Bandura 等（1999）基于社会认知理论视角对道德脱离的概念进行了发展。他们的目的在于分析是什么原因导致某些人能够做出残忍的行为而没有明显的痛苦。道德脱离使得个体免于道德自我制裁，这就可能使得个体更多地做出非伦理行为。

在以往研究的基础上，本研究主要研究在道德脱离的中介作用下，伦理型领导是如何影响员工非伦理行为的。本研究的贡献主要有两点：首先，在社会交换理论及互惠原则的基础上，本研究分析了伦理型领导对员工行为的影响，并引入道德脱离这一变量作为中介变量，分析其作用机制。道德脱离可能改变一个人的认知，使得个体对于行为责任的理解出现偏差，从而影响员工与领导之间的关系，为领导和员工行为关系方面的研究，提供了一种新的思路。其次，我们知道对伦理型领导的研究仍然处于起步阶段（梁建，2014），对于伦理型领导的中介变量的研究有助于我们理清其作用机理，加深我们对于伦理型领导的理解（Brown & Treviño，2006）。本研究通过中介模型的检验，试图讨论伦理型领导和员工非伦理行为之间的"黑箱"，以期可以指导企业管理者采取有效措施来抑制员工的非伦理行为，并最终提升管理水平。

13.2 文献基础与研究假设

13.2.1 伦理型领导

伦理型领导（ethical leadership）的概念从 20 世纪 80 年代由 Enderle 首次

提出，几经变化，不断完善。Enderle（1987）首次提出伦理型领导是为了规范一些伦理原则，这些原则是在决策过程中所要遵守的，并对管理决策中的伦理问题进行了明确描述。其后，Podsakoff 等（2000）分别从组织和个体两个层面进行研究，丰富了伦理型领导的概念。随着时间来到 2005 年，Brown 等（2005）对伦理型领导的概念进行了重新定义，这次是基于社会学习视角下的定义，伦理型领导是这样一种领导者，他们完全可以激发下属的伦理行为，通过在日常工作中表现出规范的伦理行为，给下属以正确的引导。国内学者张永军（2012）将伦理型领导定义为具有正直、公平等特质的道德的人。伦理型领导是道德的管理者，制定一套明确的道德标准以及相关的奖惩措施，要求大家都必须遵守。为了充分发挥伦理型领导的作用，伦理型领导一定要拥有有效的领导行为，如构建伦理制度、坚持伦理价值观、树立角色榜样等。

另外，在伦理型领导内涵的界定方面，潘清泉和韦慧民（2014）在总结以往国内外伦理型领导相关研究的基础上提出，伦理型领导应涵盖"有道德的人"和"有道德的管理者"两方面内容。一方面，伦理型领导者应强化自身的伦理理念和思想，为员工树立伦理行为模范；另一方面，它应凭借自身的伦理行为的影响力和示范作用，进而达到规范员工行为的目的，最终实现"己所欲，施于人"的效果。这使得伦理型领导理论不断走向成熟。

综上所述，尽管有关伦理型领导的理论众说纷纭，并且伦理型领导的定义也尚未取得一致意见，但是像为人正直、诚实、处事公正、对下属充分的尊重这些领导特质是大家都认可的。同时，伦理型领导不仅是一种思维方式，也是一种行为方式，他们有良好的道德观和价值观，从而在组织中建立起恰当的伦理规范，进而在日常领导行为中激发下属的伦理行为。因此，本研究采用这一学者们一致认可的领导特质来定义伦理型领导。

13.2.2 道德脱离

Barsky 和 Islam 等（2006）第一次将道德脱离研究扩展到了组织领域。Moore 和 Bandura 等（2008）提出，道德脱离就是对自己的行为进行重新理解，使得自己的行为表面上看起来更少伤害性，从而在自我认知上降低对自己的行为的危害性认识，进而降低自己所应承担的责任意识。个体对道德脱离的影响归纳起来主要有四个方面（潘清泉，2009）：第一，个体的移情倾向性：移情可能抑制道德脱离，因为移情有助于个体更敏锐地意识并体会到他人的需要和情感。第二，道德认同：高道德认同的个体更可能关心他人遭受的痛苦，包括群体外成员。道德认同使道德脱离失去作用。第三，犬儒主义特征：产生道德脱离现象的影响因素之一可能是犬儒主义，具备高犬儒主义的个体有极大可能去责备那些受害对象，认为他们受到非伦理行为的不良后果是理所当然的。第四，控制点倾向：具有强内部控制点倾向的个体较少可能出现道德脱离，因为他们很少将非伦理行为的责任强加给别人，而是对自己的行为进行负责。我们了解了个体对道德脱离的这四个主要影响因素，在工作生活中就要求员工避免道德脱离的发生。同时，也希望企业中的领导，多留意观察员工的道德脱离情况，抑制道德脱离的发生。

13.2.3 伦理型领导与员工非伦理行为

高道德的领导者将会对员工的伦理或非伦理行为产生影响（刘晓琴，2014）。伦理型领导制定一套伦理标准以及奖惩措施，对违反的通过严厉的处罚予以制止，对表现好的给予奖励加以强化（王端旭和赵君，2013）。员工通过观察其他员工是因为什么原因被奖励或被处罚，这样就可以知道在组织中应该遵守哪些行为规范，触犯哪些行为规范会受到什么惩罚，从而会降低员工的非伦理行为。Brown 和 Dunford（2013）以社会学习理论为基础，重点分析了伦理型领导与下属的直接作用关系，下属主要通过模范学习方式对领导的伦理行为进行学习。而在中国情境下，员工普遍以领导为标杆，如果领导是伦理型领导，那么员工更倾向于以其为楷模，积极效仿，从而减少自己的非伦理行为。

根据社会交换理论及互惠原则，员工和领导之间是一种相互交换的关系（梁建，2014）。一个具有较高道德水平的领导者会把员工的利益牢记在心，不会去做危害员工利益的事情，会对下属公平的对待，不会为了一个员工的利益而去损害另一个员工的利益。员工也感觉到领导是可以依赖的，在工作中给予领导以极大的信任，努力去完成领导交代的任务，作为对领导的回报。

员工和领导生活在同一个"屋檐下",在生活中也会对员工的非伦理行为产生影响。当一个领导表现出非伦理行为或者非伦理行为是不可预测时,可能会对员工的主观满意度造成影响,从而增加非伦理行为(刘晓琴,2014)。

总体而言,伦理型领导制定伦理规范,伦理型领导自身会首先遵守这些规范,并且在日常工作中引导下属去遵守这些规范,从而使得员工更多地表现出伦理行为。伦理型领导者为了促成一种制度化的组织伦理,会建立完善的伦理制度体系,对组织内的成员的非伦理行为加以约束,增强成员对伦理制度的价值认同,逐渐形成从道德不自觉到道德自觉的转变。根据伦理型领导的二维模型,一方面,伦理型领导是"道德人",具备诚实、正直、值得信任等品质;另一方面,伦理型领导是"道德管理者",通过宣传伦理、惩罚非伦理行为等多种手段措施鼓励规范行为,抑制下属非伦理行为(王端旭,2015)。以往研究基本上都在研究证明伦理型领导是积极的领导行为,能够为员工和组织带来好的结果。例如,很多研究均证实伦理型领导对员工的非伦理行为具有明显的抑制的作用,这是因为伦理型领导更多地表现出为人正直、诚信,处事公正、合理,对下属充分的信任、尊重,懂得授权,这些行为给员工带来积极地影响,从而减少非伦理行为的发生(Schaubroeck et al., 2012;王震,2014;Ng & Feldman, 2015)。综上所述,在伦理型领导的作用下,员工的非伦理行为将会得到有效的控制。据此,本研究提出如下假设:

假设1:伦理型领导与员工非伦理行为显著负相关。

13.2.4 道德脱离的中介作用

道德脱离作为一种影响道德行为表现的内在机制,与个人的道德问题行为有着较为密切的联系(潘清泉和周宗奎,2010)。道德脱离会使个体对自己的行为危害性认识降到最小。这可能使得个体更多地做出非伦理决策或非伦理行为。高度道德脱离的个体习惯于使用一种认知机制,即用忽视他们自己行为中的道德内容或者意义的方式来重新建构对自己行为的理解,使得支配个体道德行为的道德自我调节过程暂时失去作用。

伦理型领导的概念与其他领导类型之间存在许多类似或重叠之处,这些领导类型包括：变革型领导、魅力型领导、真实型领导以及愿景型领导。相比于这些领导表现出关心下属、为人正直、诚实，起到带头模范作用，伦理型领导对伦理标准和道德管理更加看重（张永军，2012）。本应具备诚实、正直、值得信任等品质的领导者，缺少了这些品质，从而给员工形成不好的示范，这些不好的示范可能会导致员工的道德脱离，进而形成员工的非伦理行为。与此相对，伦理型领导通过自身道德榜样的示范作用以及对于他人道德行为的激励管理与促进措施，可能会降低员工的道德脱离水平。

道德行为指的是符合普遍接受的道德标准的行为，而违背道德标准的则被认定为非道德行为，如撒谎、欺骗、偷窃（王海明，2009）。个体到底是因为什么原因做出非道德行为而没有明显的内疚和自责？在这方面，道德脱离可以很好地进行解释。伦理是从概念角度上对道德现象的哲学思考（徐晓霞，2010）。我们知道企业非伦理行为的定义：企业非伦理行为，是指在一个企业中有很多人表现出非道德行为。道德脱离和非道德行为正向相关。因为道德脱离可以降低员工对道德的认知，在这一过程中道德调节机制失去了作用，从而使得员工更多地表现出非伦理行为。

在现实情境中，个体常会感知道德准则存在模糊性，即难以确定哪些行为是符合道德规范的，这容易导致个体做出错误的道德选择（王端旭，2015），从而导致伦理型领导对下属的积极影响产生偏差。综上所述，道德脱离在伦理型领导对员工非伦理行为中具有重要作用。伦理型领导表现出模范的榜样示范作用同时还可能采取积极的管理激励措施激发员工尊崇道德规范和道德标准，因而可以在很大程度上降低员工的道德脱离程度。由于伦理型领导的自身示范与管理带来的员工对于伦理标准的坚持可以使员工道德自我调节机制发挥积极的影响作用从而能够更少地投入到非伦理行为之中。据此提出如下假设：

假设2：道德脱离在伦理型领导和员工非伦理行为中起中介作用。

综上所述，提出如图13-1所示的理论模型。

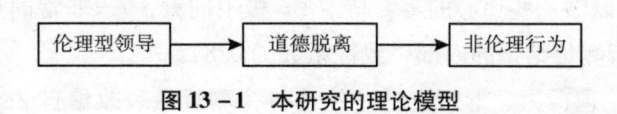

伦理型领导 → 道德脱离 → 非伦理行为

图13-1　本研究的理论模型

13.3 研究方法

13.3.1 研究样本与程序

本研究采用问卷法收集数据，研究样本是来自北京、上海、山东、广西、广东等地的企业员工。调查由企业人力资源部门召集，研究者在场亲自实施问卷调查。在调查前，首先要解决员工的担忧，使员工明确知晓，此次调查是匿名的，调查不会对他们造成不必要的麻烦，且他们所填的信息不会泄露给其他人。共发放员工问卷 300 份，回收有效问卷 269 份，有效样本回收率达 89.67%。从样本的基本分布情况来看，调查的员工中男性占 44.2%，女性占 55.8%，就年龄来说，调查的员工中 30 岁及以下占到 70.6%，31~40 岁占到 22.7%，41~50 岁占到 6.3%，50 岁以上占到 0.4%。就教育程度来说，员工中大专及以下学历占到 48.3%，本科学历占 47.2%，硕士及以上学历占 4.5%。

13.3.2 测量工具

（1）伦理型领导。本研究的伦理型领导量表采用的是 Brown 和 Treviño 等（2005）的伦理型领导量表（ELS），包括 10 个项目，如"我的上司在个人生活中保持道德方式""我的直接领导总能听取员工的意见"（1 = 非常不符合，7 = 非常符合）。在本研究中，该量表测量结果的内部一致性系数为 0.943。

（2）道德脱离。本研究的道德脱离量表改编自刘童九（2013）的员工道德脱离的量表。正式施测量表包括 6 个条目，如"考核作弊后不感到内疚""为了升职可以做一些违心的事"等（1 = 极不同意，7 = 非常同意），在本研究中，该量表测量结果的内部一致性系数为 0.872。

（3）非伦理行为。本研究的非伦理行为测量量表改编自 Zey – Ferrell 等编制的非伦理行为的量表测量。正式施测量表包含 7 个条目，如"我会对顾客夸大产品和服务的事实"等,在本研究中,该量表测量结果的内部一致性系数为0.846。

(4)控制变量。以往关于伦理型领导和员工非伦理行为的研究表明,人口特征变量会影响员工的非伦理行为(如:梁建,2014;李锐和田晓明,2014)。由此,本研究也将员工的性别、年龄、教育程度作为控制变量,在探讨伦理型领导对员工的非伦理行为的影响机制过程中加以控制。

13.3.3 统计方法

本研究采用SPSS 22.0和Lisrel 9.2进行所有的统计分析。在具体的数据分析中,本研究利用Lisrel 9.2进行验证性因子分析(confirmatory factor analysis,CFA);本研究运用SPSS 22.0进行相关性分析和描述性统计分析;然后运用SPSS 22.0进行同源方差检验;最后运用SPSS 22.0进行回归分析方法,考察伦理型领导和员工非伦理行为之间的关系,以及道德脱离的中介作用。

13.4 数据分析与结果

13.4.1 同源方差检验

为了控制同源偏差,本研究首先采用程序控制的方式,即在调查的过程中告诉员工采取的是匿名调查,同时对调查项目的排列顺序进行了调整。此外,本研究采用Harman单因素分析方法检验同源偏差问题。探索性因素分析结果显示,未经旋转的探索性因素分析提出第一个因子对变异的解释变量为38.526%,没有占到绝大多数。而且验证性因素分析表明单因子的拟合指数较差,因此,本研究的同源方差问题并不突出。

13.4.2 验证性因子分析

本研究探讨了三个重要变量:伦理型领导、道德脱离和员工非伦理行为。本研究对伦理型领导、道德脱离以及员工非伦理行为进行验证性因子分析。结果如表 13-1 所示,观测数据和假设模型(三因子模型)拟合度很好($\chi^2 = 674.43$,RMSEA = 0.086,CFI = 0.884,IFI = 0.884),而单因子模型与实际观测数据之间拟合度则较差,卡方检验和模型拟合指数都显示假设模型与单因素模型之间差异显著。说明本研究所涉及的 3 个变量具有良好的区分效度,的确代表了 3 个不同的构念。

表 13-1　　　　　　　　　　验证性因子分析结果

模型	χ^2	df	RMSEA	NNFI	CFI	IFI	P-value
三因子模型: EL,MD,UB	674.43	227	0.086	0.870	0.884	0.884	0.000
单因子模型: EL+MD+UB	3180.71	241	0.213	0.197	0.235	0.238	0.000

注:EL 表示伦理型领导,MD 代表道德脱离,UB 代表非伦理行为。"+"代表两个因子合并为一个因子。

13.4.3　描述性统计分析

表 13-2 报告了本研究所涉及变量的均值、标准差和其间的相关系数。伦理型领导与道德脱离显著负相关($r = -0.266$,$p < 0.01$),伦理型领导与员工非伦理行为呈显著负相关($r = -0.563$,$p < 0.01$),道德脱离与员工非伦理行为呈显著正相关($r = 0.277$,$p < 0.01$),这些结果符合我们的理论预期,同时为本研究的相关假设提供了初步支持。

表 13-2　　　　　　　均值、标准差及变量间的相关系数

变量	1	2	3	4	5	6
1. 伦理型领导	—					
2. 道德脱离	-0.266*					
3. 员工非伦理行为	-0.563**	0.277**	—			
4. 性别	-0.137*	0.023	0.130*	—		
5. 年龄	0.148*	-0.062	-0.227**	-0.226**	—	

续表

变量	1	2	3	4	5	6
6. 教育程度	0.108	-0.074	0.063	0.140*	0.001	—
平均值	5.0000	3.3538	2.9002	1.56	1.36	1.56
标准差	1.07356	1.04753	0.84923	0.498	0.618	0.580

注：**$p<0.01$，*$p<0.05$。

13.4.4 假设检验

本研究主要采用层次回归分析对研究假设进行检验。具体而言，我们依循 Muller，Judd 和 Yzerbyt（2005）提出了分层检验的主效应和中介效应。

（1）主效应。本研究假设伦理型领导影响员工的非伦理行为。在此本研究采用层级回归分析的方法首先加入控制变量性别年龄和教育程度，然后在第二层加入自变量伦理型领导。研究结果见表 13-3，如模型 3（M3）所示，以员工的非伦理行为为因变量，加入控制变量，发现性别和教育程度对员工非伦理行为是正向影响（回归系数分别为 0.081 和 0.011），而年龄对员工非伦理行为是负向影响（回归系数为 -0.206），但是影响效应并不显著。如模型 4（M4）所示，以员工的非伦理行为为因变量，加入控制变量和自变量，伦理型领导对员工的非伦理行为的影响是负向的（$\beta = -0.554$，$p<0.01$）。可见，伦理型领导和员工的非伦理行为是显著负相关的，所以假设 1 得到验证。然后本研究验证了伦理型领导对道德脱离的影响。如模型 2（M2）所示，伦理型领导对道德脱离显著负向影响（$\beta = -0.257$，$p<0.01$）。

表 13-3　　　　　　　　　层次回归分析结果

解释变量		因变量				
		道德脱离		员工非伦理行为		
		M1	M2	M3	M4	M5
控制变量	性别	0.019	-0.013	0.081	0.012	0.014
	年龄	-0.076	-0.038	-0.206	-0.123	-0.118
	教育程度	-0.092	-0.052	0.011	0.097	0.104

续表

解释变量		因变量				
		道德脱离		员工非伦理行为		
		M1	M2	M3	M4	M5
自变量	伦理型领导		-0.257**		-0.554**	-0.518**
中介变量	道德脱离					0.139**
R^2		0.012	0.074	0.058	0.348	0.365
ΔR^2		0.001	0.060**	0.047**	0.338**	0.353**
ΔF		1.076	17.772	5.453	117.127	7.377

注：** $p<0.01$。

(2) 中介效应。根据 Baron 和 Kenny（1986）的建议，中介作用需满足以下条件：第一，自变量对因变量具有显著的影响；第二，自变量对中介变量具有显著的影响；第三，中介变量对因变量具有显著影响；第四，自变量与中介变量同时进入回归方程解释因变量时，中介变量的作用显著而且自变量的作用消失（完全中介作用）或减弱（部分中介作用）（王红丽和张筌钧，2016）。前面的主效应的检验表明自变量伦理型领导对因变量非伦理行为有显著影响，自变量对中介变量道德脱离也有显著影响。如表 13-3 所示，当本研究把道德脱离加入模型 5（M5）时，模型的解释率有明显的改善，道德脱离对员工非伦理行为有正向的影响（$\beta=0.139$，$p<0.01$），并发现伦理型领导对员工非伦理行为的回归系数从 -0.554 变为 -0.518，有所下降，说明道德脱离能够部分中介伦理型领导对员工的非伦理行为的影响，假设 2 得到验证。

13.5 讨论与管理启示

13.5.1 研究结果讨论

首先，本研究证实了伦理型领导是影响员工行为的重要因素。伦理型领导所展现的伦理示范与管理可以明显抑制员工的非伦理行为。伦理型领导作为员工伦理行为学习的榜样，其伦理行为的吸引力和真诚是影响员工行为的关键（卿涛、凌玲和闫燕，2012）。以往研究基本上都在证明伦理型领导是积极的领导行为，对员工的非伦理行为具有抑制的作用（Schaubroeck et al.，2012；王震，2014；Ng & Feldman，2015）。实际上，伦理型领导对员工行为产生影响，也是在员工能感知到领导的行为是正直的、真诚的。本研究的发现进一步支持了前人的研究，证明伦理型领导对于员工负面的行为确实具有很大的抑制作用。

其次，伦理型领导之所以对员工的伦理行为产生影响，一定是它影响或塑造了员工的相关心理状态或认知，进而才会对员工行为产生影响。鉴于此，本研究在考察伦理型领导与员工的非伦理行为之间关系的基础上，进一步深入分析了道德脱离在其中的中介效应。这和一些学者的研究观点是一致的，例如，道德脱离在领导行为与员工的不道德行为之间的关系中发挥了中介作用（Palmer，2013）。学者杨继平和王兴超（2015）也探讨了伦理型领导对员工不道德行为影响的心理机制，实证分析发现，德行领导会通过道德脱离的完全中介作用负向影响员工的不道德行为（杨继平和王兴超，2015）。本研究的检验结果表明，伦理型领导对员工非伦理行为的影响过程中，员工的道德脱离在其中发挥部分中介作用。本研究表明，伦理型领导作为一个有道德的人，自身的道德榜样示范作用就可以直接地让员工表现出道德行为，降低非道德行为。另外，伦理型领导又是一个有道德的管理者，他们通过道德相关的管理措施与激励策略，让员工更清楚地意识到道德的规范和标准，从而可以使得员工的道德意识更为清晰，降低了员工道德脱离的可能性，从而间接地降低了员工投入到非伦理行为中的可能性。

13.5.2　理论意义

本研究的理论贡献主要有以下三点：

第一，本研究一改传统的运用社会学习理论视角，认为员工之所以降低自己的非伦理行为，观察和学习伦理型领导的行为方式在其中扮演着关键角色（张永军，2012）。本研究基于社会交换理论及互惠原则，研究伦理型领导和员工非伦理行为，认为领导和员工是一种交换的关系。如果一个人受到公平对待，就会降低自己的消极情绪和消极行为，用积极行为回馈对方。伦理型领导有一些优秀的特质，包括对下属的尊重以及时时表现出的公平、正义，使得员工能够经常感受到领导的关心，从而降低自身的消极行为，用一些积极的行为报答领导。领导对员工表现出信任，员工作为回报会更努力地完成领导布置的任务。绝大多数个体通过观察其他人的伦理行为来指导自己的行为，以免受到惩罚，从而在工作中更少的表现出非伦理行为。社会影响理论认为个体的思想、态度和行为会受到其他个体或群体的作用而改变。伦理型领导通过地位、权力和人格魅力等因素对员工施加影响，增强员工对非伦理行为的判断能力（王端旭，2015）。这提示企业各级领导者若想下属表现出更多的伦理行为，领导者必须充分认识到自己是否拥有伦理规范和非伦理表现可能造成的负面影响。领导者通过展现伦理型领导行为，一方面，是示范道德的规范要求，另一方面，采取管理激励策略激发员工更多的道德行为，从而可以让员工更多地表现出伦理行为。可以说，伦理型领导可以通过两个路径来影响员工的伦理相关行为，其一是榜样示范成为员工学习的良好方向指引，其二是强化员工内心对于道德的认同进而间接地影响员工的伦理相关行为。

第二，本研究发现，伦理型领导可以通过影响员工的道德脱离水平，进而抑制员工非伦理行为的发生。这一研究揭示了伦理型领导对员工非伦理行为影响过程的内在机制。伦理型领导对员工有影响，一方面，可以直接影响员工的伦理相关行为，以身示范告诉员工哪些行为是被认可的，哪些行为是不被认可的；另一方面，更为重要的是影响员工内在的认知，即通过降低员工的道德脱离水平来间接影响员工的伦理相关行为。范翠英和潘清泉等（2012）研究发现，移情性特征和道德认同对道德脱离具有显著的负向影响，而道德脱离在个体道德决策与道德行为发展中具有关键作用（Bandura et al.，2001；Detert et al.，2008）。当员工表现出道德脱离时，伦理型领导要及时站出来，指导员工的行为，提高个体的移情性特征和道德认同水平将可以较为有效地降低个体道德脱离的倾向，从而更易接受社会的主流道德观念，进而表现出道德决策和道德行为，更少地做出非伦理行为。

第三，本研究引入道德脱离这一概念，这在伦理型领导和员工非伦理行为的研究中还是首次提出。本研究引入道德脱离概念来研究伦理型领导和员工非伦理行为之间的关系，发现道德脱离在其中起着中介作用，是员工表现出非伦理行为的关键。这为解决员工非伦理行为管理问题提供了一个新的思路，即充分发挥伦理型领导的道德感染力，在工作中规范伦理标准，明晰伦理行为和非伦理行为的要求，形成高水平的伦理氛围，抑制道德脱离现象的发生，促使员工表现出更多的伦理行为。

13.5.3 管理启示

本研究验证了伦理型领导和员工非伦理行为之间显著负相关，并发现道德脱离在其中起着中介作用。本研究的结论也为企业的管理实践及企业领导者的管理活动提供了实证证据，并对企业的人力资源管理实践提供了一定的启示。

首先，员工的道德脱离现象以及员工的非伦理行为，都会受到伦理型领导的影响。所以，在企业中要特别注意伦理型领导的培养。伦理型领导是一种领导方式，它强调的既是领导者表现出符合伦理的行为，也强调领导者本身所具有的伦理特质，因而伦理型领导是可以被激发和模仿的。曹梦雪和刘冰（2015）研究发现，领导风格会影响团队伦理气氛和员工行为，因此帮助塑造伦理型领导特别重要。以往领导力的培训集中在管理技能上，很少有针对伦理道德观念的培训，而领导者的伦理道德在很大程度上比管理技能更重要，决定着管理者能否做"正确的事"。因此，组织可以着重开展针对领导伦理道德观的培训，可以包括"商业管理中的伦理问题""以人为本的商业伦理"等主题。

其次，伦理型领导会促进组织伦理氛围的形成（Schminke et al.，2005），领导者在日常的生活和工作中保持其伦理行为，为员工树立榜样，通过奖惩制度进一步对员工的行为进行约束，从而形成良好的伦理氛围。此时，团队成员会互相信任，具有共同目标，在这样的氛围下，团队的创造力和能力会得到极大的发挥，绩效当然也显著提升；反之，如果是不好的团队伦理氛围，成员之间彼此猜忌，以自己的利益最大化为目标，将会导致人际关系冷漠，上下级之间缺乏交流和互动，部门之间相互推卸责任，易使团队失去向心力，无法达成最后的目标。

再次，要严格招聘流程。研究发现，员工非伦理行为与员工的个性特征有很大的关系。诚信度越低、责任感越低的员工越倾向于非伦理行为，反之，越有责任心、越诚实的员工即使在高压的工作环境和组织不公平的情境下，也大多数不会有非伦理行为。在现在的企业招聘中，特别是对员工的招募中，很多管理者不在乎伦理道德的考核，这种做法是错误的，因为能力越强的员工，如果伦理道德越薄弱，越有可能做出危害公司利益的事情。岗位技能是可以培养的，但是道德观一旦形成，便很难改变。鉴于此，在招聘时，可以对员工的个性特征进行考察，以及对员工伦理行为方面的考察，从而有效减少招聘进来的新员工从一开始就有非伦理行为的现象。

最后，由于道德脱离在伦理型领导和员工非伦理行为关系之间的中介作用，管理者应在日常工作中密切关注员工道德脱离问题，培养和提升员工面对道德困境正确选择的能力，从而有效抑制员工的非伦理行为。

13.6 研究局限及未来研究展望

13.6.1 研究局限

在本研究中，我们研究了伦理型领导和员工非伦理行为之间的关系，从问卷的制作到量表的选取，都尽可能地做到科学规范，但是仍然存在不足之处。

首先，本研究只是通过道德脱离这一个中介变量研究伦理型领导和员工非伦理行为之间的关系，虽然这在研究伦理型领导和员工非伦理行为的关系中是第一次，但还是不能完全地反映他们之间的关系，缺少在不同角度来探索其他可能的中介机制，同时，本研究只是研究了中介作用下的伦理型领导和员工非伦理行为之间的关系，对调节变量并没有涉及。

其次，在量表的选取上，虽然尽可能地做到了科学规范，但是研究的伦理型领导和员工非伦理行为量表仍然是采用国外的量表。尽管这些量表的稳定性已经在国外得到证实，但由于文化背景和社会环境的差异，调查对象在对问题的理解上必然会产生差异，这可能会对研究结果产生影响。

最后，受制于时间和精力的不足，本研究的问卷是一定时间的横截面的数据，缺少纵向的数据支持。所以很难反映领导及员工的行为关系之间的因果效应。

13.6.2 未来研究展望

鉴于以上不足之处，本研究认为在以后的研究中可以从以下几个方面加以改进：首先，在未来的研究中可以探讨伦理型领导和员工行为关系之间的调节变量。此外，还可以通过其他角度对伦理型领导和员工行为之间的关系进行研究，找出其他的中介机制，以此来丰富和发展伦理型领导的研究理论体系。其次，伦理型领导和员工之间的关系是一个全球性问题，在不同的文化背景下，其作用机制可能会不同，再一味地选择国外的量表就不合适了，因此，量表的本土化也是今后要研究的方向之一，要对国外的量表加以修正，形成适合中国国情的量表。最后，对领导和员工的问卷调查不再采用一定时间的集中收集数据，而是对每一位员工和领导都有一个相对较长时间的跟踪，定期进行调查，收集一个纵向时间段的数据，以更好地检验变量之间的因果关心，使得研究结果更有说服力。

13.7 结　　论

伦理型领导作为一个有道德的人和有道德的管理者，对于员工的行为可能会产生重要的影响。鉴于此，本研究旨在探讨伦理型领导对员工非伦理行为的影响，以及员工的道德脱离的中介作用。概括而言，本研究发现：第一，伦理型领导明显抑制了员工的非伦理行为；第二，道德脱离在伦理型领导和员工非伦理行为中起到中介作用。具体表现为，伦理型领导可以有效地降低员工的道德脱离水平，进而控制员工的非伦理行为表现。

由于员工的非伦理行为可能会对企业产生严重的负面影响，因此探讨如何有效地减少企业中员工的非伦理行为是一个迫切的现实问题。本研究发现，伦理型领导对员工的非伦理行为有着显著的负向影响作用，并且伦理型领导还可以有效地降低员工的道德脱离这一认知机制，从而可能可以从根本上避免员工在未来投入到非伦理行为中的可能性。因此企业管理者可以努力提高自身的伦理行为以及采用恰当的管理激励措施强化员工的伦理相关行为，也就是通过伦理型领导行为的方式有效地控制员工的非伦理行为表现。

14 伦理型领导对员工反生产行为的影响：组织政治知觉的中介作用

14.1 引 言

近年来随着新闻媒体报道的关于因三聚氰胺奶粉而引起人们愤慨的三鹿企业、因使用普通自来水冒充纯净水的康师傅等失信企业事例的发生，引发了人们对于商业伦理的广泛关注，如何减少组织内非伦理行为成为学术界的研究热点。同样的，这些企业为了获取更多的利益而采取了非伦理的行为，不顾消费者的安危。这使得他们失去了消费者的信赖，也最终会在社会的洪流中被淘汰。实际上，企业的诚信是宝贵的无形资产，要想在快速变化的社会中赢得一席之地，企业不仅需要建立自己的诚信，还需要通过其他方面来减少组织中的非伦理行为以加强自己的声誉。

企业诚信危机的频频发生，引发了人们对于商业伦理的广泛关注。与此同时，如何减少组织非伦理行为成为学术界的研究热点。例如，May（2013）等提出，管理者可以提倡和激励员工在看到组织中的财务造假、贪污等行为后能够主动报告和检举，以此来减少组织中的非伦理行为，提高企业声誉。由此，我们可以由大及小，认为企业的非伦理行为是组织中员工非伦理行为的积累。当企业中员工非伦理行为慢慢积累，达到一定的量时，就会变成企业的非伦理行为。因此应该从细节处来探讨，也就是研究员工的非伦理行为。在本研究中，就是探讨员工的反生产行为这种非伦理行为的影响。另外，组织中领导者的伦理型领导行为可能对组织中员工非伦理行为产生重要影响（莫申江和王重鸣，2010）。

国内外的学者们对于伦理型领导的研究主要集中于其概念、结构维度、影响因素等。对于伦理型领导与员工反生产行为之间关系的关注就相对较少一些。主要体现在以下方面：首先，对管理者的伦理型领导的管理方式和组织中员工的反生产行为这两者之间关系的研究结论还没有形成最终的定论。例如，Detert（2007）等研究发现，组织中管理者的伦理型的管理方式对组织中员工反生产行为没有很明显的影响（Detert，Greenbaum & Den，2007）。但是，随后 Mayer（2009）等得出了不同的结论，他们认为组织高层管理者的伦理型领导可以通过中层管理者的伦理型领导来抑制员工的反生产行为。这体现的是组织中管理者伦理型领导行为具有一定的传递性。其次,学者们关于组织管理者的伦理型领导方式对组织中员工的反生产行为的作用机制还是比较单一。学者们解释管理者的伦理型领导的作用机制主要是通过社会学习理论,而很少借助于心理机制来解释组织中管理者的伦理型领导方式对组织员工的反生产行为的影响。

"上行下效"可以解释为,若组织管理者具有不正当的行为方式,那么组织的员工也会跟着学习或者直接采取如同管理者一样或者类似的不当行为。基于此,人们不禁要问,在组织中是不是管理者的领导方式越正直,组织中下属的行为也会越好,员工的不良行为也会减少呢?此外,是否可以引入其他因素,比如心理机制尤其是组织政治知觉来加深对于领导的伦理行为与员工的反生产行为关系的理解呢?那么,组织中管理者的伦理型领导方式将会对组织中的员工行为产生什么样的影响?鉴于此,本研究将会探讨组织中管理者的伦理型领导方式与员工反生产行为之间的关系,并检验组织政治知觉在伦理型领导与员工反生产行为之间起到的中介作用。本研究的实证研究检验在一定程度上可以丰富和发展伦理型领导的理论研究,同时也会为组织培训和招聘具有伦理型领导行为方式的管理者提供一定的建议,还可以提醒组织的管理者在组织中对如何减少员工的反生产行为管理实践有一定的启示作用。

14.2 文献基础与研究假设

14.2.1 伦理型领导

虽然学者们对于组织中管理者自身的伦理和仁义道德特征已经有了一定的研究,但是,对于管理者的伦理型领导行为还没有形成具体的概念性的描述。一直到20世纪80年代才有学者们提出有关"伦理型领导"这一概念。例如,Enderle(1987)等认为,伦理型领导可以被认为是一种有关管理者本身的思维方式。这个思维方式主要体现的是对组织中管理者决策的伦理、道德性有很明确的描述，此外还要对组织中管理者在做出决策的过程所参照的伦理道德原则有明确的规定。这体现的是组织中管理者自身做决策以及为什么这么做所要遵循的规范。Treviño（2000）等认为，组织中管理者的伦理型领导方式所体现的是管理者不仅是一个合乎伦理的人（ethical person），同时又是一个合乎伦理的管理者（ethical manager）。Northouse（2001）则认为，伦理型领导必须具有如下特质：首先是应该具有诚实、正直、公正的品质；其次是领导者需要将他人的利益置于自己的利益之上，要为员工服务，做有利于员工利益的事情；最后是领导者要做到乐于接受员工的意见，认可员工的价值观和行为方式。Brown 等（2005）对组织中管理者的伦理型领导方式作了一个比较详细的描述，他们认为在组织中的伦理型领导方式是管理者通过自身的个体行为和在组织中的人际关系，向组织中的员工传递规范、恰当的行为，并借助于双向沟通和强制等方式，促使员工执行组织的或者管理者的规范。通过这个概述我们可以看出伦理型领导不仅是一个人，更是一个管理者，说他不仅是一个人是因为组织的管理者需要具有正直、公平、言行一致等一些道德的个体所需要具有的个体特征；说他是一个组织的管理者是因为他自身的职位、职责需要经常与员工进行沟通及时了解员工自身以及组织发展状况，这样可以为管理者设定组织的伦理标准提供经验和参考，也有利于组织的管理者设定一些奖罚措施来监督员工对这些标准或者规定的执行情况（张永军，2012）。

因此，本研究引用 Brown 对伦理型领导的定义，将伦理型领导的内涵定义为：伦理型领导通过上级与下属之间的互动，领导者言传身教，示范什么行为是适当的和达到伦理标准的，并通过指导和遵照执行等途径，让员工照做。

14.2.2 伦理型领导与反生产行为

Gini（1997）等学者认为，伦理型领导是运用权力在工作中为加强工作互动而做出符合伦理的决策。Kanungo（2001）指出，伦理型领导是一种有益的行为，它是领导者们为了克制自己的行为减少对他人的伤害，同时也是一种参与的行为。在组织中，常常会有员表现出消极怠工、迟到早退、偷懒、撒谎等行为，而这些行为又会对组织的绩效产生不利影响，这时候就需要组织的管理者采用伦理型领导这种方式来缓解员工与管理者及组织的矛盾，从而减少员工消极的、负面的行为。Treviño（2000）等对反生产行为作了详细的概述，他们认为反生产行为（CWB）是组织中的员工有意识地去违背组织中重要的、合法的规范，而组织自身的利益或组织成员的利益会因为员工上述的这些做法受到伤害。值得注意的是，组织中员工的这些消极的、负面的行为都是自发的，也就是不需要组织自身形成的。如消极怠工、迟到早退等现象是员工反生产行为的一些具体表现。

　　社会学习理论可以很好地解释组织中管理者的伦理型领导方式对员工的反生产行为的影响。Kanungo 和 Brown（1996，2005）等认为，组织中的员工会先观察管理者或者其他同事的行为，之后这些观察到的结果有意或者无意地影响自己的行为方式。而在这一个过程中，组织的管理者又最容易或者最直接地成为员工观察、学习、模仿的对象。因为在员工看来，组织的管理者是组织中行为方式的风向标，在组织中管理者采用了某些行为，那么就会向员工暗示这些行为是允许的，员工也会依照管理者的行为方式去执行。假如组织中的管理者自身具有很强的伦理型领导行为的特征，例如，正直、诚信、言行一致，那么在这样的组织中管理者就可以通过以身作则来感化员工，使员工也具有这些特征或者具有很积极的意识，去做符合组织规定的道德的行为。这样可以提高组织中员工的责任意识和工作的积极性。同时在组织中也可以鼓励员工积极地从事有益于组织利益、组织氛围和员工福利等的行为，这样就会使员工尽力减少伤害组织利益或者他人的行为。组织的管理者通过个人自身积极的行为和良好的人际关系来履行或者实践符合组织规定的伦理准则，这体现的就是组织的管理者积极的角色示范作用。此外，组织中管理者通过伦理型领导行为来履行和实践组织的伦理标准不仅是对组织利益负责，也是对员工行为的负责。组织的管理者可以对组织中员工符合组织规范的、适当的行为，予以一定的奖励措施来强化，但是对于那些有悖于组织的伦理规则的消极的、负面的非伦理行为，管理者则要通过严厉批评、处罚等手段来制止。让员工有明确分辨积极与消极、正面与负面界限的意识。

　　Sackett 和 Devor（2001）等学者提出，组织中员工只要有任何有意违背组织合法利益的行为都是反生产行为。王琛和陈维政（2009）则认为，在组织中，有的员工会故意实施损害组织利益的行为，这些行为会降低员工的工作绩效，损害组织的利益。组织中，员工可能会表现一些消极退缩或者从事一些与工作目标无关的工作，这些表现也可以归结为反生产行为。因为张燕和陈维政（2011）等学者认为，反生产行为与"退缩行为""工作场所偏离行为"等概念在本质上没有很大的区别。因此，组织的领导者可以通过自身的行为来给予恰当的引导，或者可以通过相关规定制止。Brown 和 Treviño（2006）等认为，在组织通过管理者的伦理领导方式使员工执行组织安排，让员工明白积极的、正面的行为可以得到奖励，消极的、负面的行为则会受到惩罚。员工可以清楚地理解组织中的伦理规定以及触犯或者违反这些则要承担的后果。这样就会使员工明白在组织中管理者以及组织会认可什么样的行为，他们要遵守什么样的组织规范、准则，从而可以降低组织中员工消极的、负面的反生产行为。在我国，随着经济财力的增长，人们对权利的畏惧感相对来说有所下降，对道德模范或者榜样也没有以前那么尊重。但是在组织中，管理者做人做事的方式仍然会对员工行为产生一定的影响。换言之，组织中的管理者通过实施伦理型领导的行为方式所提倡和实施的有关组织的伦理规范、行为都将会对员工的行为产生影响。综上分析可知，本研究可以提出以下假设：

假设1：组织中管理者的伦理型领导行为与员工反生产行为呈负相关关系。

14.2.3 伦理型领导与组织政治知觉

组织政治知觉（perception of organizational polities，POP）是指组织成员对工作环境中政治行为的感知（Ferris，1989）。黄国忠（2004）等学者指出，组织中组织政治对员工的影响不仅取决于组织政治的客观现实，而且取决于员工对组织政治的关注。王利平和金淑霞（2009）提出，组织政治研究分为三个部分：组织政治行为、组织政治知觉和组织政治技能。组织中的成员会基于自己的价值判断对组织政治行为进行理解并作出判断。目前学术界认为组织政治知觉主要包括以下三个维度，即一般性政治行为、保持沉默静待好处以及薪酬和晋升政策知觉。

Ferris（1989）认为，组织政治知觉会受到三个方面的影响，即组织、工作环境和个人。同时，组织政治知觉又会对组织中成员的工作态度和工作投入有影响。从组织方面来看，吴红梅（2005）认为，组织的创始人或是管理者的道德观和道德行为会构成组织的基本的伦理雏形，也将会影响组织中具体的工作氛围。在组织中其创始人或者管理者将会通过观察、考核等方式来选择与自己或者与组织道德观较相近的继承者，这样会加强组织的伦理道德观念，也会把组织的伦理道德、价值观代代传承下去。组织的创始人或是管理者的道德意识的加强会使组织的伦理道德氛围增强，这种氛围的增强又会提高员工对组织决策或者领导者行为的主观感受。就工作环境来说，组织中员工可以很好地感受管理者的关怀，会做出比较积极的回应。Treviño（2000）等认为，组织中具有伦理型领导行为的管理者不仅是自身所拥有的正直、诚信的个体的特质，在行为方面也是一个有道德的人。因为实行伦理型领导方式的管理者会比较开放、注重关心他人，在制定决策的时候也会刻意地关注客观公平，并且，他会通过自身起到积极的带头示范作用，积极地与其所领导的员工进行沟通来讨论关于组织伦理标准的事项，还会通过制定相关的奖惩措施促使员工对自己行为负责的一个有道德的管理者。同样的，员工感受了组织良好的氛围及领导者的带头示范后，会给出自己的反馈。潘清泉（2014）认为，伦理型领导会提高员工对领导的情感信任，促进员工工作的投入，表现更多的个人主动，提高对组织未来的乐观性。在组织中通过管理者的伦理型领导行为的带头示范作用，有助于增强管理者与员工的互动，从而形成一个良好的工作环境，而员工就会把更多的注意力集中于伦理型领导的管理者身上，会使员工对组织政治知觉等方面的感知降低。基于此，本研究提出以下假设：

假设2：组织中管理者的伦理型领导行为与组织中的政治知觉呈负相关关系。

14.2.4 组织政治知觉与员工反生产行为

对组织政治知觉，Ferris（1989）等做了比较详细的概述，他们认为组织政治知觉是一个过程，这种过程体现在影响力方面，即在组织中通过管理者或者员工制定的决策规划来使员工的行为可以短期最大化的完成组织目标或者实现员工个人长期最大化的利益，而这种个人利益可能会与组织中他人的利益一致，也可能会通过牺牲组织中他人的利益来维护和实现自己的利益。Kacmar（1991）等认为，组织政治知觉由一般政治行为、保持沉默静待好处行为和薪酬与晋升政策行为知觉这三个维度构成。其具体的含义是：一般政治行为是指员工主要运用自己的行为方式而不是借助于他人的行为来获取利益或者价值；保持沉默静待好处行为是指组织中成员为了避免或者减少组织中的冲突对自己的危害而选择不作为、保持沉默等方式获取维护自己的利益或者有价值结果的行为；而薪酬与晋升政策行为是指在组织中管理者或者员工在有关薪酬或者晋升过程中，可能会因为要维护自己的利益而采取的与组织目标不一致的行为。

组织中员工的反生产行为会伤害组织利益或者损害与组织相关的人的利益。这些与组织相关的人包括组织的投资者、顾客和其他员工等。Bennett（2000）等提出，组织中员工的反生产行为是由员工的组织指向的反生产行为（CWB-O）和人际指向的反生产行为（CWB-I）这两个方面组成。其包含的具体内容是：组织指向反生产行为指组织中员工会采取有损于组织发展或组织目标利益的反生产行为，如工作不努力、旷工、挪用公司资产等；人际指向反生产行为是指组织中员工会采取有害于组织中的他人利益的反生产行为，如怪罪和责备他人、散布不利于他人的言论、辱骂他人等。

在社会交换理论中，人与人之间的关系本质上是一种交换的关系。组织中也是一样的，组织的员工以自己的劳动来获得组织所应该给予的报酬，当然组织假如看重员工，也会通过奖励来鼓励员工为组织利益所做的努力和贡献。在组织中公平、合理的交换关系会使增强员工个体的积极工作态度，提高员工的工作行为绩效。相反的，不公平、不合理的交换关系，组织中的员工就会采用消极的、负面的工作态度和行为来展示自己的不满，给予组织的管理者一定的反击，因此可以把组织中的管理者和员工看作是一种互惠互利、共同进步的关系。在工作中，员工与组织之间的互动会受到政治环境的影响，特别是在中国这种高权利距离的文化背景中。在这种症状氛围较重的组织中，一般来说组织资源的分配不是完全基于员工积极的工作态度和对组织的忠诚以及贡献。由于员工是从心理层面上来感知的，因此很难预测员工对其自身与组织的互惠互利交换关系的看法,这样就会对员工的反生产行为产生很大的影响。组织政治知觉会对员工与组织、与同事之间的交换关系产生不利的影响,这样就会导致员工的反生产行为的增加。Chang(2009)等认为,在组织中管理者或者组织本身的政治行为越盛行,员工就会越分不清楚和不确定努力、绩效与奖励之间的关系,而那些在组织中比较圆滑、与管理者有着更为亲密关系的员工或者已经成为某些管理者"圈内人"的员工会受到组织更多的奖励。Ferris、杨君如和杜恒波(2000,1996,2013)等认为一旦组织中的管理者或者组织本身的政治行为给组织中的员工留下消极负面的印象,员工就会认为自己的努力得不到组织管理者和组织的肯定,也不会乐意接受他人操作控制自己以维护组织的利益。由此,员工会产生很强烈的不公平、不满意以及自己被剥夺的感觉,同样的员工也就会与那些通过操纵政治行为而获得利益的组织管理者以及同事之间的关系会僵化甚至恶化,而这种局面要想得到改善要么是组织的管理者自身改变或者感到不公的员工自己也成为积极从事组织政治行为的一员。Gilmore(1996)等认为,组织的政治行为可能会在组织中营造一种"敌对环境",这种"敌对环境"会引起组织内部的各种冲突、不和谐等现象的发生,而这些冲突、不和谐现象又可能会引起组织中的对抗、攻击和偏差等行为,而这些行为又会对组织利益产生不利的影响。Kacmar(1999)等认为,组织内部的政治行为过多,将会使员工的旷工、消极工作等行为的增多。Kacmar和Baron(1999)等认为,组织中的政治知觉可能会增加组织内部或者组织中员工个体的报复、攻击和敌对等行为的发生。Ferris(1992)等通过研究,证实了组织中政治知觉越高的员工,他们对组织和同事的信任水平会降低。因此,本研究提出以下假设:

假设3:组织政治知觉和反生产行为呈正相关关系。

14.2.5 组织政治知觉的中介作用

通过实施伦理型领导行为,领导者还可以维护自己的形象和影响力。管理者实施的伦理型领导可以使员工的注意力更集中于个人行为与组织目标而降低对组织政治知觉的感知。同时,领导在实施伦理型领导时,通常对下属进行道德、仁义的领导,因而伦理型领导也可以看作是组织内的一种合作方式。Pfeffer（1993）认为，冲突是组织政治行为的根源，如果组织内部经常发生冲突，则组织成员会对组织环境产生不确定或者不安全的感觉，员工自身前途也会感到迷茫。Cropanzano（2006）等认为，可以把组织中的工作环境看成是一个大的社会市场，在这个市场中，组织的员工会通过自己在工作上的努力来寻求合理的回报。而组织中管理者的伦理型领导行为会通过组织的政治知觉对员工的反生产行为产生影响，在这个环节中，组织政治知觉在其中起着重要的传递作用。推理逻辑即为：在一个具有较高的伦理型领导的组织中，员工会增加对管理者的情感投入，增加对自己个体行为以及组织目标的关注力，而减少对组织政治知觉的感知。这种对于组织决策的执行所引起的员工的主观感受即组织政治知觉就会起着重要的作用。

员工在伦理型领导的组织氛围中，认为管理者会帮助个体达到自己认为的公平，自己内心的会降低不满，就会减少反生产行为。Rosen（2009）等认为，在组织中组织政治知觉可以通过影响个体对组织或者与其他个体心理契约的破裂，进而对员工个体的工作满意度和情感承诺产生消极的、负面的影响，而这些影响会通过员工积极行为的减少，消极态度和行为的增加得以体现。而在伦理型领导的组织中，管理者由于实施了伦理型领导，就会使员工增加对管理者、对组织的情感信任，来增加组织中员工个体对组织积极、正面的投入，从而可以降低其反生产行为发生的可能性。

通过以上学者研究的梳理，我们可以理解为在组织中，组织的管理者或者创始人在组织中通过树立道德标准或者通过自身的示范作用来向组织成员传递自己的道德思想，加强组织的伦理领导，从而降低员工对组织的政治知觉感知，而政治知觉感知的降低会减少员工的不满或抗议，从而减少员工的反生产行为。相反，伦理型领导行为较少，甚至投入非伦理的领导方式，即可能会做出一些损害组织成员的行为或者决策，此时员工可能会产生较高的政治知觉，进而产生一些反生产行为来表达自己的抗议。因此，本研究提出以下假设：

假设4：组织中组织的政治知觉在管理者的伦理型领导行为与员工反生产行为之间起着中介作用。

综上所述，本研究提出理论模型，如图14-1所示。

图 14-1　本研究的理论模型

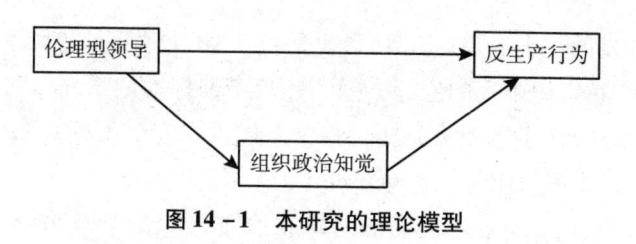

14.3　研究方法

14.3.1　研究对象与程序

本研究通过问卷调查的方法来进行数据的收集。样本来源于北京、山东、广西三地的企业员工。在调查前，明确告知参与者调查的匿名性和调查结果仅供科学研究之用，调查不会对他们自己以及他们所在的单位产生任何不利的影响，并承诺对他们所填写的问卷信息绝对保密。发放调查问卷时，每套问卷都预先用信封封好，问卷和信封都不需填姓名以减少被调查者的压力，被试填好均直接封上，因此内容都只能被试自己看到，研究者先到每家企业，在人力资源部的协助下集合被调查对象，给予简单的指导，待所有问卷都当场填写完毕后收卷并保存好。

本次的数据收集总共发放了 320 份问卷，其中回收到的问卷是 300 份，除去无效的 24 份问卷，最后产生有效的问卷是 276 份，有效回收率达到 92%。最终 276 名参与者人口学特征的描述性统计分析显示：在性别方面，男性 123 人，女性 153 人，各占 44.6% 和 55.4%；在年龄方面，30 岁及以下的员工 197 人，占 71.4%，31~40 岁 62 人，占 22.5%，41~50 岁，有 17 人，占 6.2%；在教育程度方面显示，大专及以下共有 133 人，占样本量的 48.2%，本科程度有 131 人，占样本量的 47.5%，研究生及以上有 12 人，占样本量的 4.3%。

14.3.2　测量工具

（1）伦理型领导。本研究的伦理型领导测量采用的是 Brown 和 Treviño

(2005) 等开发的量表（ELS）。该量表是包括 10 个项目的单维度结构。代表性题目，如"在组织中我的主管会惩罚违反道德标准的下属"等。而计分方法则是采用 Likert 7 点式测量方法，其中 1 代表"完全不同意"，7 代表"非常同意"。该量表测量结果的 Cronbach's α 系数为 0.945。

（2）组织政治知觉。本研究的组织政治知觉量表改编自 Kacmar 和 Carlson（1997）组织政治知觉的保持沉默静待好处知觉维度，有 6 个题项。代表性题目如"印象中，我们单位的加薪和提拔都是按规定执行"。计分方法则是采用 Likert 7 点式测量方法，1 代表"完全不同意"，7 代表"非常同意"。该量表测量结果的 Cronbach's α 系数为 0.872。

（3）反生产行为。量表采用的是 Bennett（2000）等开发的量表。本研究中量表的选择主要采用的是组织指向反生产行为的 9 个测量条目。代表性题目如"该员工未经允许上班迟到"，"该员工擅自延长休息时间"。计分方法则是采用 Likert 7 点式测量方法，1 代表"完全不同意"，7 代表"非常同意"。该量表测量结果的 Cronbach's α 系数为 0.879。

（4）控制变量。员工可能会因性别不同而对组织政治环境有不同的感知，年龄可能会影响员工的行为，而受教育程度是反映员工知识储备的变量。总之以上几个变量可能会影响个体对组织中工作环境的感受，进而影响到他们对政治投入的舒适度（Liu，Liu & Wu，2010）。因此，我们在数据分析的过程中控制了员工的性别、年龄以及受教育程度这三个变量。即把这些变量作为控制变量。

14.3.3 统计方法

本研究采用 SPSS 和 Lisrel 进行所有的统计分析。具体包括：第一步要对本研究中所涉及的各个变量做验证性因子分析，以此来考察研究中所使用的量表区分效度；第二步运用 SPSS 软件对本研究进行描述性统计分析；第三步则是采用层级回归分析方法来考查伦理型领导、组织政治知觉与员工反生产行为之间的关系，以及组织政治知觉在其中起到的中介作用。

14.4 数据分析与结果

14.4.1 同源方差检验

为了控制同源方差，本研究在收集数据时采用匿名和变化题项排列的方式。另外，本研究采用"Harman 单因素法"和"未测单一方法潜因子法"检验本研究的同源方法情况。单因素法显示，未经旋转的探索性因子分析析出的第一个因子的解释量 38.922%，未占绝大多数；验证性因素分析的单因子模型拟合度较差，表明数据未析出一个单一因子。未测单一方法潜因子法显示，加入同源方差潜因子后的模型，同源方差潜因子的平均变异抽取量为 13.123%。也是低于同源方差可判定为潜因子的标准 0.50。综上所述，同源方差未对本研究的结果产生严重的影响。

14.4.2 验证性因子分析

本研究使用 Lisrel 软件对研究中的样本数据做验证性因子分析。通过对比两种测量模型的数据拟合度好坏程度，发现三因子测量模型的各项拟合指数均好于单因子测量模型（见表 14-1），且达到判断标准，表明伦理型领导、组织政治知觉、反生产行为是三个不同的构念，可以进一步进行假设检验。

表 14-1　　　　　　　　　验证性因子分析结果

模型	df	NNFI	CFI	IFI	RMSEA
三因子模型： ELS；POP；CWB	272	0.863	0.876	0.877	0.085
单因子模型： ELS + POP + CWB	287	0.201	0.235	0.238	0.207

注：伦理型领导 ELS、组织政治知觉 POP、反生产行为 CWB；"+"代表因子合并。

14.4.3 描述性统计分析

本研究各变量的均值、标准差和相关系数如表 14-2 所示。伦理型领导与反生产行为呈显著负相关（r = -0.599，p < 0.01），组织政治知觉与员工反生产行为呈显著正相关（r = 0.284，p < 0.01），伦理型领导与组织政治知觉均呈显著负相关（r = -0.264，p < 0.01）。这些结果都一定程度上支持了本研究的研究假设。

表 14-2　　　　各变量的均值、标准差和相关系数

变量	均值	标准差	1	2	3	4	5	6
1 性别	1.55	0.498	—					
2 年龄	1.35	0.593	-0.249**	—				
3 教育程度	1.56	0.578	0.140*	-0.254**	—			
4 伦理型领导	5.027	1.0971	-0.150*	0.118	0.095	—		
5 组织政治知觉	3.344	1.050	0.008	-0.030	-0.071	-0.264**	—	
6 反生产行为	2.774	0.838	0.136*	-0.223**	0.039	-0.599**	0.284**	—

注：** 表示 p < 0.01，* 表示 p < 0.05。

14.4.4 研究假设的检验

本研究主要采用层次回归分析对研究假设进行检验。通过表 14-3 可以看出，组织中管理者的伦理型领导行为是显著负向影响组织中员工的反生产行为的（β = -0.552，p < 0.001）。由此，本研究的假设 1 获得了验证。由表 14-3 可得，伦理型领导对于组织政治知觉具有显著的负向影响（β = -0.261，p < 0.001），由此可见，本研究的假设 2 获得了验证。通过表 14-3 可知，组织中的组织政治知觉会显著正向影响组织中员工的反生产行为（β = 0.139，p < 0.01）。因此，假设 3 得到了验证。

表 14-3　　　　　　　　　层次回归分析结果

变量	组织政治知觉 M1	组织政治知觉 M2	员工反生产行为 M3	员工反生产行为 M4	员工反生产行为 M5
性别	0.007	-0.030*	0.088	0.006	0.010
年龄	-0.050*	-0.019	-0.207***	-0.137**	-0.134**
教育程度	-0.085	-0.047	-0.026	0.059	0.066
伦理型领导		-0.261***		-0.588***	-0.552***
组织政治知觉					0.139**
R^2	0.008	0.073	0.057	0.386	0.404
调整 R^2	-0.003	0.059	0.047	0.377	0.393
R^2 更改	0.008	0.065	0.057	0.329	0.018
F 更改	0.698	18.992***	5.493	145.198	8.129

注：*** 表示 $p<0.001$，** 表示 $p<0.01$，* 表示 $p<0.05$。

关于组织政治知觉在组织中管理者的伦理型领导行为与员工反生产行为之间起到的中介效应，则是采用 Baron 和 Kenny（1986）所推荐的程序进行检验。通过表 14-3 我们可以看出，自变量显著影响中介变量和因变量，即组织中管理者的伦理型领导行为会显著负向影响组织的政治知觉（β=-0.261，$p<0.001$）和员工反生产行为（β=-0.588，$p<0.001$），而当中介变量组织政治知觉进入自变量与因变量的回归方程时，组织中管理者的伦理型领导行为依然是显著负向影响员工的反生产行为（β=-0.552，$p<0.001$），只是影响作用有所下降，而组织政治知觉对员工反生产行为呈显著正向的影响（β=0.139，$p<0.01$），这就说明组织政治知觉在组织中管理者的伦理型领导行为与员工反生产行为之间起到部分中介作用，所以假设 4 得到部分支持。

14.5　讨论与管理启示

14.5.1　结论与讨论

本研究的实证研究结果表明：第一，组织中管理者的伦理型领导行为会负向影响员工的反生产行为；第二，管理者的伦理型领导行为会负向影响组织中的政治知觉；第三，组织中的政治知觉会正向影响组织中员工的反生产行为；第四，组织政治知觉在管理者的伦理型领导行为与员工反生产行为之间具有部分中介作用。总体而言，本研究的理论贡献与实践启示主要表现在以下四方面：

（1）组织中管理者的伦理型领导行为与员工的反生产行为呈显著负相关的关系。该结论表明，在组织中如果管理者实施的是伦理型领导的方式，组织的员工就会把这样的管理者作为自己行为的榜样，采取积极的态度来效仿管理者的行为，以此来降低自己与组织规范不符的失德行为发生的可能性。这一结论与 Mayer、廖建桥和赵君（2009，2010）等的结论不谋而合，结果都表明，组织中管理者实施伦理型领导后组织的员工通过积极的行为态度来降低自己的反生产行为。这一结论也证实了社会学习理论的作用。组织的管理者们需要在组织中实施伦理型领导的行为方式，要明白自己扮演的角色对于员工榜样示范的重要性。

（2）组织中管理者的伦理型领导行为显著负向影响组织政治知觉。因为在组织中，实行伦理型领导的管理者在制定、执行组织的伦理规定时会比较公正、公平，同时会同意员工表达出自己的意见和建议，也会认真倾听员工的内心，从而可以提高员工感受到组织的关怀的程度。这样就会在组织中形成良好的工作氛围，提高员工的积极性和参与性。实行伦理型领导的管理者们由于比较关注组织的公平、经常与员工进行沟通，也会尊重员工的意见和个人利益，从而让员工在组织中感知到领导的关怀，提高员工对组织的认同感。

（3）在组织中，组织政治知觉会正向影响员工的反生产行为。该结论与 Fassina 和 Aquino 等（2004，2008）的研究结论一致，即在组织中当员工感受到不公平时，就会把不满发泄到组织中去，这样就会增加组织中员工的反生产行为。员工实施的消极、负面的反生产行为可能会比较隐秘、间接，这样就很难在组织中发现。因为假如员工比较直接的或者明显的实施反生产行为，他们担心会遭到组织的管理者或组织中其他个体的打击报复。但是，这些隐性的反生产行为可能对组织产生严重的负面结果。因此，必须注意通过努力降低员工的组织政治知觉水平，以尽力减少员工的反生产行为。

（4）组织政治知觉在管理者的伦理型领导行为与员工反生产行为之间具有中介作用。在组织中管理者实施的伦理型领导行为之所以会对员工的反生产行为产生一定的影响，组织政治知觉在这两者之间起到一定的作用。因为组织中管理者的伦理型领导行为会为组织制定比较合理、公正的规则，此时组织内部的员工个体也会感知到良好的工作氛围，减少消极负面的行为。而当组织中员工对组织政治知觉的感知较少，这样就会促使员工产生较高的生产、工作积极性，也会减少员工的反生产行为；当这三者联系在一起之后，组织的管理者因为实施伦理型领导行为会在工作和生活中关心、爱护员工，也会增强与员工的沟通，让员工更好地感知到领导、组织的关怀和尊重，从而减少员工的反生产行为。

综上所述，组织中的管理者实施伦理型领导行为而使管理者积极、认真地履行自己所认可和规定的组织伦理准则，而成为组织中员工学习的榜样，就会降低员工对于组织和工作的不满，从而降低员工的反生产行为的产生。同时，组织的管理者通过实施伦理型领导行为也会为员工营造良好的组织氛围，使员工形成良好的组织认同感、责任感，降低组织政治知觉的感知，进而降低组织中员工反生产行为发生的可能性。员工减少自己的反生产行为，在一定程度上也是因为伦理型领导的行为所建立的良好的组织氛围，从而减弱了员工的组织政治知觉水平。

14.5.2 管理启示

本研究通过研究探讨组织中管理者的伦理型领导行为、组织政治知觉与员工反生产行为这三者之间的关系，得出了以下管理启示：

（1）企业组织中要注重对具有伦理型领导的管理者的招聘、培训开发和绩效考核。拥有卓越的领导是团队的重中之重。因此，为团队选拔既可以通过自身的行为表现出合乎伦理道德的行为，又可以清晰传递对于不符合伦理行为的容忍界限的领导者是团队招聘工作的重心。通过诚信测试和伦理情景模拟等方式，考察面试者的"伦理值"，排除缺乏诚信、缺乏伦理道德的个体，从而正确挑选具有伦理型领导行为前置的管理者并安排在合理的岗位上，帮助团队选好"领头羊"。同样，领导的风格会影响团队的组织氛围和员工的行为以及员工对组织政治知觉的感知，因此，塑造伦理型领导很重要。以往的领导力的培训主要集中于他们的管理技能上，很少有针对伦理道德观念的培训，而领导者的伦理道德在很大程度上比管理技能更加重要，决定着管理者能否做"正确的事情"。因此，在组织中，可以开展具体的针对管理者伦理道德观的培训，以"商业管理中的伦理问题""以人为本的商业伦理"等主题。除了培训方式，还可以采用情境模拟的方法，让领导者分组进行关于伦理道德相关问题的模拟，通过互相打分和评价来提高自己的伦理道德水平，并对比较符合伦理道德的领导者给予奖励。加强组织中对伦理型领导的管理者的绩效考核。在以往的关于管理者的绩效考核中，大多数都是集中于硬性指标方面，如管理技能和业绩等，通过本研究可知，组织必须要构建一个全方位的管理者考核体系，其中应该包括关于伦理行为的考评，比如在硬性指标中，加入伦理型领导的考核，从而促进伦理型领导行为的养成。

(2) 组织必须重视政治行为的控制。在组织中组织政治知觉会削弱组织与员工个体之间的良性关系。组织的管理者要从薪酬、绩效等方面对员工进行正确的引导，遏制组织中存在的拉帮结派、打击报复、欺小凌弱等行为。正视组织政治的利弊。组织应把政治行为纳入管理的范畴，在组织中通过净化政治空气，减少组织政治行为，塑造团结合作、积极向上、和谐的组织氛围，重视默默奉献的员工等来抑制组织不良行为的产生，降低员工组织政治知觉，提高他们的组织信任，从而提高组织核心竞争力。

(3) 组织的管理者要注重员工的管理，减少员工的反生产行为。严格招聘流程。有研究发现，反生产行为与员工个性特征有很大的关系。诚信度越低、责任感越低的员工越倾向于反生产行为，反之，越有责任心、越诚实的员工即使在高压的工作环境和组织不公平的情境下，也不太有可能有消极、负面反生产行为。因此在员工招聘中，要加强对应聘者的责任心、伦理道德等的考察，通过招聘工作减少反生产行为员工招聘的可能性。及时了解员工现有的工作强度和胜任力。领导者也要不断提升自己的伦理道德素质和管理技能，避免侮辱、苛责下属，用自己的伦理素质和人格魅力做到以德服人，增强员工的组织认同感和组织责任。企业为了保护、促进员工的心理健康，可以引进员工帮助计划，做好精神心理问题的干预和预防工作。可以通过宣传教育活动例如讲座、宣传片的播放等形式。还可以通过改善沟通技巧，增强与同事、上下级的沟通氛围，既可以与防反生产行为的发生，又可以帮助团队建立良好的组织氛围。通过健全组织制度，构建公平、合理、透明、明确的组织资源分配和职务晋升制度，使分配的结果能够反映员工的工作态度和业绩，真正体现按劳分配原则。同时健全员工意见的反馈机制，在分配的过程中要让每一个员工都有发表意见的机会。总之，通过建立机制、健全制度来形成公平的组织环境实现组织资源的合理分配，减少组织成员的投机行为。

14.6　研究局限及未来研究展望

14.6.1　研究局限

当然本研究也存在一些不足。首先，本研究的调查问卷数据是来源于横截面的数据，且是一段时间收集到的数据，使得本研究的结论存在着一定的局限性，可以进一步地进行科学严谨的纵向研究检验。

其次，本研究的变量是来源于企业员工自我报告，样本的代表性可能较小，要在以后的研究中扩大测量的主体，同时应考虑不同时间，不同渠道的测量以此来降低同源偏差，提高数据的有效性。

再次，本研究的研究结论在现实中可能存在一些模糊性，并且由于员工的反生产行为存在着隐蔽性，因此变量之间存在其他可能的调节或者控制因素，需要进一步的深入探讨。

最后，本研究的测量量表基本上都是来自于国外成熟的量表，存在着与中国具体国情或者文化环境不相符的可能性，这就使得调查的数据会有一定的偏差，对于研究的结论会产生一定的影响。未来可以开发本土化的研究量表，进一步检验相关变量间的关系。

14.6.2　未来研究展望

鉴于以上不足，本研究认为在以后的研究中可以从以下方面入手。在数据的收集获取方面，可以对组织中管理者的伦理型领导、员工的反生产行为采用配对、互评或者他评的方法，减少管理者与员工相互之间的包庇，加强数据的真实有效，然后据此对伦理型领导与反生产行为的关系进行检验，以提高数据的有效性。另外，在选择调研对象时尽可能地选择不同性质、不同行业的企业。再者，可以从多层视角来展开研究，展示组织中不同层次管理者的伦理型领导行为会对组织中员工反生产行为有什么不同的影响，也可以在伦理型领导对员工反生产行为产生之间继续探讨不同的中介变量的影响，如领导信任、伦理氛围等。最后，还可以根据中国具体的文化背景来开发和完善具有中国特色的测量量表，也可以在研究设计时充分考虑具有中国特色的权力距离导向、传统性等中国本土化的特征变量，以此来增加研究结论的外部效度。

14.7 小　　结

在本研究中，把组织管理者的伦理型领导行为作为核心，探讨它通过组织政治知觉这一心理机制来影响员工的反生产行为，进一步论证了伦理型领导所发挥的重要作用，为以后伦理型领导的发展提供了一些新视角。未来的研究可以超越社会学习理论的视角，从下属的心理机制进行相应的分析。本研究从组织政治视角探讨了管理者的伦理型领导行为与员工反生产行为之间的关系，在文章中，探讨了管理者的伦理型领导行为与员工反生产行为之间的关系机制，引入组织政治知觉这一中介变量来探讨三者之间的关系，进一步实证检验了下属心理机制在发挥伦理型领导重要影响作用中的价值所在。我们通过以上创新之举发现，组织中管理者的伦理型领导行为会直接对员工的反生产行为产生影响，而伦理型领导也会导致员工较低的组织政治知觉，从而会进一步减少其反生产行为。伦理型领导中的"伦理"二字又显示出领导的道德素质和伦理行为对员工行为有着重要的影响。因此在实际生活中，组织中的管理者们应该在企业的道德建设中起着模范带头作用，要身体力行，树立道德模范，严格执行道德标准，形成良好的道德氛围，关注员工的个体行为，这对企业的长远发展有着重要的意义。

伦理型领导发展及其
影响机制研究

Chapter 15

15 伦理型领导对团队绩效影响的理论模型构建：基于关系与身份观的分析

15.1 引　　言

众所周知，民众对企业在经营管理中是否承担了社会责任越来越关注，因而在学术界和实际经营中领导者在经营策划和管理决策过程中的伦理表现成为普遍关注的一个热门问题。领导方式的伦理性就包含在其中，也就是伦理型领导（ethical leadership）。伦理型领导是"领导者经过自己的行为表现以及在人际交往互动过程中向部属成员表明在组织的经营管理中哪些是符合道德规范、适当合理的行为，再通过双向互动沟通、拟订决策和强化的方法来促进和激发部属成员在工作中表现出相类似的行为"的领导方式（Brown et al., 2005）。伦理型领导作为一种积极的、行为表现符合伦理规范的领导方式，在实际工作中能激发部属成员积极的工作表现和形成较高的工作绩效。

众多研究结果显示，伦理型领导能够正向作用于部属成员的个人工作绩效。如在已有的研究中显示伦理型领导能够正向影响员工的工作绩效和组织公民行为（Walumbwa et al., 2011; Avey, Palanski & Walumbwa, 2011; Kacmar, Bachrach、Harris Zivnuska, 2011；王震，孙健敏和张瑞娟，2012）。已有研究文献大部分的研究视角是社会交换关系（social exchange）。通过社会交换关系理论对伦理型领导对部属成员个人工作绩效的影响作用进行研究分析（Brown Treviño, 2006）。从社会交换关系的理论可知，建立社会交换关系的双方在人际交往和相处的过程中，当一方给予对方支持、鼓励和帮助，另一方也给予相应的回报。这样二者之间的社会交换关系质量会得到提高，接受帮助和支持的一方也会以积极的行为回馈资源提供方（Blau, 1964）。伦理型领导者在与部属成员的相处过程中，因为伦理型领导者自身表现出高尚的伦理道德水平，同时尊重关心员工、公正公平、奖罚分明以及能为员工提供必要的支持和肯定，这样伦理型领导与部属成员建立了较高质量的社会化交换关系，进而部属成员会用积极行为反馈伦理型领导者，表现出积极组织公民行为，提高工作绩效，促进组织目标的达成。在实证研究中，也有研究分析表明在伦理型领导和部属成员的个人工作绩效之间领导—成员交换能够起到中介作用（王震，2014）。

上述的文献研究主要集中在伦理型领导和部属成员个体绩效的影响关系的分析和研究，但是基于团队层面，对于伦理型领导方式和整体团队绩效的影响关系的学术研究关注的人比较少（Walumbwa Morrison，2012）。团队绩效是指在领导者带领下团队的工作绩效表现，个人绩效的总和不是团队绩效的表现，这两种产出是不能完全等同的两种绩效呈现形式（Douglas，2004；Hill，1982）。Walumbwa 等（2011）的研究分析指出，领导—成员交换（LMX）完全中介伦理型领导对部属成员工作绩效的影响，证明在分析伦理型领导与其结果变量之间的关系时，其中重要的影响因素之一是领导—成员交换。部属成员和他的直接领导上级之间的交换关系形成领导—成员交换（Schriesheim，Neider & Scandura，1998），其中关键问题是不同的部属成员会和其直接领导建立质量高低不同的交换关系（Graen Uhl–Bien，1995）。同时已有的研究结果表明，每一个部属成员和其直接领导的领导—成员关系不单是独立的存在，往往和团队中其他人与领导形成的不同的领导—成员交换一同存在的（Liden，Erdogen，Wayne & Sparrowe，2006），研究在团队层次上，领导—成员交换关系对团队整体绩效的影响，就应当以团队作为一个整体，从团队整体领导—成员交换关系来进行分析研究。在团队中领导和全部的部属成员进行的社会交换关系的群体变量，即均衡领导—成员交换，能够整体反映出在团队中领导和团队中全部的员工所建立的整体的社会交换关系水平。在实际生活中，对于所有员工伦理型领导都注重伦理道德的重要性，同时在同部署成员建立交换关系的过程中强调公平公正以及行为表现符合道德规范。本研究认为伦理型领导是通过促进和改善了均衡领导—成员交换进而提高团队绩效。因而，本研究认为可以从关系观的视角入手，在团队层面研究中，以均衡领导—成员交换为中介，探讨伦理型领导对于团队绩效的影响机制，同时也让个体层次和团队层次之间的比照和转换研究提供更多的研究依据。

如果伦理型领导通过均衡领导—成员交换对下属团队绩效有影响，这种影响有无边界条件？领导过程是领导者与员工共同进行的过程，领导方式的作用效果怎样在很大程度上取决于下属团队特征如何，因此在研究分析领导方式的作用机制时要考虑到部属成员的团队特征，充分考虑下属成员在其中的作用（Judge Long，2012）。目前对伦理型领导的作用机制的探讨和分析大部分关注的是主效应。这种研究取向无法描述对何种下属来说，伦理型领导对员工绩效的改善有更积极的作用（Detert，Treviño，Burris & Andiappan，2007）。鉴于此，研究并论证增强伦理型领导对于部属成员团队绩效的作用效果是由哪些部属成员团队特征所影响的就变得特别重要。针对这种情况，最近有学者（Avey，Palandki & Walumbwa，2011；Kacmar，Bachrach，Harris & Zivnuska，2011）呼吁未来研究关注伦理型领导与下属反应关系中的调节变量。在进行伦理型领导的研究过程中，领导和其部属成员两者之间的道德观念和价值观念是否一致，是否匹配应当得到重视（Brown，2010）。鉴于此，本研究从身份观角度出发建立研究模型，探讨在团队道德水平有高低差异的情况下伦理型领导方式对于团队绩效的影响作用，将团队道德身份作为伦理型领导影响团队绩效的调节变量，分析团队道德身份所起到的调节作用。

综上所述，本研究以伦理型领导为对象，在总结和梳理相关研究成果的基础上从关系观和身份观两个视角入手，系统分析伦理型领导影响团队绩效的中介机制和调节机制，构建了一个有调节的中介模型，具体来说，包括了伦理型领导通过均衡领导—成员交换影响团队绩效的中介模型，并关注团队道德身份在其中的调节作用。本研究将研究层次由个体层次上升到团体层次，以考察伦理型领导通过何种机制对团队绩效产生何种影响，期望通过详细揭示伦理型领导发挥作用的"黑箱"为后续研究指示方向，同时也为管理实践提供一些有益参考。本研究构建的理论模型如图 15-1 所示。

图 15-1 伦理型领导对团队绩效影响机制的理论模型

15.2 伦理型领导与团队绩效

15.2.1 伦理型领导对团队绩效的主效应

领导方式多种多样，领导的道德成分在真实型领导、精神型领导以及变革型领导中都有所提及（Brown & Treviño, 2006），然而与这些领导方式所不同的是伦理型领导所注重和主张的是要成为有效的领导者，同时是"道德的人"和"道德的管理者"（如 Brown et al., 2005; Treviño, Brown & Hartman, 2003）。"道德的人"就是指伦理型领导自身所表现出的高尚道德品格、公正公平、诚实值得信赖，个人品行以及生活中都遵守伦理道德规范；而伦理型领导者在工作职责范围内，在平时的工作中表现出的公正公平、奖罚分明等符合道德规范的行为就是"道德的管理者"，伦理型领导在和部属成员交往和人际互动过程中会展现出真诚、信任、体贴和公正对待部属成员、关于道德伦理问题实施针对性奖励和惩罚的具体行为表现，以引导下属合乎规范的行为。例如，在组织中倡导道德行为：身先士卒地履行道德规范；体现对部属成员真正的尊重和真正的关心；鼓励和渴求部属成员参与决策讨论和制定，提供他们必要的帮助和支持；其自身做决策时也能够综合诸多方面的需求以及利益关系而做决策（Kalshoven et al., 2011; Walumbwa, Morrison & Christensen, 2012）。

显然，伦理型管理者自身所具备的这些行为特点以及在和下属成员进行互动和交往过程中的行为表现能够对下属团队产生积极影响作用（Brown et al., 2005; Piccolo et al., 2010），而部属成员团队绩效的提升就是其中的一个明显的表现。通常情况下，伦理型领导在制定合理决策以实现团队目标的过程中，会把团队利益放在首位，始终如一地坚持个人行为的利他性原则以及强调目标的重要性（De Hoogh & Den Hartog, 2008），同时也会维护和遵守这些行为准则和制度规范。同时在伦理型领导下，基于社会交换关系理论分析，伦理型领导以高道德标准严格要求自己，制定决策和设立团队目标时能以团队利益为重，同时充分考虑和顾及部属成员的利益，以实现组织利益最大化。因此，部属成员往往也能够以积极的工作态度来回应伦理型领导的合理积极有效的领导方式和领导行为，进而能够提高和改善团队绩效。并且当团队中部属成员有符合伦理规范的行为，伦理型领导会进行奖励和表扬，当出现不符合伦理规范，自私自利，损人利己的行为发生时，伦理型领导会进行严厉惩罚（Brown & Treviño，2006）。正是由于伦理型领导能够奖惩分明，鼓励和支持部属成员在工作和平时表现出符合道德伦理规范的行为，不做违背道德伦理的事情，通过这种正方面和反方面的比照以及高质量社会交换关系的建立，使得部属成员更积极的回报伦理型领导，减少有损组织利益的负面行为，进而提升团队绩效。

15.2.2　均衡领导—成员交换的中介效应分析

Walumbwa 等（2011）指出根据社会交换关系理论，领导—成员交换可以合理地对伦理型领导的影响效果和作用过程进行解释。领导—成员交换属于社会交换关系中的一种，通常指建立在情感影响因素和有交换价值的物质基础之上的部属成员和其直接领导二者之间所形成的社会交换关系（Graen Uhl‐Bien，1995；Sparrowe Liden，1997）。领导—成员交换作为社会交换关系体系中的一个重要概念，反映和体现了组织中领导和下属之间的交换关系质量（Scandura & Grean，1984）。低层次的领导—成员交换关系指直接领导和部属成员建立的以劳动合同为依据的简单的契约关系和纯粹的雇佣关系；而高层次的领导—成员关系，包含诸如信任、互惠互利、责任、尊重、真诚、忠诚和情感等诸多内容，远远超过了单纯的经济契约和简单的雇佣关系（Erdogan，Liden & Kraimer，2006）。

现阶段，研究人员发现，领导—成员交换的影响开始转向团队层面。均衡领导—成员交换是团队层面领导—成员交换的重要特性，能够表现出团队领导和所有团队成员的总体社会交换关系水平（王震和孙健敏，2013）。均衡领导—成员交换受到伦理型领导的正向影响，具体表现为：第一，伦理型领导在与下级的沟通交流互动中遵循着高标准的道德要求，它的特性是诚信、正直、可靠，因此伦理型领导给予下级更多的是信赖、肯定和支持，这正是社会交换关系中最重要的内容,同时也说明伦理型领导中领导者会与团队中的下级工作人员发展更为高效的社会团队交换关系。第二,伦理型领导在领导行为进行过程中体现的是领导对下属真实的关心,例如更多的听取下属的意见以达成正确的决策、为下属创造更大的发展空间、为下属提供更挑战性的工作内容、同时尽可能满足下属多样化的需求,并提供工作资源和指导等(Piccolo et al. , 2010;Brown et al. , 2005;Kalshoven et al. , 2011),领导在与下属互动的过程中投入超出雇佣契约规定的信任、支持、理解和尊重,从而与下属建立了更高水平的互动关系,超越了经济交换(Brown & Treviño, 2006;Walumbwa & Schaubroeck, 2009)。与此同时,下属也会反馈给团队更多的依赖、信任和义务等作为回报,这样一个相互作用的过程会提高团队层面的均衡领导—成员交换。第三,伦理型领导是以完成组织和团队的目标为基点来建立人际关系的(Brown & Treviño, 2006;Treviño et al. , 2003),而不以实现个人利益为目的。可以看出,伦理型领导更多的是与团队成员建立高水平的均衡领导—成员交换。当伦理型领导者在领导过程中有了这些行为表现的时候,伦理型领导和部属成员两者之间所建立的社会交换关系就超越了单纯的经济交换,从而更多地体现出情感的交流和支持,进而在伦理型领导者和部属成员之间建立高质量的社会交换关系。因此,不论是为维护团队成员之间的人际关系还是立足于组织整体利益,伦理型领导都更适合与组织内部所有成员建立一种高水平的社会交换关系(Hansen et al. , 2013;Mayer et al. , 2009;Yukl et al. , 2013)。

均衡领导—成员交换这一因素在伦理型领导与团队绩效关系中会起到中介作用。按照社会交换关系理论的观点可知,当员工得到领导的尊重与理解,并且被给予一定的支持,他们会更加努力做出更高的绩效来回报团队。首先,与领导有着更高水平社会交换关系的员工能够感受到自身背负着团队更艰巨的责任和义务,有追求高绩效的动机(Chen Kanfer, 2006),能积极主动地在工作中付出更多的努力。Grean 和 Uhl - Bien(1995)提出,当团队的领导与团队中大部分成员建立起高水平的社会交换关系时,团队成员会主动增加自己对团队的投入从而从整体上提高团队的绩效。与此同时,当均衡领导—成员交换处在高水平的条件下,领导会给整个团队所有部下更多的资源和帮助,由此团队成员也会有更多的资源,从个人层面来讲可以促进个人完成更高的绩效,从团队层面来讲也会提高整体团队产出的数量和质量,进而提高团队绩效(王震和孙健敏,2013)。再者,均衡领导—成员交换因素是通过团队成员的工作反馈和回报来实现对团队绩效的正向影响的。由社会交换关系理论可以看出,高均衡领导—成员交换表明团队领导与下属双方具有更深厚的互惠互赖关系,领导对下属更多的支持与尊重会使下属产生更加强烈的责任感和回报心理,水平较高的社会交换关系会赢得团队成员的支持,成员付出更多努力达成高绩效来回馈领导、回馈组织;与此同时,团队成员为维持同领导高水平的社会互动关系,他们也会持有更高的积极性、主动性,更加努力工作,做一些超出领导和团队预期的优异表现或者是本职工作之外的成绩。高均衡领导—成员交换促使成员带来的回馈除了个人绩效的提升,还包含团队成员对整体团队的付出,例如,赞赏并奉行团队目标、修正落后无益的工作方式方法、能够敢于承担个人在整个团队中的责任等(Dulebohn et al.,2012)。团队工作中十分需要员工发挥互惠行为的优势来保障整个团队实现高绩效。最后,根据过去的调查研究可以得出,团队氛围与团队互动也被均衡领导—成员交换水平所影响,并且呈正相关关系。例如,Cogliser(2000)曾说过,拥有高均衡领导—成员交换水平的团队比水平较低的团队具备更加轻松、友好、积极向上的工作氛围,成员之间更易相互理解、相互尊重。在如此环境下工作,更易激发团队成员的创造力,充分发挥才智,为团队创造更多的价值。又如,Schyns(2006)所说,高均衡领导—成员交换的团队与低均衡领导—成员交换的团队相比,团队成员相互之间愿意产生更多的互动交流,彼此相互信赖,同时对团队的能力和未来有更多的信心,良好的心态可以产出更高的效能。团队整体绩效受和谐的团队氛围和积极有序的团队互动的正向影响这一观点在学术界已经普遍确认并接受(Pirola-Merlo et al.,2002)。综上可以得出伦理型领导显著促进均衡领导—成员交换,从而影响整个团队的绩效。

15.2.3 团队道德身份的调节效应分析

人们常常用身份对自我属性进行定义,是衡量在工作和生活中行为举止遵循内心、保持真我的标准和依据(Erikson,1964)。道德身份(moral identity）则是指人们在实际生活中行为表现是否考虑到他人利益，行为是否具有利他性的一种对于自身的承诺（Hart et al.，1998）。在这之后，Aquino 等（2002）依据社会认知理论相关内容，认为道德身份是指个体在认知过程中对那些和道德品质密切关联的那一部分的自我意识，同时这也是个体在了解自己、认知自己过程中的一种不易改变的道德特质，同时也能体现一个人对伦理道德的重视程度，以及是否认为做一个有良好道德品质的人对自己很重要，体现人们对道德品质的重视程度。具体而言，内在化（internalization）和表征化（symbolization）是道德身份两个重要的维度，内在化表明人们对伦理道德在内心中的重视程度，指在心中的自我概念和伦理道德表现是否一致的程度体现，表征化所指的是人们在平时行为表现中通过自身伦理道德行为向他人展现的自身道德特质的程度。Blais（1983）的研究指出，人们可以通过道德身份对自己伦理道德行为进行自动的调节，继而使自己表现出更多的关心帮助他人、为他人着想的利他性行为。道德条款约束、道德行为表现以及道德身份调节这三者是相关联的，具有高团队道德身份的群体会对自身的道德行为表现出更严格的要求。这时自身道德条款约束能力也越明显，因而在工作中所表现的行为更加注重伦理道德，不做违背伦理违背道德的事情。在高团队道德身份的群体中，人们利他性越明显，在行为表现中更关注他人利益，与人相处或者工作中知道维护和保护别人的利益不受损害，替别人谋福祉（Klein，1994）。研究分析表明，人们认识伦理道德重要性还会受到所处的外部工作环境的影响。当人们处在一个行为表现都符合伦理道德的环境中，自身对伦理道德的重视程度也会增加，同时表现出更多利他行为，减少自利行为（Aquino et al.，2009）。伦理型领导的道德垂范作用能够对部属成员起到促进作用，让员工在内心认同并接受正确伦理价值观。具体而言，伦理型领导在领导过程中会强调道德重要性，让部属成员对伦理道德标准有严格清晰的认识，同时伦理型领导在决策过程、与下属相处过程中会注意自己的行为表现，使自己的行为表现符合伦理道德规范，让部属成员认识到这样做对于团队绩效改善，对于维护和保障他人利益都有着重要的作用，同时让这种价值观念被大家所了解和接受（Brown et al.，2005）。当团队的道德身份水平越高时，团队中的成员伦理道德水平越高、利他性越强、处事公平公正，团队成员彼此相互帮助（Aquino，2003），因而在工作过程中就会表现出更多的利他行为，重视伦理道德，相互合作，共同进步，从而使团队绩效得到改善和提高。

道德身份对道德行为和道德判断能力会产生一定的影响。研究表明，道德身份能够调节道德性情绪对利他行为及危险行为规避的关系（Aquino, 2011；Mulder, 2013）。具备高团队道德身份的成员，具备更高的素养，更愿意做与其高道德身份相匹配的积极行为，从整体来看将会大大提高团队绩效。Mulder 和 Aqunio（2013）的研究表明，团队道德身份内化水平低的团队，组织中的个人对道德身份重视程度不足，他们不觉得道德身份是他们应该遵循的规则，因而很容易发生违规违纪违背伦理道德的事情，对工作产生消极懈怠的情绪。Erikson（1964）曾提出自我一致性理论，说的是如果团队成员个人从心底里认同或者赞赏某一种观点，那么他会自行形成与该价值观统一的方法论，并且按照方法论的指引做出行动。人们具有保持内在自我意识与外在行为表现一致性的动机（Shao, 2008）。因此，群体具备越强的内在化道德身份，则他们的自我认知与违反伦理的不道德行为是相悖的。如果让他们去做不道德的行为会使其内心受折磨，因而具有高道德身份水平的群体的不道德行为动机是非常不明显的，他们将成为一个有道德的人作为成长发展过程中意识里的主要内容，避免做有违伦理道德的不良行为。实证研究表明，团队道德身份对道德推脱是一种负向的影响关系，道德身份水平越高，员工的非伦理决策可能性就越小（Detert, 2008），从而产生更多对团队有益的行为。

按照社会交换关系的互惠理论中的一个标准，即道德标准的互惠（Cropanzano, 2005），只有当行为主体双方都遵守同样的道德规范，互惠行为才会产生（Wang, 2003）。Mayer 等（2012）将视角转向社会认知领域，把伦理型领导与道德身份联系在一起。伦理型领导者将注意力放在对团队成员伦理的管控上，以此来激励成员有优异的行为表现，要达到这一目的需要团队成员对领导者提出的伦理观念认同且崇尚，使团队成员具备更高的道德身份水平，同时加深领导与团队成员之间的信任感，两者形成一致的行为标准，只有这样才能使领导行为的预期效果得以产生。团队与领导匹配的重要内容之一就是道德身份水平的匹配。具备更高水平道德身份的团队对伦理型领导有更高的认可度，更易支持领导的决策，对领导的处事风格也更欣赏，团队里的每个成员也会因为拥有这样的领导而庆幸。反之，如果团队具有较低的道德身份水平，会使团队自身的伦理决策与观念区别于伦理型领导，团队成员不易于接受伦理型领导行为，更甚者会对伦理型领导产生懈怠、厌倦的情绪及表现。如果有团队成员产生离开团队的想法时，不会因为考虑到团队存在伦理型领导而放弃这个念头，也不会因为受到伦理型领导的激励而努力工作、追求更优异的表现，这种行为扩展到团队就会影响到整个团队的工作绩效。因此，团队道德身份可能调节伦理型领导对团队绩效的影响效应。

15.3 结论、展望及管理启示

15.3.1 结论与展望

个人层次的研究中，伦理型领导对于员工个人工作绩效的改善和提高，在学术领域已经得到了广泛的研究和证实，然而在团队层次研究中，伦理型领导对团队绩效的影响关系怎样，以及伦理型领导对于团队绩效的具体作用机制是怎样的也没有进行深入的研究分析。本研究从关系观以及身份观的视角出发，探索了伦理型领导在团队层面对团队绩效的影响，引入均衡领导—成员交换的中介作用和团队道德身份的调节作用，其结果具有一定的理论和实践意义。本研究的创新点和取得的新的进展主要表现在下面几个方面。

第一，对伦理型领导理论研究有一定程度的丰富和发展。过去关于伦理型领导理论研究及其影响作用机制的研究层次主要聚焦于个体层次，而本研究从关系观和身份观视角出发，研究伦理型领导是如何以伦理管理的方式对组织团队部属成员的整体的行为和伦理表现产生影响，进而改善和提高团队绩效，将伦理型领导的研究延伸到团队层面，探讨了在均衡领导—成员交换的中介作用下伦理型领导对团队绩效的促进作用。

第二，本研究分析内容表明伦理型领导对于团队绩效的影响作用是正向的，两者存在正相关关系，同时也在一定水平下证实和支持了伦理型领导能对团队绩效产生积极的影响作用（Walumbwa et al., 2012）。通常情况下，伦理型领导在制定合理决策以实现团队目标的过程中，会把团队利益放在首位，始终如一地坚持个人行为的利他性原则以及强调目标的重要性（De Hoogh & Den Hartog, 2008），同时也会维护和遵守这些行为准则和制度规范。同时在伦理型领导下，依据社会交换关系理论，伦理型领导以高道德标准严格要求自己，制定决策和设立团队目标时能以团队利益为重，同时充分考虑和顾及部属成员的利益，因而部属成员往往也能够以积极的工作态度来回应伦理型领导的合理积极有效的领导行为，进而能够提高和改善团队绩效。并且当团队中部属成员有符合伦理规范的行为，伦理型领导会进行奖励和表扬，当出现不符合伦理规范，损人利己的行为发生时，伦理型领导会进行严厉惩罚（Brown, 2006），正是由于这种正反两方面的比照和交换关系的建立，使得部属成员表现出符合伦理规范行为，更积极地回报伦理型领导，减少违背道德的负面行为，进而提升团队绩效。

第三，在伦理型领导对团队绩效的影响过程中均衡领导—成员交换起着中介作用。较高的均衡领导—成员关系，即在伦理型领导的领导过程中伦理型领导与其直接下属成员整体形成的高质量的均衡领导—成员交换关系，这种交换关系超越了纯粹的经济契约和雇佣关系，伦理型领导关心员工，给予员工帮助和支持，提倡伦理行为，部属成员也愿意付出更多的努力，进行符合伦理规范的行为，回报伦理型领导者，进而改善团队绩效。同时也为除团队建言行为和团队责任心等之外（Walumbwa et al., 2012），给出了一种新的研究思路和途径分析伦理型领导对于组织团队绩效的影响机制。本研究结果显示，伦理型领导者通过和团队成员普遍建立高质量的均衡领导—成员交换，进而促进团队绩效的改善和提高。

第四，本研究表明团队道德身份在伦理型领导和团队绩效之间起着正向调节作用，当团队道德身份处在较高的水平时，伦理型领导正向作用于团队绩效的影响就会更加的明显。部属成员和直接领导之间的匹配研究中，道德身份水平的匹配是重要的研究内容之一。伦理型领导者在进行伦理型领导过程中，通过对部属成员伦理规范和道德行为表现的影响和管理，使得团队成员表现出符合规范的伦理行为，激发其积极的工作态度和工作责任心，当团队道德身份水平较高时，伦理型领导者和部属成员有着相同的道德观念和价值标准，更易于建立彼此信任和相互支持的关系，这样伦理型领导方式的积极影响更明显，团队绩效会有更明显的改善。当团队道德身份水平较低时，部属成员和伦理型领导者对于伦理和道德的认识有很大的差异，当伦理型领导者做出伦理型决策时，表现出符合道德规范的行为时，部属成员会表现出不理解，对于伦理型领导者的管理方式和约束行为反感，进而产生消极的工作情绪，其自身行为也难以达到伦理型领导者的期望和要求，因而也不会有更积极的工作表现，甚至做出负面影响整个团队的工作绩效的行为。

  本研究分析的理论贡献主要体现在以下几个方面。第一，本研究从团队层次的关系观的视角进行研究分析，分析结果表明均衡领导—成员交换在伦理型领导和团队绩效之间起着中介作用，并对这种中介作用机制进行了解释说明，这将个体层次的领导—成员交换作为伦理型领导与员工绩效的中介机制过程（Walumbwa & Schaubroeck, 2009）拓展到团队层次的社会交换关系过程，通过分析能更清楚地说明伦理型领导者在团队工作过程中，怎样和部属成员建立高质量的均衡社会交换关系，进而如何对团队绩效产生改善和提高的影响。第二，本研究从身份观的视角出发，充分考虑到身份观的匹配问题，在进行伦理型领导方式对团队绩效影响研究过程中，分析团队道德身份水平与伦理型领导者的价值观和伦理观的匹配以及其对团队绩效产生的影响。过去所进行的匹配研究主要关注的是部属成员相关特征和领导的匹配研究，关注价值观念的匹配研究，特别是伦理道德身份观念的匹配研究很少，本研究关于伦理道德身份观念匹配的研究尝试，进一步丰富了身份匹配领域的研究并提供了一些有益的思考。当团队道德身份较高时，伦理型领导对于团队绩效的正向影响和改善提升作用会变得更加明显，这表明了关于在分析和解释伦理型领导对团队绩效的影响作用时，其作用效果是权变的，要全方位考虑整个团队特征以及其他的情境因素。

  关于在团队层面上伦理型领导对团队绩效会产生怎样的影响，以及这种影响的作用机制是怎样的，其中还有许多值得探讨和研究的地方。在今后的分析研究中需要进一步地进行针对性的分析研究，增加对相关问题的认识和了解。领导行为作用的组织情境是今后需要更深一步进行考察的。因为领导方式产生作用是在团队中进行的，领导过程本质是团队过程，因而其作用机制的影响因素必定会受到来自组织因素的影响。在团队中，领导的作用方式会被组织结构和组织氛围所影响（Morgeson, 2010）。Schaubroeck 等（2012）发现，较高层级领导者会对团队组织的伦理道德文化进行影响，同时也会对较低层级的伦理型领导者产生影响，进而对基层员工的伦理行为进行影响。由此可知，今后研究伦理型领导作用效果时要综合考虑组织文化以及组织结构的影响。伦理型领导对于团队绩效的影响不单单受到团队道德身份的调节作用，同时会受到其他的影响因素的调节，伦理型领导在特定的组织情境中，诸如组织文化、团队氛围和部属成员团队特征等都会对伦理型领导对团队绩效的作用机制产生影响。为了全面认识和了解伦理型领导作用机制的边界条件，需要在以后的研究分析中综合考虑不同的调节变量。同时，在中国文化和社会背景中，伦理型领导的作用机制以及影响因素还需要进行更深入的探索研究。在中国的传统领导的组成部分中领导的道德品行是重要的组成部分，研究伦理型领导的作用机制以及积极影响效果对于企业管理的实践具有重要现实意义，中国现如今成为研究伦理型领导如何产生以及其作用机制的重要情境。今后的研究应当基于中国具体文化和社会背景以及具体的管理实践过程，在之后研究过程中考虑中国企业组织结构和中国企业文化的具体特征等因素是如何在伦理型领导作用机制中起到作用。由于西方文化背景和中国文化背景存在明显的差异和区别，而过去关于伦理型领导的理论和实证的研究大多数是集中在西方文化背景下进行的，而关于伦理和道德的认知标准和评判标准，在东西方存在明显差异，因而对于中国文化和社会背景下的伦理型领导的研究就显得尤为重要，这种研究对于在中国特有的社会背景和中国特有的文化背景中的实践活动和管理活动能都提供一些具有借鉴意义的启示和管理经验。

15.3.2　管理启示

本研究的内容能给管理的实践活动提供一些有益的思考启发和借鉴意义。

首先，伦理型领导行为与实施过程会对团队绩效产生正向影响，这就暗示团队领导采取伦理型领导方式能够促进组织提高绩效以达成团队目标。该结论能够激励领导者在日常的团队管理中多采用伦理型领导方式，降低领导使用特权谋取私利的机会主义行为发生的概率，也鼓励领导在与下属互动过程中体现伦理型风格，给予员工更多的关怀，并对自己高标准、严要求，从而实现在伦理型领导方式下，领导者和部属成员建立相互支持，共同促进的和谐关系，发挥伦理型领导对团队绩效的积极促进和改善提升的作用。在进行领导者的挑选与任命时，领导者的道德品质以及伦理行为应当得到重视，作为评选的重要标准之一。在领导者的领导力的培训过程中要有意识地强调伦理道德的重要性。同时在企业文化的营造过程中，要适应伦理型领导方式的要求，重视伦理道德重要性，全体成员在工作和平时要树立较高的道德标准，严格要求自己，建立易于形成伦理型领导的组织环境。

其次，伦理型领导应当被组织所重视，在团队中广泛实行伦理型领导。一方面，组织要为领导者进行针对性强的培训，建立适宜于培养和形成伦理型领导的管理制度和培训制度，同时在奖励、晋升中优先考虑实行伦理型管理的领导者。在中国的传统文化中一直强调领导伦理道德品行的重要性，在组织的领导者绩效考核中应当增加伦理道德规范所占的权重，进而鼓励和支持领导者在领导过程中进行伦理型领导。另一方面，为了进一步改善和提升团队绩效，促进团队成员建立和谐关系，需要重视和加强团队全部成员的伦理道德建设，推进和增进在企业文化建立过程中伦理建设重要性，在企业的绩效考评和企业管理制度设计中增加伦理道德规范内容，建立鼓励伦理型领导形成的团队机制。

最后，在社会层面，政府部门和相关行政部门在加强社会主义精神文明建设、社会主义和谐社会建设的过程中，同时要重视社会伦理道德价值体系建立，对于企业的伦理道德行为进行监管和引导。

参考文献

[1] Alexander C R, Cohen M A. New evidence on the origins of corporate crime [J]. Managerial and Decision Economics. 1996, 17 (4): 421 –435.

[2] Allen T D, Rush M C. The effects of organizational citizenship behavior on performance judgments: A field study and a laboratory experiment [J]. Journal of Applied Psychology, 1993, 83 (2): 247 –260.

[3] Anand V, Ashforth B E, Hoshi M. Business as usual: the acceptance and perpetuation of corruption in organizations [J]. Academy of Management Executive, 2005, 19 (1): 9 –23.

[4] Aquino K, Dan F, Reed A, Vivien K, Lim G, Felps W. Testing a social-cognitive model of moral behavior: The interactive influence of situations and moral identity centrality [J]. Journal of Personality and Social Psychology, 2009, 97 (1): 123 –141.

[5] Aquino K, McFerran B, Laven M. Moral identity and experience of moral elevation in response to acts of uncommon goodness [J]. Journal of Personality and Social Psychology, 2011, 100 (4): 703 –718.

[6] Aquino Reed II A, Thau S, Freeman D. A grotesque and dark beauty: How moral identity and mechanisms of moral disengagement influence cognitive and emotional reactions to war [J]. Journal of Experimental Social Psychology, 2007, 43 (3): 385 –392.

[7] Aquino, Reed. The Self – Importance of Moral Identity [J]. Journal of

Personality and Social Psychology, 2002, 83 (6): 1423 – 1440.

[8] Aronson E. Integrating leadership styles and ethical perspectives [J]. Canadian Joural of Administrative Studies, 2001, 18 (4): 244 – 256.

[9] Ashforth B E, Mael F. Social identity theory and the organization [J]. Academy of Management Review, 1989, 14 (1): 20 – 39.

[10] Avey J B, Palanski M E, Walumbwa F O. When leadership goes unnoticed: the moderating role of follower self-esteem on the relationship between ethical leadership and follower behavior [J]. Journal of Business Ethics, 2011, 98 (4): 573 – 582.

[11] Avey J B, Wernsing T S, Palanski M E. Exploring the process of ethical leadership: the mediating role of employee voice and psychological ownership [J]. Journal of Business Ethics, 2012, 107 (1): 21 – 34.

[12] Baer M, Frese M. Innovation is not Enough: Climates for initiative and psychological safety, process, innovation, and firm performance [J]. Journal of Organizations Behavior, 2003, 24 (1): 45 – 68.

[13] Baker V L, Deter J R, Treviño L K. Moral disengagement in business school students: predictors and comparisons [M]. Academy of Management Best Conference Paper, 2006 SIM: H1 – H6.

[14] Bandura A, Barbaranelli C, Caprara G V, Pastorelli C. Mechanisms of moral disengagement in the exercise of moral agency [J]. Journal of Personality and Social Psychology, 1996, 71 (2): 364 – 374.

[15] Bandura A, Caprara G V, Barbaranelli C, Pastorelli C, Regalia C. Social cognitive self-regulatory mechanisms governing trans gressive behavior [J]. Journal of Personality and Social Psychology, 2001, 80 (1): 125 – 135.

[16] Bandura A. Moral disengagement in the perpetration of inhumanities [J]. Personality and Social Psychology Review, 1999, 3 (3): 193 – 209.

[17] Bandura A. Self-efficacy: Toward a unifying theory of behavioral change [J]. Psychological Review, 1977, 84 (2): 191 – 215.

[18] Barling J, Christie A, Hoption C. Handbook of industrial and organizational psychology [M]. Washington: APA Books, 2010.

[19] Bass B M. From Transactional to transformational leadership: learning to share the vision [J]. Organizational Dynamics, 1990, 18 (2): 19-31.

[20] Bazerman M H. Judement in managerial decision making [M]. 3rd. ed. New York: J. Wiley, 1994.

[21] Behrman D N, Perreault W D. A role stress model of the performance and satisfaction of industrial salespersons [J]. Journal of Marking, 1984, 48 (4): 9-21.

[22] Bennett R J, Robinson S. L. Development of a measure of workplace deviance [J]. Journal of Applied Psychology, 2000, 85 (3): 349-360.

[23] Beu D S, Buckley M R. This is war: how the politically astute achieve crimes of obedience through the use of moral disengagement [J]. The Leadership Quarterly, 2004, 15 (4): 551-568.

[24] Blasi A. Moral cognitions and moral actions: A theoretical perspective [J]. Developmental Review, 1983, 3 (2): 178-210.

[25] Blau P M. Exchange and power in social life [M]. New York: John Wiley & Sons, 1964.

[26] Bono J E, Ilies R. Charisma, positive emotions and mood contagion [J]. The Leadership Quarterly, 2006, 17 (4): 317-334.

[27] Brown M E, Treviño L K. Ethical leadership: a review and future directions [J]. The Leadership Quarterly, 2006, 17 (6): 595-616.

[28] Brown M E, et al. Ethical leadership: a social learning perspective for construct development and testing [J]. Organizational Behavior and Human Decision Processes, 2005, 97 (2): 117-134.

[29] Brown M E, Mitchell M S. Ethical and unethical leadership: Exploring new avenues for future research [J]. Business Ethics Quarterly, 2010, 20 (4): 583-616.

[30] Brown M E, Treviño L K, Harrison D A. Ethical leadership: A social learning perspective for construct development and testing [J]. Organizational Behavior and Human Decision Processes, 2005, 97 (2): 117-134.

[31] Brown M E, Treviño L K. Ethical leadership: a review and future direc-

tion [J]. The Leadership Quarterly, 2006, 17 (6): 595-616.

[32] Brown M E, Treviño L K, Harrison David. A qualitative investigation of perceived executive ethical leadership: Perceptions from inside and outside the executive suite [J]. Human Ralations 2003, 56 (1): 537.

[33] Brown M E, Trevino L K, Harrison D A. Ethical leadership: a social learning perspective for construct development and testing [J]. Organizational Behavior and Human Decision Processes, 2005, 97 (2): 117-134.

[34] Burns J M. Leadership [M]. New York: Harper & Row, 1978.

[35] Carmeli A, Schaubroeck J. The influence of leaders and other referents normative expectations on individual involvement in creative work [J]. The Leadership Quarterly, 2007, 18 (1): 35-48.

[36] Carmeli A, Chockalingam V. The Construct of Work Commitment: Testing an Integrative Framework. Psychological Bulletin 2009, 131 (2): 241-259.

[37] Chen G, Kanfer R. Toward a systems theory of motivated behavior in work teams [J]. Research in Organizational Behavior, 2006, 27: 223-267.

[38] Chen Z X, Tsui A S, Farh J L. Loyalty to supervisor vs. organizational commitment: relationships to employee performance in China [J]. Journal of Occupational and Organizational Psychology, 2002, 75 (3): 339-356.

[39] Chinomona R, Chinomona E. The Influence of employees' perceptions of organizational politics on turnover intentions in Zimbabwe's SME sector [J]. South African Journal of Business Management, 2013, 44 (2): 57-66.

[40] Ciulla J B. Leadership ethics: mapping the territory [J]. Business Ethics Quarterly, 1995, 5 (1): 5-28.

[41] Cogliser C C, Schriesheim C A. Exploring work unit context and leader-member exchange: a multi-level perspective [J]. Journal of Organizational Behavior, 2000, 21 (5): 487-511.

[42] Cohen, Deborah V. Moral climate in business firms: a framework for empirical research [J]. Academy of Management Journal, 1995 (2): 386-391.

[43] Colquitt J A, Conlon D E, Wesson M J. Justice at the millennium: a meta-analytic review of 25 years of organizational justice research [J]. Journal of

Applied Psychology, 2001, 86 (3): 425 - 445.

[44] Cropanzano R, Mitchell M S. Social exchange theory: An interdisciplinary review [J]. Journal of Management, 2005, 31 (6): 874 - 900.

[45] Dasborough M T, Ashkanasy N M. Emotion and attribution of intentionality in leader-member relationships [J]. The Leadership Quarterly, 2002, 13 (5): 615 - 634.

[46] De Hoogh A H B, Den Hartog D N. Ethical and despotic leadership, relationships with leader's social responsibility, top management team effectiveness and subordinates' optimism: a multi-method study [J]. Leadership Quarterly, 2008, 19 (3): 297 - 311.

[47] Deluga R J, Winters J J. The name assigned to the document by the author [J]. Journal of College Student Development, 1990, 31 (3): 230 - 236.

[48] Den Hartog D N, De Hoogh A H B. Empowering Behavior and Leader Fairness and Integrity: Studying Perceptions of Ethical Leader Behavior from a Level-of - Analysis Perspective [J]. European Journal of Work and Organizational Psychology, 2009, 18 (2): 199 - 230.

[49] Denhartog D N, Belschak F D. Work Engagement and Machiavellianism in the ethical leadership process [J]. Journal of Business Ethics. 2012, 107 (1): 35 - 47.

[50] Detert J R, Burris E R. Leadership behavior and employee voice: is the door really open? [J]. Academy of Management Journal, 2007, 50 (4): 869 - 884.

[51] Detert J R, Treviño L K, Burris E R, Andiappan M. Managerial modes of influence and counter productivity in organizations: A longitudinal business-unit-level investigation [J]. Journal of Applied Psychology, . 2007, 92 (4): 993 - 1005.

[52] Detert J R, Trevino L K, Sweitzer V L. Moral disengagement in ethical decision making: A study of antecedents and outcomes [J]. Journal of Applied Psychology, 2008, 93 (2): 374 - 391.

[53] Dierdorff E C, Rubin R S, Bachrach D G. Role expectations as ante-

cedents of citizenship and the moderating effects of work context [J]. Journal of Management, 2012, 38 (2): 573 – 598.

[54] Dirks K T, Ferrin D L. The role of trust in organizational settings [J]. Organization Science, 2001, 12 (4): 450 – 467.

[55] Douglas C, Ammeter A P. An examination of leader political skill and its effect on ratings of leader effectiveness [J]. The Leadership Quarterly, 2004, 15 (4): 537 – 550.

[56] Drazin R, Glynn M A, Kazanjian R K. Multilevel theorizing about creativity in organizations: A sense making perspective [J]. Academy of Management Review, 1999, 24 (2): 286 – 307.

[57] Duffy M K, Aquino K, Tepper B J, Reed A O, Leary – Kelly A M. Moral disengagement and social identification: when does being similar result in harm doing? [M]. Paper presented At the annual meeting of the Academy of Management, Honolulu, HI, 2005.

[58] Dulebohn J H, Bommer W H, Liden R C, Brouer R L, Ferris G R. A meta-analysis of antecedents and consequences of leader-member exchange: integrating the past with an eye toward the future [J]. Journal of Management, 2012, 38 (6): 1715 – 1759.

[59] Dyne L V, Ang S, Botero I C. Conceptualizing employee silence and employee voice as multidimensional constructs [J]. Journal of management studies, 2003, 40 (6): 1359 – 1392.

[60] Edmondson A C. Speaking up in the operating room; how team leaders promote learning in interdisciplinary action teams [J]. Journal of Management Studies. 2003, 40 (6): 1419 – 1452.

[61] Edmondson A. Psychological safety and learning behavior in work team [J]. Administrative Science Quarterly, 1999, 44 (2): 350 – 383.

[62] Eisenbeiss S A. Rethinking ethical leadership: An interdisciplinary integrative approach [J]. Leadership Quarterly, 2012, 23 (5): 791 – 808.

[63] Eisenberg N, Guthrie I K, Murphy B C, Shepard S A, Cumberland A, Carlo G. Consistency and development of prosocial dispositions: a longitudinal

study [J]. Child Development, 1999, 70 (6): 1360 - 1372.

[64] Enderle G. Some perspective of managerial ethical leadership [J]. Journal of Business Ethics, 1987, 6 (8): 657 - 663.

[65] Erdogan B Liden R C, Kraimer M L. Justice and leader-member exchange: The moderating role of organizational culture [J]. Academy of Management Journal, 2006, 49 (2): 395 - 406.

[66] Erikson E H. Insight and responsibility [M]. New York: Norton, 1964.

[67] Farh J L, Earley P C, Lin S C. Impetus for Action: A cultural analysis of justice and organizational citizenship behavior in Chinese society [J]. Administrative Science Quarterly, 1997, 42 (3): 421 - 444.

[68] Ferris G R, Kacmar K M. Perceptions of organizational politics [J]. Journal of Management, 1992, 18 (1): 93 - 116.

[69] Gao L, Janssen O, Shi K. Leader trust and employee voice: The moderating role of empowering leader behaviors [J]. The Leadership Quarterly, 2011 (5): 90 - 115.

[70] Gini A. Moral leadership: an overview [J]. Journal of Business Ethics, 1997, 16 (3): 323 - 330.

[71] Gouldner A W. The norm of reciprocity: A preliminary statement [J]. American Sociological Review, 1960, 25 (2): 161 - 178.

[72] Govindaraj S, Jaggi B. Market overreaction to product recall revisited: The case of Firestone Tires and the Ford Explorer [J]. Review of Quantitative Finance & Accounting, 2004, 23 (1): 31 - 54.

[73] Graen G B, Uhl - Blen M. Relationship-based approach to leadership: development of leader-member exchange theory of leadership over 25 years: applying a multi-level multi-domain perspective [J]. Leadership Quarterly, 1995, 6 (2): 219 - 247.

[74] Grojean M W, Resick C J, Dickson M W, Smith D B. Leaders, values, and organizational climate: examining leadership strategies for establishing an organizational climate regarding ethics [J]. Journal of Business Ethics, 2004, 55

(3): 223-241.

[75] Hansen S D, Alge B J, Brown M E, Jackson C L, Dunford B B. Ethical leadership: assessing the value of amultifoci social exchange perspective [J]. Journal of Business Ethics, 2013, 115 (3): 435-449.

[76] Hardy S A, Carlo G. Identity as a source of moral motivation [J]. Human Development, 2005, 48 (4): 232-256.

[77] Harris J D, Bromiley P. Incentives to cheat: The influence of executive compensation and firm performance on financial misrepresentation [J]. Organization Science, 2007, 18 (3): 350-367.

[78] Hart D, Atkins R, Ford D. Urban America as a context for the development of moral identity in adolescence [J]. Journal of Social Issues, 1998, 54 (3): 513-530.

[79] Heifetz R A. A leadership without easy answers [M]. Cambridge, MA: Harvard University Press, 1994.

[80] Hill G W. Group versus individual performance: are n + 1 heads better than one [J]. Psychological Bulletin, 1982, 91 (3): 517-539.

[81] Hollinger R. C, Clark J P. Deterrence in the work place: perceived certainty, perceived severity, and employee theft [J]. Social Forces, 1983 (62): 398-418.

[82] Hollinger R. C, Davis J L. National Retail Security Survey [M]. Gainesville, FL: University of Florida, 2001.

[83] Hui C, Lee C, Rousseau D M. Employment Relationships in China: Do Workers Relate to the Organization or to People? [J]. Organization Science, 2004, 15 (2): 232-240.

[84] Jackson S E, Schuler R. A meta-analysis and conceptual critique of research on role ambiguity and role conflict in work settings [J]. Organizational Behavior Human Discussion Processes, 1985, 36 (1): 16-78.

[85] Johns G. The essential impact of context on organizational behavior [J]. Academy of Management Review, 2006, 31 (2): 386-408.

[86] Jones D A. Getting even with one's supervisor and one's organization: re-

lationships among types of injustice, desires for revenge, and counterproductive work behaviors [J]. Journal of Organizational Behavior, 2009, 30 (4): 525 - 542.

[87] Jordan J, Brown M E, Trevino L K, et al. Someone to Look Up To: Executive - Follower Ethical Reasoning and Perceptions of Ethical Leadership [J]. Journal of Management, 2013, 39 (3): 660 - 683.

[88] Kacmar K M, Bachrach, D G, Harris K J, Zivnuska S. Fostering good citizenship through ethical leadership: exploring the moderating role of gender and organizational politics [J]. Journal of Applied Psychology, 2011, 96 (3): 633 - 642.

[89] Kacmar K M, Carlson D. Further Validation of the Perceptions of Scale (POPS): A Multiple Sample Investigation [J]. Journal of Management, 1997, 23 (5): 627 - 658.

[90] Kahn R L, Wolfe D M, Quinn R P. Organizational stress: Studies in role conflict and ambiguity [M]. New York: Willey, 1964.

[91] Kalshoven K, Hartog D N D, Hoogh A H B D. Ethical leadership at work questionnaire (ELW): Development and validation of a multidimensional measure [J]. Leadership Quarterly, 2011, 22 (1): 51 - 69.

[92] Kanungo R N, Mendonca M. Ethical Dimensions of Leadership [M]. SAGE Publications, 1996.

[93] Kanungo R N. Ethical values of transactional and transformational leaders [J]. Canadian Journal of Administrative Sciences, 2001, 18 (4): 257 - 265.

[94] Kanungo R N, Mendonca M. Ethical leadership in three dimensions [J]. Journal of Human Values, 1998, 4 (2): 133 - 148.

[95] Kanungo, Mendonca S. Support and self-efficacy in problem solving among teacher assistance teams and school staff [J]. Journal of Educational Research, 1997, 90 (1): 164 - 168.

[96] Khuntia R, Suar D. A scale to assess ethical leadership of Indian private and public sector managers [J]. Journal of Business Ethics, 2004, 49 (1): 13 - 26.

[97] Konovsky M A, Organ D W. Dispositional and contextual determinants of organizational citizenship behavior [J]. Journal of Organizational Behavior, 1996, 17 (1): 253 – 266.

[98] Konovsky M A, Pugh S D. Citizenship behavior and social exchange [J]. Academy of Management Journal, 1994, 37 (3): 656 – 669.

[99] Lavinia C, Antonio P, Daan V K. Leadership and uncertain: How role ambiguity affects the relationship between leader group proto typicality and leadership effectiveness [J]. British Journal of Management, 2010, 21 (2): 411 – 421.

[100] Lee K, Allen N J. Organizational citizenship behavior and workplace deviance: The role of affect and cognitions [J]. Journal of Applied Psychology, 2002, 87 (1): 131 – 142.

[101] LePine J A, Van Dyne L. Predicting voice behavior in work groups [J]. The Journal of Applied Psychology, 1998, 83 (6): 853 – 868.

[102] Levenson H. Differentiating among internality, powerful others, and chance [M]. In H. M. Lefcourt (Ed.), Research with the locus of control construct: Assessment methods. New York: Academic Press, 1981.

[103] Liang J, Farh J L. Psychology antecedents of promotion and prohibitive voice behavior: A two-wave long examination [J]. Academy of Management Journal, 2012, 55 (1): 71 – 92.

[104] Liden R C, Erdogan B, Wayne S J, Sparrowe R. T. Leader-member exchange, differentiation, and task interdependence: Implications for individual and group performance [J]. Journal of Organizational Behavior, 2006, 27 (6): 723 – 746.

[105] Lin C, Hsiung H, Lin M. The Antecedents and Outcomes of Psychological Ownership: The case study of the privatization of Chung Hsiung paper corporation [J]. Journal of Human Resource Management, 2003 (3): 57 – 79.

[106] Linn V D, Jeffrey A L. Helping and voice extra-role behavior: Evidence of construct and predictive validity. Academy of Management Journal, 1998, 41 (1): 108 – 119.

[107] Liu Y, Liu J, Wu L. Are you Willing and able? roles of motivation, power, and politics in career growth [J]. Journal of Management, 2010, 36 (6): 1432 – 1460.

[108] Loi R L, Chan K W. Coping with job insecurity: the role of procedural justice, ethical leadership and power distance orientation [J]. Journal of Business Ethics, 2012, 108 (3): 361 – 372.

[109] Martin G S, Resick C J, Keating M A, Dickson M W. Ethical leadership across cultures: A comparative analysis of German and US perspectives [J]. Business Ethics: A European Review, 2009, 18 (2): 127 – 144.

[110] Matthews R A, Winkel, D E, Wayne J H. A longitudinal examination of role overload and work – family conflict: The mediating role of inter domain transitions [J]. Journal of Organizational Behavior, 2013, 35 (1): 72 – 91.

[111] Mayer D M, et al. How low does ethical leadership flow? Test of a trickle-down model [J]. Organizational Behavior and Human Decision Processes, 2009, 108 (1): 1 – 13.

[112] Mayer D M, et al. Who displays ethical leadership, and why does it matter? An examination of antecedents and consequences of ethical leadership [J]. Academy of Management Journal, 2012, 55 (1): 151 – 171.

[113] Mayer D M, Greenbaum R L. Examining the link between ethical leadership and employee misconduct: the mediating role of ethical climate [J]. Journal of Business Ethics, 2010, 95 (1): 7 – 16.

[114] Mayer D M, Kuenzi M, Greenbaum R, Bardes M, Salvador R B. How does ethical leadership flow? test of a trickle-down mode [J]. Organizational Behavior and Human Decision Process, 2009, 108 (1): 1 – 13.

[115] Mayer R C, Davis J H, Schoorman F D. An integration model of organizational trust [J]. The Academy of Management Review, 1995, 20 (3): 709 – 734.

[116] McAllister D J. Affect and cognition-based trust as foundations for interpersonal cooperation in organizations [J]. The Academy of Management Journal, 1995, 38 (1): 24 – 59.

[117] Mcnatt D B, Judge T A. Boundary conditions of the galatea effect: a field experiment and constructive replication [J]. Academy of Management Journal, 2004, 47 (4): 550-565.

[118] Meda A K. The Social Construction of Ethical Leadership [D]. Bendictine University, 2005.

[119] Meyer J P, Allen N J. Commitment in the Workplace: Theory, Research, and Application. Thousand Oaks, CA: Sage, 1997.

[120] Michael W G, Christian J R, Marcus W D, Brent S. Leaders, values and organizational climate: examining leadership strategies for establishing an organizational climate regarding ethics [J]. Journal of Business Ethics, 2004, 55 (3): 223-241.

[121] Moore C. Moral disengagement in processes of organizational corruption [J]. Journal of Business Ethics, 2008, 80 (1): 129-139.

[122] Morgeson F P, DeRue D S, Karam E P. Leadership in teams: A functional approachto understanding leadership structures and processes [J]. Journal of Management, 2010, 36 (1), 5-39.

[123] Morrison E W, Milliken F J. Organizational silence: A barrier to change and development in a pluralistic world [J]. The Academy of Management Review, 2000, 25 (4): 706-725.

[124] Morrison F J, Milliken E W, Hewlin P F. An exploratory study of employee silence: issues that employees don't communicate upward and why [J]. Journal of Management Studies, 2003, 40 (6): 1453-1476.

[125] Morrison, Elizabeth W, Wheeler-Smith, Sara L, Kamdar, Dishan. Speaking up in groups: A cross-level study of group voice climate and voice [J]. Journal of Applied Psychology, 2011, 96 (1): 183-191.

[126] Mulder D, Aquino K. The role of moral identity in the aftermath of dishonesty [J]. Organizational Behavior and Human Decision Processes, 2013, 121 (2): 219-230.

[127] Neubert M J, Carlson D S, Kacmar K M, et al. The Virtuous Influence of Ethical Leadership Behavior: Evidence from the Field [J]. Journal of Busi-

ness Ethics, 2009, 90 (2): 157 – 170.

[128] Ng, Feldman C D. Employee voice behavior: A meta-analytic test of the conservation of resources framework [J]. Journal of Organizational Behavior, 2012, 33 (2): 216 – 234.

[129] Nishii L H, Mayer D M. Do inclusive leaders help to reduce turnover in diverse groups? The moderating role of leader-member exchange in the diversity to turnover relationship [J]. Journal of Applied Psychology, 2009, 94 (6): 1412 – 1426.

[130] Northouse P G. Leadership theory and practice [M]. Thousand Oaks CA: Sage, 2001.

[131] Nyhan R. C. Changing the paradigm: Trust and its role in public sector organizations [J]. American Review of Public Administration, 2000, 30 (1): 87 – 109.

[132] Ogunfowora B. The impact of ethical leadership within the recruitment context: The roles of organizational reputation, applicant personality, and value congruence [J]. Leadership Quarterly, 2014, 25 (3): 528 – 543.

[133] Osbron R N, Hunt J G, Jauch L R. Toward a contextual theory of leadership [J]. The Leadership Quarterly, 2002, 13 (6): 797 – 837.

[134] Ozgur Demirtas. Ethical leadership influence at organizations: Evidence from the field [J]. Journal of Business Ethics, 2015, (2): 113 – 132.

[135] Penney L M, Spector P E. Narcissism and counterproductive work behavior: Do bigger egos mean bigger problems? [J]. International Journal of Selection and Assessment. 2002, 10 (1): 126 – 134.

[136] Pfefer J. Management with power [M]. Boston: Harvard Business School Press, 1992.

[137] Piccolo R F, Greenbaum R, Den Hartog D N, et al. The relationship between ethical leadership and core job characteristics [J]. Journal of Organizational Behavior, 2010, 31 (2/3): 259 – 278.

[138] Pierce J L, Rodgers L. The Psychological of Ownership and Worker – Owner Productivity [J]. Group and Organizational Management, 2004, 29 (5):

588 - 613.

[139] Pirola - Merlo A, Hartel C, Mann L, et al. How Leaders Influence the Impact of Affective Events on Team Climate and Performance in R&D teams [J]. Leadership Quarterly, 2002, 13 (5): 516 - 581.

[140] Ralston D A, Holt D H, Terpstra R H, Cheng Y K. The impact of national culture and economic ideology on managerial work values: A study of the United States, Russia, Japan, and China [J]. Journal of International Business Studies, 2008, 39 (1): 8 - 26.

[141] Reed A, Aquino K F. Moral Identity and the Expanding Circle of Moral Regard Toward Out - Groups [J]. Journal of Personality and Social Psychology, 2003, 8 (6): 1270 - 1286.

[142] Resick C J, et al. What ethical leadership means to me: Asian, American, and European perspectives [J]. Journal of Business Ethics, 2011, 101 (3): 435 - 457.

[143] Resick C J, Hanges P J, Dickson M W. A cross-cultural examination of the endorsement of ethical leadership [J]. Journal of Business Ethics, 2006, 63 (4): 345 - 359.

[144] Resick C, Hargis M B, Shao P, Dust S B. Ethical leadership, moral equity judgment, and discretionary workplace behavior [J]. Human Relations, 2013, 66 (7): 951 - 972.

[145] Reynolds S J, Ceranic T L. The effects of moral judgment and moral identity on moral behavior: an empirical examination of the moral individual [J]. Journal of Applied Psychology, 2007, 92 (6): 1610 - 1624.

[146] Robbins. Greening the corporation: management strategy and the environmental challenge [M]. Earthscan, 2005.

[147] Robinson S L, Bennett R J. A typology of deviant workplace behavior: a multidimensional scaling study [J]. Academy of Management Journal, 1995, 38 (2): 555 - 572.

[148] Robinson S L, Morrison E W. Psychological contracts and OCB: the effect of unfulfilled obligations on civil virtue behavior [J]. Journal of Organization

Behavior, 1995, 16 (3): 289 – 298.

[149] Ronald E R, Weichun Z, Christopher R, James A M. Virtue-based measurement of ethical leadership: The leadership virtue questionnaire [J]. Consulting Psychology Journal: Practice and Research, 2010, 62 (4): 235 – 250.

[150] Rotundo M, Xie J L. Understanding the domain of counterproductive work behavior in china [J]. The International Journal of Human Resource Management, 2008, 19 (5): 856 – 877.

[151] Ruiz P, et al. Improving the 'leader-follower' relationship: top manager or supervisor? The ethical leadership trickle-down effect on follower job response [J]. Journal of Business Ethics, 2011, 99 (4): 587 – 608.

[152] Ruiz – Palomino P, Ruiz – Amaya C, Knorr H. Employee organizational citizenship behavior: The direct and indirect effect of ethical leadership [J]. Canadian Journal of Administrative Sciences, 2011, 28 (3): 244 – 258.

[153] Saunders D M, Sheppard B H, Knight V, Roth J. Employee voice to supervisors [J]. Employee Responsibilities and Rights Journal, 1992 (5): 241 – 259.

[154] Scandura T A, Graen G B. Moderating effects of initial leader – member exchange status on the effects of a leadership intervention [J]. Journal of Applied Psychology, 1984, 69 (3): 428 – 436.

[155] Schaubroeck J F O, Walumbwa D C, Ganster S K. Destructive leader traits and the neutralizing influence of an "enriched" job [J]. The Leadership Quarterly, 2007, 18 (3): 236 – 251.

[156] Schaubroeck J, Hannah S T, Avolio B J, Kozlouski S W J, Lord R L, Trevino L K, Dimotakis N, Peng A C. Embedding ethical leadership within and across organization levels [J]. Academy of Management Journal, 2012, 55 (5): 1053 – 1078.

[157] Schneider B, Ehrhart M G, Macey W H. Organizational climate and culture [J]. Annual review of psychology, 2013, 64: 361 – 388.

[158] Schriesheim C A, Neider L L, Scandura T A. Delegation and leader-member exchange: Main effects, moderators, and measurement issues [J]. Acade-

my of Management Journal, 1998, 41 (3): 298 – 318.

[159] Schwab R L, Iwanicki E F. Perceived role conflict, role ambiguity and teacher burnout [J]. The Journal of Leadership for Effective & Equitable Organizations, 1982, 18 (1): 60 – 74.

[160] Schyns B. Are group consensus in leader-member exchange and shared work values related to organizational outcomes [J]. Small Group Research, 2006, 37 (1): 20 – 35.

[161] Settoon R P N, Bennett R C Liden. Social exchange in organizations: perceived organizational support, leader-member exchange, and employee reciprocity [J], Journal of Applied Psychology, 1996, 81 (3): 219 – 227.

[162] Shamir B, Howell J M. Organizational and contextual influences on the emergence and effectiveness of charismatic leadership [J]. The Leadership Quarterly, 1999, 10 (2): 257 – 283.

[163] Shao R, Aquino K, Freeman D. Beyond moral reasoning: A review of moral identity research and its implications for business ethics [J]. Business Ethics Quarterly, 2008, 18 (4): 513 – 540.

[164] Shin Y Y. CEO Ethical leadership, ethical climate, climate strength, and collective organizational citizenship behavior [J]. Journal of Business Ethics, 2012, 108 (3): 299 – 312.

[165] Solinger. Organizational citizenship behaviors in relation to job status, job insecurity, organizational commitment and identification, job satisfaction and work values [J]. Journal of Organizational Psychology, 2008, 77 (1): 81 – 94.

[166] Sparrowe R T, Liden R C. Process and structure in leader-member exchange. Academy of Management Review, 1997, 22 (2): 522 – 552.

[167] Stouten J, Dijke M V, Mayer D M, et al. Can a leader be seen as too ethical? The curvilinear effects of ethical leadership [J]. Leadership Quarterly, 2013, 24 (5): 680 – 695.

[168] Tenbrunsel A E, Messick D M. Ethical fading: The role of self-deception in unethical behavior [J]. Social Justice Research, 2004, 17 (2): 223 – 236.

[169] Thau S, Aquino K, Wittek R. An extension of uncertainty management theory to the self: The relationship between justice, social comparison orientation, and antisocial work behaviors. Journal of Applied Psychology, 2007, 92 (1): 250 -258.

[170] Thomas A, James C Q. The role of character in Ethical Leadership research [J]. The Leadership Quarterly, 2011, 22 (5): 975 -978.

[171] Toor S, Ofori G. Ethical leadership: Examining the relationships with full range leadership model, employee outcomes, and organizational culture [J]. Journal of Business Ethics, 2009, 90 (4): 533 -547.

[172] Townsend J, Phillips J S, Elkins T J. Employee retaliation: the neglected consequence of poor leader-member exchange relations. [J]. Journal of Occupational Health Psychology, 2000, 5 (4): 457 -463.

[173] Treviño L K, Hartman L P, Brown M. Moral person and moral manager: how executives develop a reputation for ethical leadership [J]. California Management Review, 2000, 42 (4): 128 -142.

[174] Treviño L T, Weaver G, Reynolds S J. Behavioral ethics in organizations: a review [J]. Journal of Management, 2006, 32 (6): 951 -990.

[175] Treviño, L. K., Brown, M., & Hartman, L. P. A qualitative investigation of perceived executive ethical leadership: Perceptions from inside and outside the executive suite. Human Relations, 2003, 55 (1): 5 -37.

[176] Van Dyne I, LePine J A. Helping and voice extra role behaviors: evidence of construct and predictive validity [J] . Academy of Management Journal, 1998, 41 (1): 108 -119.

[177] Van Dyne. Linn, Ang Soon, Botero Isabel C. Conceptualizing employee silence and employee voice as multidimensional constructs [J]. Journal of Management Studies, 2011, 40 (6): 1359 -1392.

[178] Victor Bart, Cullen John B. The organizational bases of ethical work climates [J]. Administrative Science Quarterly, 1988, 33 (1): 101 -125.

[179] Vidaver - Cohen Deborah. Moral climate in business firms: a conceptual framework for analysis and change [J]. Journal of Business Ethics, 1998, 17

(1): 1211 – 1226.

[180] Wagner S H. Antecedents and consequences of employees thinking and acting like owners of the business. Dissertation Abstracts International: Section – B: The Sciences and Engineering, 2001, 61 (9): 30 – 39.

[181] Walker L J, Frimer J A, Dunlop W L. Varieties of moral personality: Beyond the banality of heroism [J]. Journal of Personality, 2010, 78 (3): 907 – 942.

[182] Wallace J E. Job stress, depression and work-to-family conflict: A test of the strain and buffer hypotheses [J]. Relations Industrielles, 2005, 60 (3): 510 – 539.

[183] Walumbwa F O, et al. Ethical leadership and group in-role performance: the mediating roles of group conscientiousness and group voice [J]. The Leadership Quarterly, 2012, 23 (5): 953 – 964.

[184] Walumbwa F O, Mayer D M, Wang P, Wang H, Workman K, Christensen A L. Linking ethical leadership to employee performance: The roles of leader-member exchange, self-efficacy, and organizational identification [J]. Organizational Behavior and Human Decision Processes, 2011, 115 (2): 204 – 213.

[185] Walumbwa F O, Schaubroeck J. Leader personality traits and employee voice behavior: Mediating roles of ethical leadership and work group psychological safety [J]. Journal of Applied Psychology. 2009, 94 (5): 1275 – 1286.

[186] Wang D, Tsui A S, Zhang Y, et al. Employment relationships and firm performance: Evidence from an emerging economy [J]. Journal of Organizational Behavior, 2003, 24 (5): 511 – 535.

[187] Wang H, Chen Z X. Leader-member exchange as a mediator of the relationship between transformational leadership and followers' performance and organizational citizenship behavior [J]. Academy of Management Journal, 2005, 48 (3): 420 – 432.

[188] Warren D E. Constructive and destructive deviance in organizations [J]. Academy of Management Review, 2003, 28 (4): 622 – 632.

[189] Williams L J, Anderson S E. Job satisfaction and organizational commitment as predictors of organizational citizenship and in-role behaviors [J]. Journal of Management, 1991, 17 (3): 601 – 617.

[190] Wilson P A. The effect of politics and power on the organization commitment of federal executive [J]. Journal of Management, 1995, 21 (1): 101 – 108.

[191] Xu X, et al. Ethical leadership and leaders' personalities [J]. Social Behavior and Personality, 2011, 39 (3): 361 – 368.

[192] Yukl G, Mahsud R, Hassan S, Prussia G E. An improved measure of ethical leadership [J]. Journal of Leadership & Organizational Studies, 2013, 20 (1): 38 – 48.

[193] Zallars K L, Tepper B J. Beyond social exchange: New directions for organizational citizenship behavior theory and research [J]. Research in Personnel and Human Resource Management, 2003, 22 (4): 395 – 424.

[194] Zhang X, et al. Ethical leadership, employee citizenship and work withdrawal behaviors: examining mediating and moderating processes [J]. The Leadership Quarterly, 2013, 24 (1): 284 – 297.

[195] Zhu W, May D R, Avolio B J. The mpact of ethical leadership behavior on employee outcomes: the roles of psychological empowerment and authenticity [J]. Journal of Leadership & Organizational Studies, 2004, 11 (1): 16 – 26.

[196] 曾垂凯. 情感承诺对LMX与员工离职意向关系的影响 [J]. 管理评论, 2012, 11 (25): 106 – 157.

[197] 周浩, 龙立荣. 家长式领导与组织公正感的关系 [J]. 心理学报, 2007, 39 (5): 909 – 917.

[198] 储小平, 周妮娜. 苛责式领导与员工组织公民行为: 领导—部属交换的中介作用 [J]. 软科学, 2010, 7: 84 – 88.

[199] 崔勋, 瞿皎姣. 组织政治知觉对组织公民行为的影响辨析——基于国有企业员工印象管理动机的考察 [J]. 南开管理评论, 2014, 17 (2): 129 – 141.

[200] 丁琳, 席西民. 变革型领导如何影响下属的组织公民行为——授

权行为与心理授权的作用 [J]. 管理评论, 2007, 10: 24-29, 63.

[201] 段锦云、王重鸣、钟建安. 大五和组织公平感对进谏行为的影响研究 [J]. 心理科学, 2007, 30 (1): 19-22.

[202] 段锦云, 王娟娟, 朱月龙. 组织氛围研究: 概念测量、理论基础及评价展望 [J]. 心理科学进展, 2014, 22 (12): 1964-1974.

[203] 段锦云, 张倩. 建言行为的认知影响因素、理论基础及发生机制 [J]. 心理科学进展, 2014, 20 (1): 115-126.

[204] 樊浩. 当前中国伦理道德状况及其精神哲学分析 [J]. 中国社会科学, 2009 (4): 27-42.

[205] 高中华, 赵晨. 服务型领导如何唤醒下属的组织公民行为?——社会认同理论的分析 [J]. 经济管理, 2014 (6): 147-157.

[206] 郭晓薇. 中国情境中的上下级关系构念研究述评——兼论领导—成员交换理论的本土贴切性 [J]. 南开管理评论, 2014, 14 (2): 61-68.

[207] 韩翼, 杨百寅. 真实型领导: 理论、测量与最新研究进展 [J]. 科学学与科学技术管理, 2009 (2): 170-175.

[208] 韩巍, 席酉民. 不确定性—支配权—本土化领导理论: 和谐管理理论的视角 [J]. 西安交通大学学报社会科学版, 2009, 29 (5): 7-17.

[209] 贺伟, 蒿坡. 薪酬分配差异一定会降低员工情感承诺吗——薪酬水平、绩效薪酬强度和员工多元化的调节作用 [J], 南开管理评论, 2014, 4 (17): 13-23.

[210] 洪雁, 王端旭. 管理者真能"以德服人"吗?——社会学习和社会交换视角下伦理型领导作用机制研究 [J]. 科学学与科学技术管理, 2011, 32 (7): 175-179.

[211] 洪雁, 王端旭. 领导行为与任务特征如何激发知识型员工创造力 [J]. 软科学, 2011, 25 (9): 81-85.

[212] 侯杰泰, 温忠麟, 成子娟. 结构方程模型及其应用 [M]. 北京: 教育科学出版社, 2004.

[213] 黄嘉欣, 储小平, 谢俊. 家族企业领导如何带出好管家?——伦理型领导对家族企业员工管家行为的影响机制 [J]. 经济与管理研究, 2016 (2): 138-144.

[214] 黄嘉欣,汪林,储小平.伦理型家族企业领导对员工偏差行为的影响机制研究——基于广东民营家族企业的实证数据[J].中山大学学报(社会科学版),2013(2):199-208.

[215] 黄静,文胜雄.道德领导的本土化研究综述与展望[J].中国人力资源开发,2016(3):12-18.

[216] 黄瑛,裴利芳,曹飞鸿.反生产行为研究、概念、特征及结构维度[J].人力资源管理,2012(8):126-128.

[217] 姜雨峰,田虹.伦理领导与企业社会责任:利益相关者压力和权力距离的影响效应[J].南京师大学报(社会科学版),2015(1):61-69.

[218] 焦凌佳,彭纪生,吴红梅.伦理型领导对员工建言行为的影响机制研究[J].现代管理科学,2012(6):28-30.

[219] 金杨华,谢瑶瑶.伦理型领导对知识员工公正感和满意度的影响[J].科研管理,2015(12):75-82.

[220] 李超平,孟慧,时勘.变革型领导对组织公民行为的影响[J].心理科学,2006(1):164,175-177.

[221] 李海,张德.组织文化与组织有效性研究综述[J].外国经济与管理,2005,27(3):2-11.

[222] 李劲松.领导伦理会有回报吗?——伦理型领导与员工绩效关系研究[J].经济管理,2013(5):72-82.

[223] 李宁,严进.组织信任氛围对任务绩效的作用途径[J].心理学报,2007,39(6):1111-1121.

[224] 李锐,凌文辁,方俐洛.上司支持感知对下属建言行为的影响及其作用机制[J].中国软科学,2010(4):153-159.

[225] 李锐,凌文辁,柳士顺.上司不当督导对下属建言行为的影响及其作用机制[J].心理学报,2009,41(2):1189-1202.

[226] 李锡元,梁果,付珍.伦理型领导、组织公平和沉默行为—传统性的调节作用[J].武汉大学学报(哲学社会科学版),2014(1):90-95.

[227] 李燕萍,涂乙冬.组织公民行为的价值取向研究[J].管理世界,2012(5):1-7.

[228] 李晔,张文慧,龙立荣.自我牺牲型领导对下属工作绩效的影响

机制——战略定向与领导认同的中介作用 [J]. 心理学报, 2015, 47 (5): 653-662.

[229] 梁建. 道德领导与员工建言: 一个调节—中介模型的构建与检验 [J]. 心理学报, 2014, 46 (2): 252-264.

[230] 廖建桥, 赵君, 张永军. 权力距离对中国领导行为的影响研究 [J]. 管理学报, 2010, 7 (7): 988-992.

[231] 林美珍. 企业管理措施对员工角色压力的影响 [J]. 现代管理科学, 2007 (8): 32-33, 44.

[232] 刘兵, 李大赛, 刘佳鑫. 基于儒家思想的伦理型领导模式探析 [J]. 领导科学, 2014 (7): 26-27.

[233] 刘朝, 张欢, 王赛君, 等. 领导风格、情绪劳动与组织公民行为的关系研究——基于服务型企业的调查数据 [J]. 中国软科学, 2014 (3): 119-134.

[234] 刘生敏, 廖建桥. 真实型领导是否真能点亮员工的希望之言?——绩效的调节作用 [J]. 管理评论, 2015, 4 (9): 30-37.

[235] 刘小平, 王重鸣. 中西方文化背景下的组织承诺及其形成 [J]. 外国经济与管理, 2002, 24 (1): 17-21.

[236] 刘亚, 龙立荣, 李晔. 组织公平感对组织效果变量的影响 [J]. 管理世界, 2003 (3): 126-132.

[237] 刘燕, 赵曙明, 蒋丽. 组织中的揭发行为: 决策过程及多层次的理论框架 [J]. 心理科学, 2014, 37 (2): 460-467.

[238] 龙立荣, 易谋, 张勇. 交易型与关系型心理契约对员工任务绩效和关系绩效的影响——绩效薪酬和上级支持感的调节作用 [J]. 预测, 2015 (1): 8-14.

[239] 芦青, 宋继文, 夏长虹. 道德领导的影响过程分析: 一个社会交换的视角 [J]. 管理学报, 2011, 8 (12): 1802-1812.

[240] 马贵梅, 樊耘, 颜静和张克勤, 员工—组织匹配对建言行为影响机制 [J]. 管理工程学报, 2015, 6 (10): 109-134.

[241] 莫申江, 王夏阳, 陈宏辉, 张麟. 由敬畏到人心: 组织伦理系统破解员工离职困局的新视角——以山东老家饮食连锁公司为例 [J]. 管理世

界，2015，（2）：137-152，188.

[242] 莫申江，王重鸣. 国外伦理型领导研究前沿探析 [J]. 外国经济与管理，2010，32（2）：32-37.

[243] 潘清泉，韦慧民. 伦理型领导及其影响机制研究评介与启示. 商业经济与管理，2014（2）：29-39.

[244] 潘清泉，周宗奎. 儿童道德脱离量表的初步修订 [J]. 中国临床心理学杂志，2010（2）：165-167.

[245] 彭贺. 中国知识员工反生产行为分类的探索性研究 [J]. 管理科学，2010，23（2）：86-93.

[246] 彭正龙，赵红丹，梁东. 中国情境下领导—部属交换与反生产行为的作用机制研究 [J]. 管理工程学报，2011，25（2）：30-36.

[247] 任皓，温忠麟，陈启山，等. 工作团队领导心理资本对成员组织公民行为的影响机制：多层次模型 [J]. 心理学报，2013，45（1）：82-93.

[248] 任孝鹏，王辉. 领导—部属交换（LMX）的回顾与展望 [J]. 心理科学进展，2005，13（6）：788-797.

[249] 宋文豪，于洪彦，蒋琬. 伦理型领导对员工创造力的影响机制研究——社会学习和知识共享视角 [J]. 软科学. 2014，28（12）：112-115.

[250] 隋杨，王辉，岳旖旎，Fred Luthans. 变革型领导对员工绩效和满意度的影响：心理资本的中介作用及程序公平的调节作用 [J]. 心理学报，2012，44（9）：1217-1230.

[251] 孙健敏，宋萌，王震. 辱虐管理对下属工作绩效和离职意愿的影响：领导认同和权力距离的作用 [J]. 商业经济与管理，2013，（3）：45-53.

[252] 孙利平，凌文辁，方俐洛. 公平感在德行领导与员工敬业度之间的中介作用 [J]. 科技管理研究，2010，（6）：167-169.

[253] 谭亚莉，廖建桥，王淑红. 工作场所员工非伦理行为研究述评与展望 [J]. 外国经济与管理，2012，34（3）：40-48.

[254] 涂乙冬，李燕萍. 领导—部属交换、双重认同与员工行为探析 [J]. 武汉大学学报（哲学社会科学版），2012，65（6）：128-132.

[255] 涂乙冬. 领导—部属交换与员工帮助行为：一项三维交互研究 [J]. 管理科学，2013（5）：30-38.

[256] 王端旭,潘宇浩,郑显伟.伦理型领导对员工非伦理行为的影响:道德明晰与权力距离的作用 [J].现代管理科学,2015 (1):97-99.

[257] 王端旭,赵君.伦理型领导影响员工非伦理行为的中介机制研究 [J].现代管理科学,2013 (6):20-22.

[258] 王端旭,郑显伟.伦理型领导对员工任务绩效的影响 [J].人类工效学.2014,20 (5):1-6.

[259] 王辉,张翠莲.中国企业环境下领导行为的研究述评:高管领导行为,领导授权赋能及领导—部属交换 [J].心理科学进展,2012,20 (10):1519-1530.

[260] 王雪莉,林洋帆,杨百寅,马琳.信任的双刃剑:对变革型领导与知识分享关系的中介作用 [J].科学学与科学技术管理,2013 (8):172-180.

[261] 王雁飞,朱瑜.组织伦理气氛的理论与研究 [J].心理科学进展,2006,14 (2):300-308.

[262] 王永跃,叶佳佳.伦理型领导、创造力自我效能感及员工创造力——绩效的调节作用 [J].科学学与科学技术管理,2015 (9):164-172.

[263] 王永跃,祝涛.伦理型领导、工具主义伦理气氛与员工不道德行为:内部人身份感知的调节作用 [J].心理科学,2014,37 (6):1455-1460.

[264] 王永跃.伦理型领导如何影响员工创造力:心理安全感与关系的作用 [J].心理科学,2015,38 (2):420-425.

[265] 王玉梅,丛庆,阎洪.内部营销对一线服务员工任务绩效影响的实证研究 [J].南开管理评论,2008,11 (6):28-36.

[266] 王震,孙健敏,张瑞娟.管理者核心自我评价对下属组织公民行为的影响:道德式领导和集体主义导向的作用 [J].心理学报,2012,44 (9):1231-1243.

[267] 王震,孙健敏,赵一君.中国组织情境下的领导有效性:对变革型领导、领导—部属交换和破坏型领导的元分析 [J].心理科学进展,2012,20 (2):174-190.

[268] 王震,孙健敏.领导-成员交换关系质量和差异化对团队的影响.

管理学报, 2013, 10 (2): 219-224.

[269] 王震, 孙健敏, 张瑞娟. 管理者核心自我评价对下属组织公民行为的影响: 道德式领导和集体主义导向的作用 [J]. 心理学报, 2012, 44 (9): 1231-1243.

[270] 王震. 社会学习还是社会交换?——道德型领导对下属工作绩效的作用机制 [J]. 经济管理, 2014, (8): 89-97.

[271] 韦慧民, 龙立荣. 基于知识工作团队的领导信任与团队有效性研究 [J]. 研究与发展管理, 2009 (2): 48-55.

[272] 温忠麟, 侯杰泰, 马什赫伯特. 结构程序模型检验: 拟合指数与卡方准则 [J]. 心理学报, 2004, 36 (2): 186-194.

[273] 温忠麟, 侯杰泰, 张雷. 调节效应与中介效应的比较和应用 [J]. 心理学报, 2005, 3 (30): 186-194.

[274] 吴红梅. 西方组织伦理氛围研究探析 [J]. 外国经济与管理, 2005, 27 (9): 32-38.

[275] 吴敏, 张勇. 信任在变革型领导行为影响机制中的中介作用研究 [J]. 西南民族大学学报 (人文社会科学版), 2012 (2): 189-192.

[276] 吴志明, 武欣. 变革型领导、组织公民行为与心理授权关系研究 [J]. 管理科学学报, 2007 (5): 40-47.

[277] 谢俊, 汪林, 储小平. 中国情境下领导—部属交换对员工创造力的影响机制研究 [J]. 管理工程学报, 2014, 28 (2): 1-7.

[278] 严鸣, 涂红伟, 李骥. 认同理论视角下新员工组织社会化的定义及结构维度 [J]. 心理科学进展, 2011, 19 (5): 624-632.

[279] 颜静, 马贵梅, 樊耘. 社会交换关系对建言行为的影响——基于多对象视角的分析 [J]. 管理评论, 2013, 26 (12): 68-77.

[280] 杨春江, 冯秋龙, 田子州. 变革型领导与员工任务绩效: 主动性人格和领导—成员交换的作用 [J]. 管理工程学报, 2015, 29 (1): 39-46.

[281] 杨继平, 王兴超. 道德推脱对员工道德决策的影响: 德行领导的调节作用 [J]. 心理科学, 2012, 35 (3): 706-710.

[282] 张蕾, 于广涛, 周文斌. 真实型领导对下属真实型追随的影响——基于认同中介和组织政治知觉调节作用的研究 [J]. 经济管理, 2012

(10): 97-106.

[283] 张伟明, 夏洪胜. 魅力型领导、下属的信任与团队创新绩效关系的研究 [J]. 科技管理研究, 2011 (8): 109-112.

[284] 张笑峰, 席酉民. 伦理型领导: 起源、维度、作用与启示 [J]. 管理学报, 2014, 11 (1): 142-148.

[285] 张燕, 怀明云. 威权式领导行为对下属组织公民行为的影响研究——下属权力距离的调节作用 [J]. 管理评论, 2012 (11): 97-105.

[286] 张永军, 廖建桥, 赵君. 国外反生产行为研究回顾与展望 [J]. 管理评论, 2012, 24 (7): 82-90.

[287] 张永军, 赵国祥. 伦理型领导对员工反生产行为的影响机制: 多层次视角 [J]. 心理科学进展, 2015, 23 (6): 926-936.

[288] 张永军. 伦理型领导对员工反生产行为的影响: 基于社会学习与社会交换双重视角 [J]. 商业经济与管理, 2012 (12): 23-32.

[289] 张志丹. 道德: 企业核心竞争力的内生变量 [J]. 南京社会科学, 2011 (7): 41-48.

[290] 赵瑜, 莫申江, 施俊琦. 高压力工作情境下伦理型领导提升员工工作绩效和满意感的过程机制研究 [J]. 管理世界, 2015 (8): 120-131.

[291] 仲理峰, 周霓裳, 董翔, 等. 领导—部属交换对领导和部属工作结果的双向影响机制 [J]. 心理科学进展, 2009, 17 (5): 1041-1050.

后　记

　　当前不少企业漠视伦理规范，为了追求经济利益最大化不惜做出非道德行为与决策，甚至触犯了法律。实际上，企业的伦理丑闻不仅会伤害消费者和社会大众这些外部利益相关者，也会对企业及其内部员工产生不可估量的负面影响。最终，有可能导致企业彻底的衰败。总之，随着企业非伦理行为问题的日益突出和恶化，人们开始越来越多的关注伦理道德的非正式制度控制的影响作用。期望采取有效措施，基于伦理控制视角支持企业的持续发展。

　　作为企业重要决策与方向引领的领导者在企业伦理发展中的重要性日益受到重视。基于此，学者们提出了伦理型领导的构念。伦理型领导不仅只是强调领导者的德行。最为重要的是，伦理型领导突出了并列的两个内涵，即有道德的人和有道德的管理者。一方面，伦理型领导通过自身的可信、正直等较高伦理道德的示范，从自身做起努力践行伦理道德标准与规范。另一方面，伦理型领导采取一定的管理措施强化和督促下属对于伦理道德标准的坚守，推进下属伦理行为的表现。可以说，伦理型领导为了避免下属的伦理违背行为，不仅要自身伦理示范产生潜移默化的影响，而且需要进一步的行动监督与引导。正是基于伦理型领导有道德的人的榜样示范与有道德的管理者的管理强化，促进了组织伦理氛围的形成，激发了员工积极行为的强大内在动力。这也正是组织内伦理型领导的目标与价值所在。

　　本书在此探讨了伦理型领导的发展机制及其具体效应机制。具体来说，本书采用实证研究方式检验了组织伦理氛围、道德认同、组织公平知觉以及角色预期在促进伦理型领导发展中的作用。明确了组织内伦理型领导是可以采用一定方式进行培养。这为促进组织伦理型领导的发展提供了有益的借鉴和指导。另外，本书还实证检验了组织内伦理型领导对于员工态度与行为的影响机制。研究表明，伦理型领导可以提高员工的心理安全感，不过员工的传统性以及领导—成员交换关系在其中具有一定的调节作用。这提示了组织管理者，为了更好地发挥伦理型领导的效应，需要关注员工的价值观特征以及上下级的关系水平。关于伦理型领导对于员工行为的影响路径研究，实证结果表明，伦理型领导有助于提高员工的任务绩效、组织公民行为以及建言行为，同时可以有效降低员工的非伦理行为以及反生产行为。另外，需要指出的是，伦理型领导对于员工行为的影响路径可能是多方面的，如伦理型领导可以提高员工的认同内化、组织公平知觉、领导认同、领导—成员交换关系、领导信任等，从而进一步促进员工的积极行为表现；伦理型领导还可以通过降低员工的道德脱离和组织政治知觉，从而进一步抑制员工的非伦理行为和反生产行为等消极行为表现。总的来说，本书以伦理型领导为研究对象，聚焦于伦理型领导的发展及其影响机制，对于伦理型领导理念研究及管理实践均有着一定的积极意义。不过，由于水平有限，本书可能还存在一些不足之处，需要未来进一步的深入挖掘。同时也请同行批评指正。

最后，感谢我的硕士毕业生都圆圆、赵杰、张泽康、刘习、刘上园，在读硕士生于芳、鲁晓玮、尹留志、孙自豪、李浩、湛正祥以及王丹阳、刘静两位同学，他们积极参与了本书部分书稿的撰写工作。另外，还要感谢韦慧民教授参与了本书的部分撰写。

潘清泉
2016 年 11 月 20 日